Birgit Rätsch

Hinter Gittern

Schriftenreihe
Extremismus & Demokratie

Band 4

Herausgegeben von
Uwe Backes und Eckhard Jesse

Birgit Rätsch

Hinter Gittern

Schriftsteller und Journalisten vor dem Volksgerichtshof 1934–1945

1992

BOUVIER VERLAG · BONN BERLIN

Die Deutsche Bibliothek – CIP-Einheitsaufnahme
Rätsch, Birgit:
Hinter Gittern: Schriftsteller und Journalisten vor dem Volksgerichtshof 1934–1945 / Birgit Rätsch. Bonn; Berlin: Bouvier, 1992
(Schriftenreihe Extremismus & Demokratie; Bd. 4)
ISBN 3-416-02409-5
NE: GT

 Computersatz Bonn GmbH, Bonn. Druck und Buchbinderische Verarbeitung: Farbo Druck, Köln. Umschlaggestaltung: Michael Fischer, Köln.

Inhalt

I. Einleitung

Regensonntag

Lebe ich noch? Oder scheint mir dieses Heute nur ein Traum?
Regenknistern geistert Sätze ohne Ende in den Raum.
In den Zellen graben Schritte müde Furchen in die Zeit.
Und ein dunkles Lied webt schmale Borten in die Ewigkeit.
Doch die hellen Lieder sterben. – Ach ihr fragt mich noch warum?
Heut geht das Gespenst des Heimwehs in den Kerkerzellen um!
(unbekannt)[1]

Gedicht aus dem Gefängnis – ein Stück Seele, das über das Leben eines Häftlings erzählt. Niedergeschrieben in sorgsam verwahrten Tagebüchern oder eingeritzt in feuchte Zellenwände, konnten manche dieser Zeugnisse menschlichen Empfindens trotz des Kriegschaos erhalten bleiben. Maß und Wert, Sinn und Ziel, Raum und Zeit relativierten sich hinter Gittern, erreichten surreale Dimensionen. Die kleinen Verse wirken überaus professionell, so daß der Eindruck entstehen mag, ein Schriftsteller hätte sie verfaßt; doch ließen nicht der Haftalltag und die sich angesichts von Unfreiheit, Ungewißheit und physischem Leid ergebenden psychischen Kompensationszwänge viele zu Papier und Bleistift greifen und zeichnen, dichten oder Briefe schreiben, die vielleicht nie ihre Adressaten erreichten? Es war in diesem Extremzustand nicht immer nur Begabungssache, mit Hilfe des geschriebenen Wortes die individuelle Situation verarbeiten zu können. Einige Gefangene entwickelten erstmals in der Haft derartige Fähigkeiten. Andere mußten gerade wegen ihrer Kreativität in Zuchthäuser oder Gefängnisse gehen – im besonderen Schriftsteller und Journalisten, die ihren intellektuellen Anspruch eben nicht von den Stiefeln der im Gleichschritt marschierenden Massen

[1] Das Gedicht findet sich in den Verfahrensakten gegen Lucie Hübsch, BA Berlin, NJ 9694, Bd. 7.

zertreten lassen wollten, vielmehr Kontrapunkte zu setzen versuchten.

Gerade Journalisten sind einer der potentiellen Dreh- und Angelpunkte eines politischen Systems; als Multiplikatoren vermitteln sie, wie sich gesellschaftlich relevante Komplexe – Politik, Kultur, Wirtschaft – auf den verschiedenen hierarchischen Ebenen präsentieren; sie fungieren zwischen politisch Aktiven und Passiven im Volk gleichsam als Schalthebel, wobei sie in einer demokratisch-pluralistischen Staatsordnung dessen Gebrauch selbst bestimmen. Es ist müßig zu sagen, daß Journalisten in totalitären Systemen zwar als Vermittlungsinstanz existieren, jedoch nur zur *Selbst*darstellung der gesellschaftlich sich als relevant betrachtenden Kräfte benutzt werden. Wer in diesem funktionalen Apparat nicht seine Aufgabe nach mechanischem Schema erfüllt, wird wie ein fehlerhaftes Teilchen ausgewechselt. Schlimmer noch: wegen angeblicher Sabotage zur Rechenschaft gezogen. Anfang 1992 befanden sich nach Angaben der französischen Presse-Organisation *Reporters Sans Frontières* weltweit 108 Journalisten in Haft[2], die Zahl der eingekerkerten Schriftsteller beziffert das internationale PEN-Komitee *Writers in Prison* derzeit auf 323.[3]

Im Dritten Reich hatten Journalisten, die dem NS-System nonkonform gegenüberstanden, eine Qual der Wahl: Entweder sie verharrten in Amt und würdeloser Apathie, oder sie wechselten zu einem anderen Beruf, dessen Kern nun gerade nicht eigene Kreativität war, oder nahmen das Risiko auf sich, die journalistische Gratwanderung „zwischen den Zeilen" zu wagen. Eine vierte, höchst gefährliche Möglichkeit war, im Untergrund publizistisch zu wirken; Widerstand im Reich zu üben, indem sie getarnte Broschüren oder Flugblätter herstellten. Viele aber entschlossen sich notgedrungen zur Emigration, in der Hoffnung, sich andernorts eine bessere Basis für ihre Tätigkeit schaffen, möglicherweise dadurch sogar politisch einen Beitrag gegen das nationalsozialistische Deutschland leisten zu können.

[2] Vgl. Frankfurter Allgemeine Zeitung, 3. Januar 1992, S. 3
[3] Vgl. Frankfurter Allgemeine Zeitung, 27. Dezember 1991, S. 33

Von den letztgenannten beiden Personengruppen soll nun die Rede sein – und zwar speziell von jenen Publizisten, die für ihre illegale Arbeit, für den Versuch, Sand ins Getriebe der sich perfektionierenden Maschinerie der Nationalsozialisten zu streuen, büßen mußten: mit einem Prozeß vor dem Volksgerichtshof, der als höchste Gerichtsinstanz für politische Vergehen (Hoch- und Landesverrat) ab 1. August 1934 Urteile fällte. Es wird sich zeigen, daß gerade Publizisten kraft ihres Status als Multiplikatoren in besonders aggressiver Art und Weise bestraft wurden.

Um dem Thema gerecht werden zu können, schien eine Gliederung der Arbeit in zwei große Abschnitte am sinnvollsten: Der erste Teil soll in einem Überblick einerseits relevante staatlich-strukturelle Rahmenbedingungen für Journalisten und Schriftsteller, andererseits Reaktionen auf die Herrschaftsmechanismen benennen. Dieser Abschnitt erhebt *nicht* den Anspruch, die Geschichte der Justiz oder Presse, der Emigration oder des Widerstands neu zu schreiben. Gerade im Widerstandskapitel werden oppositionelle Parteien und Gruppen nur im Rahmen dessen überblicksartig besprochen, was für das Verständnis des zweiten Teiles des Buches von Bedeutung ist. Der kirchliche Widerstand sowie der Umkreis des 20. Juli 1944 mußten aus diesem Raster herausfallen, da beide Bereiche das zu behandelnde Thema nicht unmittelbar berühren. Die linken Zwischengruppen wie zum Beispiel *Neu Beginnen, Internationaler Sozialistischer Kampfbund* (ISK) oder *Sozialistische Arbeiterpartei* (SAP) finden, soweit es für das Verständnis des inneren Zusammenhangs der Arbeiterbewegung unerläßlich erscheint, innerhalb des Unterkapitels über die SPD Erwähnung.

Die eigentliche Forschungsarbeit bleibt dem zweiten Teil der Arbeit überlassen, wenn in zehn charakteristischen Kurzbiographien von überwiegend unbekannten Journalisten und Schriftstellern die Möglichkeiten oppositioneller Publizisten am Einzelfall erläutert werden und sich deren spezifische Bedeutung für den Gesamtkomplex, der Thema dieses Buches ist, herauskristallisiert. Bei der Auswahl der Persönlichkeiten war zum einen die Quellenlage entscheidend – es mußte zum mindesten eine Anklage- oder Urteilsschrift des Volksgerichtshofs vorliegen –, zum anderen auch die exponierte Stellung und Tätigkeit, die sie ohne weiteres zur Widerstands-„Prominenz" zählen lassen, auch wenn ihr Name kaum mehr geläufig ist. Was ihre politische Prägung anbelangt, wurde versucht, möglichst viele Strömungen miteinzubeziehen, wobei im Interesse der Vielfalt der spezifische Anteil der einzelnen Widerstandsgruppen unberücksichtigt blieb; denn danach müßten KPD-Publizisten mindestens zu einem Drittel vertreten sein. Personen, die dem bereits erwähnten *Internationalen Sozialistischen Kampfbund* oder der *Sozialistischen Arbeiterpartei* angehörten, der kirchlichen Opposition oder auch bestimmten konservativen Vereinigungen, mußten mangels einschlägiger Gerichtsakten außer acht gelassen werden.

Über Widerstand im Dritten Reich sind zahlreiche Werke erschienen[4], die teils einen allgemeinen Überblick vermitteln, teils parteipolitische Gruppierungen untersuchen, teils einige herausragende Persönlichkeiten speziell beleuchten. Was bei einer Betrachtung der Gesamtliteratur auffällt, ist der bisherige Verzicht auf eine Untersuchung des Widerstands nach bestimmten Berufsgruppen – einmal abgesehen von der Legion oppositioneller Arbeiter, deren Wirken in etlichen Publikationen über die illegale KPD hinreichend erläutert worden ist. Es fehlt unter anderem eine genauere Betrachtung von Publizisten, die sich vor NS-Gerichten verantworten mußten, nachdem sie entweder im vermeintlichen Schutz des Exils aufgespürt worden sind oder innerhalb der Grenzen des Deutschen Reiches illegale Arbeit geleistet hatten und hier Gestapo-Spitzeln in die Fänge geraten waren. Sie waren besonders verhaßt, da sie Goebbels das Nachrichten- und

[4] Als die wichtigsten sind zu nennen: Ger van Roon, Widerstand im Dritten Reich, München 1990[5] Hans Rothfels, Deutsche Opposition gegen Hitler. Eine Würdigung, Frankfurt a. M. 1987; Peter Steinbach (Hrsg.), Widerstand. Ein Problem zwischen Theorie und Geschichte, Köln 1987; Jürgen Schmädeke/Peter Steinbach, Der Widerstand gegen den Nationalsozialismus. Die deutsche Gesellschaft und der Widerstand gegen Hitler, München/Zürich 1985; Horst Duhnke, Die KPD 1933 bis 1945, Köln 1972; Peter Hoffmann, Widerstand, Staatsstreich, Attentat. Der Kampf der Opposition gegen Hitler, München 1979[3].

Meinungsmonopol streitig machten.[5] Ziel dieser Arbeit soll also sein, von einigen dieser Persönlichkeiten, die letztlich zu Fall gekommen sind, Lebensbilder zu zeichnen.

Die Quellenlage war relativ günstig. Zusätzlich zu den Gerichtsakten und zum Personenarchiv des Instituts für Zeitgeschichte München waren die reichhaltigen Bestände des Bundesarchivs Koblenz und seiner Außenstellen in Potsdam und Berlin verfügbar; gerade diese beiden Archive sind von besonderer Bedeutung, weil sie die Erbmasse des Staatsarchivs der Ex-DDR sowie einen Teil der Akten des ehemaligen Instituts für Marxismus-Leninismus übernommen haben, und dadurch die Einsicht in Quellen ermöglicht wurde, die bis zur „Wende" westdeutschen Wissenschaftlern noch verschlossen waren. Darüber hinaus ließen sich Gerichtsdokumente der Staatsanwaltschaft beim Landgericht Berlin einsehen, die diese während ihrer Ermittlungen gegen ehemalige Richter des NS-Regimes zusammengetragen hatte.

Was die Publikationen der vorzustellenden Journalisten und Schriftsteller anbelangt, wurde, wenn möglich, auf originale Texte aus Büchern und zeitgenössischen Zeitschriften zurückgegriffen; manchmal fanden sich Zitate aus ihren Werken in der Anklage- und Urteilsschrift, da alle auch (oder gerade) wegen ihrer publizistischen Tätigkeit angeklagt waren. Viele unterzeichneten allerdings aus naheliegenden Gründen ihre illegalen Schriften oder Artikel nicht namentlich; insofern gestaltete es sich oft schwierig, manchmal sogar unmöglich, entsprechendes Material aufzuspüren. In einem Fall war dies nur durch die Einsicht in die Ermittlungsakten der Gestapo zu leisten, die den Häftling offenbar so lange gefoltert hatte, bis er – aus einem Stapel einschlägiger Zeitungen – sämtliche von ihm geschriebenen illegalen Beiträge benannte.

[5] Vgl. Herbert E. Tutas, Nationalsozialismus und Exil, München/Wien 1975, S. 22.

II. Der Versuch der Allmacht und Allgegenwart: die Stellung von Justiz und Presse im nationalsozialistischen Staat

1. Justiz und Volksgerichtshof: der Umgang mit Hoch- und Landesverrat in Gesetzgebung und Urteilspraxis

Was „Im Namen des Deutschen Volkes" zwischen 1933 und 1945 von NS-Gerichten an Verbrechen wider die Menschlichkeit begangen wurde, läßt sich – gerade im Einzelfall – heute nur noch in Teilen nachvollziehen. Zu groß sind einerseits die Verluste einschlägiger Akten während des Krieges, zu viel spielte sich andererseits besonders zwischen 1939 und 1945 jenseits der administrativen Strukturen ab. Es gab Ereignisse wie die sogenannten Nacht- und Nebelverfahren[1], deren Praxis sich nicht mehr wesentlich von Standgerichten unterschied und die zu zahlreich waren, als daß lückenlose Aufzeichnungen hierüber existierten: Ausmaße eines ausartenden Prozesses, in dessen Verlauf die Justiz Schritt für Schritt, Erlaß für Erlaß mit eigenhändiger Unterschrift Kompetenzen an die Polizei abtrat und sich dadurch selbst demontierte. Justiz? Es ist einigermaßen problematisch, einen wörtlich mit „Gerechtigkeit" zu übersetzenden Terminus ohne weiteres für die Urteilspraxis in der NS-Zeit gelten zu lassen. Man kann dessen Verwendung nur so begründen, als nach dem Legali-

[1] Am 7. Dezember 1941 erging ein Erlaß Hitlers, daß Widerstandsaktionen von Bewohnern aus besetzten Gebieten im Westen oder Norden entweder sofort mit der Todesstrafe geahndet werden sollten, oder die Delinquenten nach Deutschland zu deportieren seien – ohne Benachrichtigung der Angehörigen. Dort erwartete jene dann der Prozeß vor einem Sondergericht, manchmal auch dem Volksgerichtshof. Solche Häftlinge nannte man – auch in der Amtssprache – „Nacht- und Nebel-Gefangene" (auch „NN.-Gefangene"). Ab Herbst 1944 verzichtete die Justiz auf die Durchführung derartiger Verfahren und überließ die Gefangenen der Gestapo. Vgl. Ingo Müller, Furchtbare Juristen. Die unbewältigte Vergangenheit unserer Justiz, München 1987, S. 176-178 und Walter Wagner, Der Volksgerichtshof im nationalsozialistischen Staat, Stuttgart 1974, S. 233 ff.

tätsprinzip geurteilt und somit – dem Buchstaben nach – nicht gegen positives Recht verstoßen wurde. Was das moralische Unrecht an den einzelnen betrifft, erlangt dies Dimensionen, die nicht mehr im Rahmen einer Begriffsdiskussion zu erörtern sind.

Ausgangspositionen

Die Sehschärfe der Justiz in der Weimarer Republik war auf dem linken Auge um vieles ausgeprägter als auf dem rechten. Während politische Straftaten von Linksextremisten unnachgiebig verfolgt wurden, konnten rechtsextreme Delinquenten mit Milde rechnen: Eine Statistik von 1924 ergibt, daß 22 politische Morde von links im Zeitraum von 1919-22 mit zehn Erschießungen, insgesamt 248 Jahren und vier Monaten Haft sowie drei lebenslänglichen Zuchthausstrafen geahndet wurden; im Vergleich dazu 354 politische Morde von rechts mit 90 Jahren und zwei Monaten Haft, einer lebenslänglichen Zuchthausstrafe sowie 730 Reichsmark Geldbuße.[2] Viele Richter waren der Weimarer Republik gegenüber eidbrüchig geworden: Obwohl sie der neuen Verfassung Treue gelobt hatten, wünschten sie nichts sehnlicher als einen Zusammenbruch der Demokratie und Rückkehr zu autoritären Strukturen. Mit der Machtübernahme der Nationalsozialisten am 30. Januar 1933 war das erste Ziel erreicht – doch zugleich war das zweite übersprungen worden und mit dem Ermächtigungsgesetz vom 23. März 1933 die Eintrittskarte zu schrankenloser Diktatur ausgehändigt.

[2] Vgl. Bundesministerium der Justiz (Hrsg.), Im Namen des Deutschen Volkes. Justiz und Nationalsozialismus, Katalog zur Ausstellung des Bundesministers des Justiz, Köln 1989, S. 31-35.

Der erste Einschnitt in der Rechtsprechung des neuen Staates vollzog sich mit der Reichstagsbrandverordnung vom 28. Februar 1933, die wichtige Grundrechte wie Meinungs-, Versammlungs-, Presse- und Vereinigungsfreiheit außer Kraft setzte und in deren Folge drei Wochen später, am 21. März, ein Erlaß über die Bildung von Sondergerichten in Kraft trat. Er bestimmte, daß in allen 26 Oberlandesgerichtsbezirken je ein Sondergericht für Verstöße gegen die Reichstagsbrandverordnung sowie ab 20. Dezember 1934 gegen das „Gesetz gegen heimtückische Angriffe auf Staat und Partei und zum Schutz der Parteiuniformen" zuständig sein sollte.[3] Auf diese Weise entstand eine Handhabe gegen Bagatelltäter, die nicht die Voraussetzung für Hoch- oder Landesverrat[4] erfüllten, jedoch mit einem „Warnschuß" zur Räson gebracht werden sollten. Abfällige Worte über die NSDAP oder die Regierung standen somit ab sofort unter Strafe (bis zu zwei Jahren Gefängnis); und zwar in der Form, daß – anders als bei den herkömmlichen Behörden – ohne bürokratischen Aufwand innerhalb weniger Stunden kurzer Prozeß gemacht werden konnte. Die Richter mußten sich nicht lange bei einem Eröffnungsbeschluß zur Prüfung der Anklage, gerichtlicher Voruntersuchung oder Revisions- und Berufungsmöglichkeiten des Häftlings aufhalten, sondern konnten gleich zur Sache kommen; jedes rechtsstaatliche Vorgehen dauerte den Nationalsozialisten zu lan-

3 Verordnung über die Bildung von Sondergerichten vom 21. März 1933, RGBl. I, 1934, S. 1269.

4 Vorbereitung zum Hochverrat: Bildung von illegalen Gruppen und Zellen, Kassieren von Mitgliedsbeiträgen, Abhörgemeinschaften, Weitergabe von Nachrichten eines feindlichen Senders, Sammlungen für Angehörige Inhaftierter, Absicht staatsfeindlicher Beeinflussung, schriftliche sowie mündliche Weitergabe von illegaler Literatur, im Ausland begangene Taten gegen das Reich, Nichtanzeige von Hoch- und Landesverrat (ab 1935). Landesverrat: Weitergabe geheimer militärischer Nachrichten, Meldung zur Armee eines verfeindeten Staates (Fremdenlegionen!), Verrat von nationalsozialistischen Interna wie Aufbau von SA, SS, HJ usw., Weitergabe von Presseanweisungen an ausländische Agenten, Wehrkraftzersetzung (ab 1939).

ge. Welcher Wind wehte, war am 28. Juni 1935 im Reichsgesetzblatt unmißverständlich formuliert worden:

„Ist eine Tat, die nach gesundem Volksempfinden Bestrafung verdient, im Gesetz nicht für strafbar erklärt, so hat die Staatsanwaltschaft zu prüfen, ob auf die Tat der Grundgedanke eines Strafgesetzes zutrifft und ob durch entsprechende Anwendung dieses Strafgesetzes der Gerechtigkeit zum Siege verholfen werden kann“.[5]

Im Kriege erweiterte sich die Klientel der Sondergerichte auf politische und militärische Staatsfeinde, „Wirtschaftsparasiten“, „Volksschädlinge“[6] und „Wehrkraftzersetzer“. Damit nicht genug: Wann immer es der Staatsanwalt ab 1940 für nötig hielt, einen Delinquenten sehr schnell aburteilen zu lassen, konnte er jemanden – ungeachtet seines Vergehens – vor ein Sondergericht bringen.

„Mit den Sondergerichten hatte sich der justizpolitische Traum des Regimes von einer Gerichtsbarkeit, die ohne große Formalitäten schnell äußerst brutale Strafen verhängte, erfüllt. In ihrer täglichen Praxis erledigten die Sonderrichter die ihnen gestellte Aufgabe der psychologischen Terrorisierung und Abschreckung der Gesamtbevölkerung zur vollen Zufriedenheit der Staatsführung.“[7]

Hitler hatte am Tage des Ermächtigungsgesetzes die Maxime für die Rechtsprechung des „Tausendjährigen Reiches“ ausgegeben: „Nicht das Individuum kann Mittelpunkt der gesetzlichen Sorge sein, sondern das Volk“[8]. Das Recht des Einzelnen hörte also auf, wo der Beginn potentieller Destabilisierung des Regimes, und lag sie unter der Nachweisgrenze, *vermutet* wurde. Die NS-Machthaber identifizierten das Volk mit sich selbst und argumentierten

[5] Zitiert nach Martin Hirsch/Diemut Majer/Jürgen Meinck, Recht, Verwaltung und Justiz im Nationalsozialismus. Ausgewählte Gesetze, Schriften und Gerichtsentscheidungen von 1933 bis 1945, Köln 1984, S. 480.

[6] Am 5. September 1939 wurde die sogenannte „Volksschädlings-Verordnung“ in Kraft gesetzt. Wer plünderte oder „unter Ausnutzung“ des Kriegszustandes Straftaten beging, konnte demnach mit dem Tode bestraft werden. RGBl. I, 1939, S. 1679.

[7] Müller (Anm. 1), S. 164.

[8] Vgl. Hannsjoachim W. Koch, Volksgerichtshof. Politische Justiz im Dritten Reich, München 1988, S. 86.

gegenüber der Öffentlichkeit nach besonders einfältigem Strickmuster: Politische Delikte träfen ja nicht in erster Linie den Staat, sondern das deutsche Volk – also seien weniger Staatsfeinde als vielmehr „Verräter am Volke“ abzuurteilen. Die Strafgesetzgebung erlangte indes im Laufe der Zeit Dimensionen, die jedes politische Allerweltsdelikt miteinbezogen. Sie wies 1944 nicht weniger als 46 mögliche todeswürdige Vergehen[9] auf. Eines der wichtigsten, das infolge des Krieges Bedeutung erlangte, war die „Wehrkraftzersetzung“, deren Bestrafung am 17. August 1938 beschlossen und ein Jahr später (26. August 1939) mit einem Gesetz eingeführt wurde, das „Kriegssonderstrafrechtsverordnung“ hieß[10] und politisch passive Gegner, die bislang auf dem Wege der „Heimtücke“ erfaßt worden waren, strengstens bestrafte: Wer meckerte, lief ab sofort Gefahr, seinen Kopf zu verlieren. Tausende kamen aufgrund dieses Erlasses ums Leben.

Volksgerichtshof. Bühne für Prozesse einer willfährigen Justiz

Ein zentrales Instrument für die nationalsozialistische Urteilsfindung im politischen Strafrecht war der Volksgerichtshof, eine Kreation des Dritten Reiches. Auslöser für seine Errichtung im April 1934 war der Ausgang des Reichstagsbrandprozesses, der seinerzeit vor dem Reichsgericht geführt wurde und zur Enttäuschung Hitlers und seiner Gefolgschaft „nur“ ein Todesurteil, daneben aber vier Freisprüche zur Folge hatte. Der Grund: Es lagen keine Beweise vor, und stalinistische Schauprozesse mit fiktiven Anklagen fanden im Dritten Reich nicht statt. Auch außenpoliti-

[9] Vgl. Martin Broszat, Zur Perversion der Strafjustiz im Dritten Reich, in: Vierteljahrshefte für Zeitgeschichte 6 (1958), S. 390-443, hier: S. 397.

[10] Wehrkraftzersetzung: Wenn jemand „öffentlich dazu auffordert oder anreizt, die Erfüllung der Dienstpflicht in der deutschen Wehrmacht oder einer verbündeten Wehrmacht zu verweigern oder sonst öffentlich den Willen des deutschen oder verbündeten Volkes zur wehrhaften Selbstbehauptung zu lähmen oder zu zersetzen versucht“. Darauf stand die Todesstrafe. Dies artete dahingehend aus, daß bloße Zweifel am deutschen Sieg im Kriege zur Hinrichtung ausreichten.

sche Rücksichtnahme mag eine Rolle gespielt haben.[11] Das Zauberkunststück, rechtsstaatliche Standards notdürftig zu erfüllen, nationalsozialistische Rachegelüste zu befriedigen und gleichzeitig diplomatische Feinsinnigkeit zu bewahren, brachten die Richter am Reichsgericht jedoch nicht zustande; und so mußten sie sich Beleidigungen wie „vertrottelt" und „glattes Fehlurteil"[12] gefallen lassen und als unmittelbare Konsequenz die Kompetenzen für Hoch- und Landesverratsverfahren an den neugegründeten Volksgerichtshof abgeben. Um „Pannen" wie das Ergebnis des Reichstagsbrandprozesses künftig zu vermeiden, wurde bereits bei der Nominierung der VGH-Richter auf deren (parteipolitische) Zuverlässigkeit geachtet; zuerst galt das nur für die ehrenamtlichen, dann auch für die hauptamtlichen Richter. Hitler selbst ernannte jene auf Vorschlag des Reichsjustizministers, wobei nur zwei der insgesamt fünf Richter (ein Vorsitzender, vier Beisitzer) vom Fache sein mußten – ein klares Indiz dafür, wo hier die Prioritäten gesetzt wurden. Die anderen drei rekrutierten sich aus Parteifunktionären oder Mandatsträgern der mittleren Chargen sowie später aus höheren Wehrmachtsangehörigen.

Natürlich versuchten die NSDAP-Dienststellen, ihre zuverlässigsten Leute in den Gerichten unterzubringen; dies war jedoch nicht so einfach, wie sie sich das vorstellten. Denn die hauptamtlichen Richter reagierten nicht besonders begeistert auf den neuerdings geltenden Primat der Politik; sie enthielten sich vielmehr überwiegend aktiven Engagements, hatten sie sich doch seit jeher als zwar national-konservativ, jedoch gleichzeitig als unabhängige Größe außerhalb des parteipolitischen Kräftefeldes gesehen. Ihre Passivität war dermaßen offensichtlich, daß sich Reichsjustizminister Dr. Franz Gürtner im Dezember 1937 zu einem Aufruf veranlaßt sah, „sich nach besten Kräften für den Nationalsozialismus einzusetzen."[13] Zwingende Voraussetzung jedoch

[11] Vgl. Müller (Anm. 1), S. 44.
[12] Vgl. Koch (Anm. 8), S. 85.
[13] Vgl. Ralph Angermund, Deutsche Richterschaft 1919-45. Krisenerfahrung, Illusion, politische Rechtsprechung, Frankfurt a. M. 1990, S. 85.

wurde die Parteimitgliedschaft erst 1942 unter der Ära von Justizminister Thierack.

Es liegt nahe zu vermuten, daß ein offensichtlicher Bruch in der Rechtspraxis der Hoch- und Landesverratsverfahren mit dem Übergang vom Reichsgericht zum Volksgerichtshof erfolgte. Dem war jedoch nicht so: Die Anklagen bekam vorerst wie gewohnt der Oberreichsanwalt des Reichsgerichts in Leipzig, womit zunächst eine kombinierte Variante als Interimslösung gefunden war. Daß die Nationalsozialisten hier so scheinbar subtil vorgingen, mochte daran liegen, daß der Volksgerichtshof nicht von vornherein den Charakter eines Tribunals bekommen sollte. Doch der Weg dorthin war beschritten – ein weiterer Meilenstein wurde gesetzt, als Dr. Otto Thierack am 1. Mai 1936 sein Amt als Präsident des Volksgerichtshofes antrat. Er baute diese juristische Position relativ schnell zu einem politischen Amt aus. Die zuvor organisatorisch und bürokratisch wichtige Stellung des Präsidenten wurde nun zu einem regelrechten Funktionärsposten umgestaltet, der das Interesse der Partei hochzuhalten versuchte. Dabei kam es gerade recht, daß ihm unliebsame Rechtsanwälte nicht mehr ins Geschäft pfuschen konnten: Sie mußten von Anbeginn, bevor sie ihr Mandat wahrnehmen konnten, ein Genehmigungsverfahren beim Volksgerichtshof durchlaufen. Fielen sie durch allzu großes Engagement zugunsten des Angeklagten auf, mußten sie damit rechnen, künftig nicht mehr zugelassen zu werden.

Richter, Staatsanwalt, Verteidiger – ein Drama im Dreieck, in dessen Mitte der Angeklagte nur Spielball der ungleichen Mächte war. Beschuldigt des Hochverrats, Landesverrats, später auch der „Wehrkraftzersetzung" zu sein – wobei nicht selten alle drei Straftatbestände angeführt wurden –, implizierte nicht unbedingt eine herausragend aktive Funktionärstätigkeit in einer illegalen Partei. Verfolgt wurde auch, wer aus humanitärer Verpflichtung eine Reichsmark zur Unterstützung von Angehörigen Inhaftierter gegeben hatte, wer eine verbotene Schrift mit sich führte oder seine Wohnung für Besprechungen zur Verfügung stellte. Was allerdings vor dem Kriege noch mit einer vergleichsweise geringen

Haftstrafe geahndet wurde, sollte nach dem 1. September 1939 ein Spiel um Leben und Tod bedeuten – auch für die Rechtsprechung hatte dieses Ereignis Folgen. Hochverrat war ab jetzt unmittelbar verknüpft mit Feindbegünstigung, sofern er im Interesse eines Landes geschah, das mit Deutschland Krieg führte. Dies richtete sich ab 1941 natürlich in erster Linie gegen Kommunisten. Zudem war seit dem 16. September 1939 mit dem „außerordentlichen Einspruch“ eine legale Möglichkeit geschaffen, rechtskräftige Urteile zu „korrigieren“: Wenn einer der Oberreichsanwälte binnen Jahresfrist Einspruch erhob, mußte die Sache vor dem „Besonderen Senat“ (bei VGH-Urteilen vom VGH-Präsidenten, bei RG-Urteilen vom Präsidenten des Reichsgerichts) nochmals behandelt werden. Voraussetzung waren „schwerwiegende Bedenken“[14] gegen die Entscheidung – eine strapazierfähige Formel.

Mit Kriegsbeginn fand also eine wesentliche, wenn auch nicht entscheidende Zäsur im Prozeß der Radikalisierung der Justiz statt. Die tatsächlichen Einschnitte markierten zum einen Hitlers donnernde Reichstags-Tirade auf das deutsche Juristencorps (26. April 1942) sowie wenige Wochen später das Attentat auf den Chef der Sicherheitspolizei und des SD, Reinhard Heydrich (27. Mai 1942). Was des Reichskanzlers Rede anbelangte, hatte er sich damit expressis verbis an die Spitze des Rechtswesens gesetzt, indem er ausführte:

„Ich erwarte ⟨. . .⟩ allerdings eins: Daß mir die Nation das Recht gibt, überall dort, wo nicht bedingungslos im Dienste der größeren Aufgabe, bei der es um Sein oder Nichtsein geht, gehorcht und gehandelt wird, sofort einzugreifen und dementsprechend handeln zu dürfen. Front und Heimat, Transportwesen, Verwaltung und Justiz haben nur einem einzigen Gedanken zu gehorchen, nämlich dem der Erringung des Sieges. Es kann in dieser Zeit keiner auf seine wohlerworbenen Rechte pochen, sondern jeder muß wissen, daß es heute nur Pflichten gibt. Ich bitte deshalb den Deutschen Reichstag um die ausdrückliche Bestätigung, daß ich das gesetzliche Recht besitze, je-

[14] Vgl. Heinz Hillermeier, „Im Namen des Deutschen Volkes“. Todesurteile des Volksgerichtshofes, Darmstadt/Neuwied 1980, S. 40.

den zur Erfüllung seiner Pflichten anzuhalten bzw. denjenigen, der seine Pflichten nach seiner gewissenhaften Einsicht nicht erfüllt, ⟨...⟩ aus Amt und Stellung zu entfernen ohne Rücksicht, wer er auch sei oder welche erworbenen Rechte er besitze ⟨...⟩ Ebenso erwarte ich, daß die deutsche Justiz versteht, daß nicht die Nation ihretwegen, sondern daß sie der Nation wegen da ist, ⟨...⟩ daß Deutschland leben muß, ganz gleich, wie immer auch formale Auffassungen der Justiz dem widersprechen mögen ⟨...⟩ Ich werde von jetzt ab in diesen Fällen eingreifen und Richter, die ersichtlich das Gebot der Stunde nicht erkennen, ihres Amtes entheben."[15]

Dieser faktisch wie psychologisch wichtige Schachzug löste bei den Richtern große Unsicherheit aus.[16] Tatsächlich begann man im Reichsjustizministerium sofort an einem „Notprogramm" zur Wiederherstellung der angeschlagenen Ehre des Juristenstandes zu basteln: Ab 1. Oktober 1942 ließ Thierack die sogenannten Richterbriefe kursieren, in denen anhand einer Anzahl verschiedener Fälle kommentiert wurde, wie „kriegsgerechte Rechtsprechung" auszusehen habe. Am anonymen Beispiel wurde gelobt und getadelt, ab und zu ein längeres Statement grundsätzlicher Art proklamiert:

„Der nationalsozialistische Richter soll lebensnahes Recht sprechen, das mit dem gesunden Volksempfinden in Einklang steht und erkennen läßt, daß der Richter heute kein weltabgewandter Buchstabenmensch ist, sondern ein mitten im Leben des Volkes stehender Kämpfer."[17]

Die Aufnahme dieser Briefe in der Richterschaft war im allgemeinen recht günstig.[18] Man stocherte nun auf seiten der Richter nicht mehr im Nebel wolkiger Staatsideologie, in der Hoffnung,

[15] Zitiert nach Hirsch/Majer/Meinck (Anm. 5), S. 507 ff. Hitlers Ernennung zum „obersten Gerichtsherrn" wurde per Reichstagsbeschluß auch gesetzlich verankert. Vgl. RGBl. I, 1942, S. 247.

[16] Vgl. den Brief des Präsidenten des OLG Hamm, Schneider, an Justizminister Thierack vom 7. Juli 1942, zitiert in Broszat (Anm. 9), S. 436 f.

[17] Zitiert nach Heinz Boberach (Hrsg.), Richterbriefe, Boppard 1975, hier: Richterbrief Nr. 13 vom 1. Oktober 1943, S. 194.

[18] Vgl. zum Beispiel den Bericht des GStA Stuttgart vom 31. Mai 1943 an Thierack; den Bericht des GStA Naumburg vom 31. Januar 1943, IFZ MA 430, Rolle 5.

den „Richtigen" zu treffen, sondern konnte sich „orientieren" – was im Zweifelsfall eine Rüge weniger bedeutete.

Darüber hinaus sollte eine Reise Thieracks zu den Gauleitern gegen Ende des Jahres das Wohlwollen der Parteistellen sichern, die bis dahin, wann immer sie konnten, gegen die Justiz gearbeitet hatten. Der Erfolg des Justizministers war jedoch gleich Null.[19] Hinter schönen Worten verbarg sich bereits die geheime Zuversicht, nun eine noch effektivere Demontage der Justiz betreiben zu können. Eine große Justizreform, die Staatssekretär Curt Rothenberger in Gang zu setzen versuchte, wurde im Ansatz zwischen den Mühlsteinen der Behördenbürokratie zerrieben.

Auf derartige Rückendeckung legte der neue Präsident des Volksgerichtshofes, dessen für die zunehmende Brutalität der Justiz *symptomatische* Ernennung im August 1942 das Bild des rechtspolitischen Kahlschlags vervollständigte, ohnehin keinen Wert. In Dr. Roland Freisler, bis dato Staatssekretär im Justizministerium, hatte Hitler einen willfährigen, fanatischen, ihm völlig ergebenen Vasallen gefunden. Was Freisler als seine Aufgabe ansah, formulierte er kurz nach Amtsantritt in einem Dankesschreiben an Hitler:

„Mein Führer! ⟨. . .⟩ Mein Dank für die Verantwortung, die Sie mir anvertraut haben, soll darin bestehen, daß ich treu und mit aller Kraft an der Sicherheit des Reiches und der inneren Geschlossenheit des deutschen Volkes durch eigenes Beispiel als Richter und als Führer der Männer des Volksgerichtshofes arbeite, stolz, Ihnen, mein Führer, dem Obersten Gerichtsherrn und Richter des deutschen Volkes, für die Rechtsprechung Ihres höchsten politischen Gerichtes verantwortlich zu sein. Der Volksgerichtshof wird sich stets bemühen, so zu urteilen, wie er glaubt, daß Sie, mein Führer, den Fall selbst beurteilen würden. Heil mein Führer! In Treue Ihr politischer Soldat Roland Freisler."[20]

[19] Vgl. Angermund (Anm. 13), S. 263.
[20] Zitiert nach Gert Buchheit, Richter in roter Robe, München 1968, S. 108.

In der Tat griff nunmehr eine äußerst aggressive Urteilspraxis um sich. Aufgrund der gesetzlichen Aushöhlung der Straftatbestände stieg nicht nur die Anzahl der VGH-Sitzungen von 57 (1934) auf 1.258 (1943) an (um das Vielfache an Arbeit bewältigen zu können, waren bis 1942 insgesamt sechs – ursprünglich drei – Senate eingerichtet worden), sondern nahmen auch die Todesurteile rapide zu: Vier im Jahre 1935 standen 2.079 im Jahre 1944[21] gegenüber, wobei der eklatanteste Bruch von 1941 (102) auf 1942 (1192) stattfand.

„Je größer der Exzeß der Zahlen wurde, desto weniger konnte von einem Eingehen auf die Person des einzelnen, seine Motive und seine Tat die Rede sein; die Flut zwang zum Schematisieren und oft wurden die höchsten Strafen nach erstaunlich kurzer Verhandlung ausgesprochen ⟨...⟩ So wurde der Volksgerichtshof zu einer bloßen Apparatur, die eine unsinnig gewordene Funktion zu erfüllen suchte."[22]

Rechte des Angeklagten waren zu dieser Zeit nicht mehr vorhanden. Er bekam die Anklageschrift gar nicht zugestellt, sondern erfuhr erst am Abend vor der Verhandlung von den Anschuldigungen. Sein Anwalt, der im übrigen erst Stunden vor dem Prozeß mit seinem Mandanten sprechen konnte, durfte die Akten erst nach Eingabe der Anklage bei Gericht einsehen, so daß die wichtige Zeitspanne der Ermittlungen ungenutzt verstreichen mußte.[23] Per Verordnung vom 13. Dezember 1944 wurde die Verteidigung ganz abgeschafft[24], nachdem Gnadengesuche seit September 1943 ohnehin keine Chance auf positiven Bescheid mehr hatten (ab Oktober 1944 durften sie nicht einmal mehr eingereicht werden).[25] Thierack hatte am 27. August 1943 befunden:

„Zum Tode Verurteilte bilden, besonders in Großstädten, bei feindlichen Luftangriffen eine Gefahr. Es ist daher notwendig, die Ent-

[21] Vgl. Koch (Anm. 8), S. 220 ff.
[22] Wagner (Anm. 1), S. 49.
[23] Vgl. ebda., S. 36 f.
[24] Vgl. ebda., S. 32 f.
[25] Vgl. ebda., S. 811.

scheidung über die Vollstreckung der Todesurteile mit größter Beschleunigung zu treffen. Das allein entspricht auch der von mir erstrebten Schlagkraft und Wucht der Strafrechtspflege."[26]

Freisler, der dem Ersten Senat des Volksgerichtshofes vorstand, reservierte im allgemeinen sämtliche wichtigen und für ihn interessanten Verfahren sowie Fälle mit Signalwirkung (z. B. Wehrkraftzersetzung) für sich. Seine Verhandlungen arteten zu lärmenden Zeremonien aus:

„Die Verhandlungen vor dem Volksgerichtshof finden vor vielen Zuhörern statt, vor dem Bombenschaden vor etwa 500, jetzt in einem kleineren Saal vor etwa 150, etwa Sportpalastzusammensetzung aus allen Volksschichten, geladen und nicht geladen. Man drängt sich dazu wie im Kino. Der Präsident, Staatssekretär Dr. Freisler, wünscht dieses Publikum ⟨...⟩, aber es muß darauf aufmerksam gemacht werden, daß ⟨...⟩ Zuhörer es weitertragen, was sie dabei hören ⟨...⟩"[27]

Entscheidend waren schon kaum mehr Ausmaß oder politischer Schaden der Straftaten. Die Tendenz, das politische Vorleben des Delinquenten auch im Hinblick auf Emigration sowie seine Vorstrafen als für das Urteil erhebliche Faktoren zu gewichten, war zwar schon zu Zeiten Thieracks gegeben, geriet jedoch unter Freisler offensichtlich zum bestimmenden Faktor. Die Verhandlung war zur Farce geworden und gipfelte in Tiraden und Beschimpfungen, die Freisler auf die von Untersuchungshaft (und oft Folterungen) geschwächten und gedemütigten Angeklagten niederfahren ließ:

„Widersprüche duldete er nicht, so daß sie erst gar nicht laut wurden, und den Verteidigern fuhr er oft schneidend in die Parade, kanzelte sie ab und machte sie vor den Zuhörern lächerlich ⟨...⟩ Die Angeklagten behandelte er herrisch und unduldsam, ließ sie nicht zu Wort kommen, schüchterte sie von vorneherein ein oder beschimpfte sie ⟨...⟩ in der ungehemmtesten Weise, wobei er Gassenjargon nicht scheute ⟨...⟩ Er betonte emphatisch, daß für das Gericht und die

[26] Zitiert nach Günther Wieland, Das war der Volksgerichtshof. Ermittlungen, Fakten, Dokumente, Berlin (Ost) 1989, S. 89.
[27] BA R 22/4694, Bl. 116-117.

Beurteilung der Tat nur die nationalsozialistische Doktrin gelte und bezeichnete jede andere Einstellung als abartig, mit der ihr Träger nicht gehört werden könne ⟨...⟩ Wenn er einen mit gleichem Intellekt ausgestatteten Gegner vor sich sah: dann trat er in ein oft geistvolles Wechselgespräch mit dem Angeklagten ein, bei dem er alle Künste seiner funkelnden, wenn auch diabolischen Dialektik spielen ließ ⟨...⟩"[28]

Freislers Urteilsbegründungen, die selten Bezug auf irgendeinen Paragraphen nahmen und über fünf Seiten kaum hinausgingen, waren von schwülstigem Pathos angefüllt; in Kollegenkreisen hielt man ihn teilweise für geisteskrank.[29] In einem Vermerk vom 4. Juni 1943 klagte ein Mitarbeiter des Reichsjustizministeriums über die immer gedrängtere und kürzere Urteilsform, mittels derer über Leben und Tod entschieden wurde. Er gab zu bedenken, daß nachträglich durchaus noch etwas Entlastendes bekannt werden könne, was bei einer derart schnellen Abfertigung leicht möglich sei – dann aber müsse man das Verfahren wiederaufnehmen. Thierack jedoch, der sonst Freisler durchaus reserviert gegenüberstand und ihn auch mehrfach zu maßregeln versuchte, stellte sich in diesem Falle hinter ihn: In solchen Zeiten müßten im Interesse der allgemeinen Abschreckung auch einmal Unschuldige ihr Leben verlieren.[30] Genau das geschah (wenn auch in anderem Zusammenhang) am 7. September 1943: Weil Akten durcheinander geraten waren, wurden sechs Männer „aus Versehen" hingerichtet.[31] Was die administrative Abwicklung anbelangte, stand die „freimütige Verletzung der Menschenrechte ⟨...⟩ in makabrem Gegensatz zur Genauigkeit und Vorschriftentreue bei der Abrechnung der Kosten für die Vollstreckung eines Todesurteils – bis zum Porto vom 12 Rpf. für die Übersendung der Kostenrechnung".[32] Erschütternd ist auch ein Blick in Vollstreckungsakten: Auf einem Vordruck waren die Formalitäten

[28] Wagner (Anm. 1), S. 836.
[29] Vgl. ebda., S. 839.
[30] Vgl. ebda., S. 808 f.
[31] BA R 22/5019, Bl. 119-139.
[32] Vgl. Hillermeier (Anm. 14), S. 72.

beschrieben, einzusetzen nur mehr die Namen des Verurteilten, der Justizbeamten und des Scharfrichters sowie die Dauer des Hinrichtungsvorganges. Eine zusätzlich tragische Komponente erhielt das ohnehin furchtbare Ereignis, als ab Ende 1942 dem Todeskandidaten nicht einmal mehr der priesterliche Beistand gewährt wurde. Informationen über das Ableben gab es für die Verwandten nur auf Anfrage.[33]

„Es ist eine beschönigende Übertreibung, zu behaupten, die deutsche Justiz habe im Dritten Reich ‚versagt'. Sie hat sich niemals dem damit implizierten Anspruch auf Schutz und Ausbau der Demokratie und der Bürgerrechte überhaupt ernsthaft gestellt."[34]

Die Demontage der Justiz durch die Polizei

„Die zielbewußte kämpferische Strafrechtspflege des nationalsozialistischen Staates ist auf dem richtigen Wege. Sie ist es vor allem auch deshalb, weil sie in verständnisvoller Zusammenarbeit mit anderen Stellen, die ebenfalls der Verbrechensbekämpfung ihre Tätigkeit widmen, arbeitet, vor allem mit der Kriminalpolizei und der Staatspolizei. Möge die Waffenbrüderschaft dieser Truppen zur Verbrechensbekämpfung weiterhin so gut und treu wie bisher sein!"[35]

Am Beispiel des Zusammenwirkens zwischen Polizei und Justiz manifestiert sich auf nachdrückliche Weise der von Ernst Fraenkel konstatierte Dualismus zwischen Normen und Maßnahmen im „Doppelstaat" des Dritten Reiches – wobei die selbsternannten „Praktiker" der Gestapo sich den „Theoretikern" in Person der Richter überlegen und deshalb bei deren Demontage im Recht fühlten. Gestapo-Taktik war es, sowohl *im vorhinein* Straftäter

[33] Vgl. Koch (Anm. 8), S. 278.

[34] Udo Reifner, Justiz und Faschismus – Ansätze einer Theorie der Vergangenheitsbewältigung in der Justiz, in: ders./Bernd-Rüdeger Sonnen (Hrsg.), Strafjustiz und Polizei im Dritten Reich, Frankfurt a. M. 1984, S. 30 f.

[35] RJM-Staatssekretär Roland Freisler, Artikel „Rechtspflege", in: Dt. Justiz Nr. 3, 17. Januar 1936; BA R 58/243, Bl. 105.

durch schnellen Zugriff den Gerichten zu entziehen[36] und selbst in Haft zu nehmen, als auch *im nachhinein* Urteile auf ihre Art und Weise nicht anzuerkennen. Dies sah zunächst so aus, daß bei Freispruch oder Strafentlassung eines Häftlings vor den Gerichts- bzw. Gefängnis- und Zuchthaustoren des öfteren schon eine Abordnung der Gestapo wartete, um ihn erneut festzunehmen und in ein Konzentrationslager zu überstellen.[37] Diese Beamten waren gut informiert: Grundlage hierfür bildete ein Rundschreiben des Reichsjustizministers Gürtner vom 18. Dezember 1934 u. a. an den Oberreichsanwalt und das Geheime Staatspolizeiamt (Gestapa) zur „Behandlung wichtiger Strafsachen". Punkt III (betreffs Hoch- und Landesverrats) besagte: „In enger, sachgemäßer Zusammenarbeit mit den polizeilichen und militärischen Abwehrstellen sind die gegenseitigen Ermittelungen und Erfahrungen auszutauschen."[38]

Der Leiter des badischen Gestapa machte sich eigene Gedanken dazu. Er schlug am 23. Januar 1935 vor, ca. acht Wochen vor Ende der „regulären" Haft eine Art Rehabilitierungsseminar zu veranstalten, um die politische Zuverlässigkeit des Häftlings zu überprüfen und ihn gegebenenfalls durch Vorträge zu schulen. Doch Justizminister Gürtner lehnte mit Bescheid vom 19. Juni 1935 ab.[39] Der Grund: Die Idee sei nicht praktikabel, der Arbeitsaufwand zu groß. Da war es bequemer, die Stapo-Stellen nach deren eigenem Ermessen handeln zu lassen. Sie wurden von Heydrich in einem Rundschreiben vom 15. Juli 1935 sogar explizit dazu aufgefordert:

[36] Wer eine von Heydrich für „Sonderbehandlung" vorgesehene Person einem Gericht überstellte, mußte mit (nicht näher bezeichneten) Konsequenzen rechnen. Dies drohte Heydrich in einem Rundschreiben vom 15. September 1939 an, bezugnehmend auf seine Erlasse vom 3. und 7. September 1939. BA R 58/243, Bl. 210.

[37] Vgl. Broszat (Anm. 9), S. 394 f.

[38] BA Potsdam, VGH-Sachakten 30.16, Akte 8, Bl. 21. Die anderen Adressaten waren die preußischen Provinzialjustizbehörden, das Reichswehrministerium, das Auswärtige Amt, der Reichsminister der Luftfahrt, das Zentralbüro des politischen Polizeikommandeurs der Länder im Geheimen Staatspolizeiamt.

[39] BA R 22/953, Bl. 132-149.

„⟨. . .⟩ halte ich es nach wie vor für unbedingt erforderlich, dass die staatspolizeilichen Interessen gegenüber den politischen Delikten auch weiterhin durch die der politischen Polizei zur Verfügung stehenden Mittel gewahrt werden. Insbesondere ist daher von der Verhängung der Schutzhaft gegen zur Entlassung kommende Strafgefangene Gebrauch zu machen ⟨. . .⟩ Die strafrechtliche Erledigung einer politischen Straftat bedeutet daher durchaus nicht, dass nunmehr Maßnahmen der politischen Polizei nicht mehr erforderlich seien."[40]

Die Weichen für eine Instrumentalisierung der Justiz durch die Polizei waren also gestellt. Die Vertreter des Rechtswesens ahnten durchaus, was da vor sich ging; immerhin erließ der Reichsjustizminister nach seiner Besprechung mit dem Oberreichsanwalt und den Generalstaatsanwälten am 5. November 1937 die Anordnung:

„Die Staatsanwaltschaft darf sich ihre Initiative nicht von der Polizei vorschreiben lassen; sie darf sich nicht damit zufrieden geben, daß die Exekutivpolizei erklärt, es handle sich um eine politische Sache, die sie nichts angehe, und daß demgegenüber die Staatspolizei erklärt, es sei eine politische Sache und stehe in ihrem Ermessen, wie weit sie der Staatsanwaltschaft Kenntnis gebe."[41]

Wie nicht anders zu erwarten, ging jedoch mit dem Gesetz über die Gestapo vom 10. Februar 1936, das über Preußen hinaus im gesamten Reichsgebiet als Vorbild galt und entsprechend angewandt wurde, auch der nächste Punktgewinn an die Polizei. Danach hatte sie die Aufgabe, „alle staatsgefährlichen Bestrebungen zu erforschen und zu bekämpfen".[42] Das hieß im Klartext: Die Gestapo verfügte nach Belieben darüber, ob sie einen Festgenommenen in sogenannte „Schutzhaft" überführte oder der Justiz aushändigte. Die Ermittlungen wurden von seiten der Polizei geführt – so lange blieb der Delinquent unter ihrer Aufsicht.

[40] BA R 58/264, Bl. 141.

[41] BA Potsdam, VGH-Sachakten 30.16, Akte 8, Bl. 94-96 bzw. Film 69741, Akte 8, Bl. 1070-1072.

[42] Zitiert nach: Diemut Majer, Justiz und Polizei im Dritten Reich, in: Ralf Dreier/Wolfgang Sellert (Hrsg.), Recht und Justiz im Dritten Reich, Frankfurt a. M. 1989, S. 136-150, hier: S. 139.

Thierack ging später als Justizminister so weit, der Gestapo auch *während* des gerichtlichen Prozesses eine Rolle überantworten zu wollen. Es existierten Pläne, sie nunmehr auch die Anklage führen zu lassen.[43]

Um sicherzustellen, daß die Justiz keine Informationen unterschlug, wurde ihr am 28. Mai 1937 die Benachrichtigung der Polizeibehörden über Vorgänge, die diese auch nur peripher interessieren könnten, zur Pflicht gemacht. Es war ebenso selbstverständlich, daß der Nachrichtenkanal nach dem Einbahnstraßen-Prinzip funktionierte; die Justiz erfuhr ihrerseits nicht oder kaum etwas über Gestapo-Interna. Das führte dahin, daß „örtliche Hoheitsträger der NSDAP oder SS- und Polizeiführer sich unmittelbar an die Staatsanwaltschaften wandten und dort ihre angemaßten Wünsche betr. Verhängung eines bestimmten Urteils geltend machten".[44] Die Folge:

„⟨...⟩ um sich von der politischen Führung kein ‚Versagen' vorwerfen zu lassen und die Justiz nicht einer weiteren Ausschaltung zugunsten der Partei auszusetzen, wirkte das Reichsjustizministerium in bestimmten Bereichen auf die Verhängung schärferer Strafen und in geeigneten Fällen auf die Anwendung gerichtlicher Sicherheitsverwahrung hin. Der Richter befand sich dann in der Zwangslage, entweder entgegen seiner gewissenhaften Abwägung – wenn auch innerhalb des gesetzlichen Strafrahmens – auf eine schwerere Strafe zu erkennen, als sie dem Maß der Schuld entsprach, oder die Korrektur durch die Polizei herauszufordern, die die Autorität der Justiz untergrub ⟨...⟩."[45]

Demnach wurde der Richter immer mehr in den ausufernden Exekutivapparat des NS-Regimes gedrängt, während sich die Gestapo über ihren polizeilichen Bereich hinaus judikative Kompetenzen anmaßte. Diese Praxis gipfelte ab 1942 in regelmäßigen Konferenzen vor Sitzungsbeginn, in denen der Staatsanwalt Anmerkungen der Polizei zum speziell vorliegenden Fall mitteilte,

43 Vgl. ebda., S. 147.
44 Vgl. Broszat (Anm. 9), S. 401.
45 Lothar Gruchmann, Justiz im Dritten Reich 1933-40. Anpassung und Unterwerfung in der Ära Gürtner, München 1988, S. 1126.

die ganz bestimmte Entscheidungen erwartete.[46] Thierack und Freisler hatten auf solche Kontaktaufnahme gedrängt. Manchmal aber ging es in diesen Sitzungen recht turbulent zu, so daß der Angeklagte – schon im Gerichtssaal – bisweilen mitanhören konnte, wie Richter und Staatsanwalt im Beratungszimmer vor Beginn der Verhandlung um das Urteil feilschten.[47] Im NS-„Recht" wurde somit der Staatsanwalt zur zentralen Figur eines Verfahrens – der Richter war als mögliche Vermittlungsinstanz weitgehend ausgeschaltet (was sich unter Freislers VGH-Herrschaft dahingehend „relativierte", als faktisch zwei Anwälte des Staates am Verfahren mitwirkten); Verteidiger und erst recht Angeklagte(r) verkamen in diesen Justiztragödien zu bloßen Statisten.

Funktionierte die Vorabsprache nicht im Sinne der Polizei, war ab 18. September 1942 eine „Sicherung" im Machtmechanismus eingebaut: An diesem Tag gab Thierack der Gestapo ausdrückliches Placet, beim Reichsjustizministerium gegebenenfalls eine „Korrektur" zu „milder" Gerichtsentscheidungen zu beantragen. Darüber hinaus wurde vereinbart, Strafgefangene, die zu mindestens zehn Jahren Zuchthaus verurteilt worden waren, an Himmler zur „Vernichtung durch Arbeit" auszuliefern.[48] Ob die Polizei sich an derartige Formalitäten zu einem Zeitpunkt hielt, zu dem sie selbst schon im Vorfeld eines Verfahrens gleichermaßen präventiv über die erforderliche „Sühne" bei einem politischen Vergehen entschied, ist indes mehr als fraglich. Immerhin gab es in wiederholten Fällen die groteske Situation, daß die Staatsanwalt-

[46] Vgl. ebda., S. 1142.

[47] Bericht des Kammergerichtspräsidenten Hölscher an Staatssekretär Dr. Schlegelberger vom 3. Januar 1942, zitiert nach: Broszat (Anm. 9), S. 423-26, hier: S. 424.

[48] Vgl. Angermund (Anm. 13), S. 187 f.; Müller (Anm. 1), S. 186. An der Besprechung nahmen Himmler, Thierack, dessen Staatssekretär Rothenberger, SS-Gruppenführer Streckenbach und SS-Obersturmbannführer Bender teil.

schaften gegen bereits von der Gestapo hingerichtete Personen Verfahren einleiteten, da deren „Ableben“ unbekannt war.[49]

Die Repräsentanten der Justiz hatten sich verkalkuliert. Meinten sie, durch weitestgehendes Entgegenkommen ein größtmögliches Maß an Eigenverantwortung behalten zu können, hatte dies im Gegenteil zur Folge, daß diese Zugeständnisse von der Polizei als Schwäche ausgelegt wurden; sie brachte infolgedessen ihre Stärke umso unverblümter in Erinnerung, nutzte sie entsprechend aus. Die Institution Justiz sollte demontiert werden, und dies erreichte die Gestapo am besten auf dem Wege der Scheibchentaktik und „unter Ausschluß der ‚normalen Verwaltungskommunikation‘“.[50] Es stellt sich allerdings die Frage, ob unterm Strich ein anderes Ergebnis herausgekommen wäre, hätte die Justiz ihre Kompetenzen behalten. Langfristig wohl kaum – denn es wäre eine Frage der Zeit gewesen, wann die aus der NS-Kaderschmiede in den Beruf entlassenen Juristen, die nicht mehr von Rechtsgelehrten klassisch-konservativer Prägung ausgebildet worden wären, sondern das NS-„Recht“ als Maß aller Dinge erfahren hätten, in der Überzahl gewesen wären. In den zwölf Jahren des Dritten Reiches aber hätten viele Menschen, wäre der etappenweise Angriff auf die Justiz durch die Polizei unterblieben, ihr Leben nicht lassen müssen.

Man kann die Richter, die aus einem Gewissenskonflikt heraus ihre Demission beantragten, während des gesamten Dritten Reiches an einer Hand abzählen: In der Vorkriegsphase waren viele überzeugt, noch ins Einvernehmen mit den neuen Entscheidungsträgern und ihren Maßnahmen – welche die Mehrzahl der Richter in ihrer Tendenz zu einer schärferen Rechtsprechung zum Teil durchaus befürwortete – zu kommen; nach 1939, als Erlaß

49 BA R 58/1027, Bl. 291. Zu diesem Thema kursierte ein Schnellbrief des Reichssicherheitshauptamtes an alle Stapo-Leitstellen vom 12. April 1943, daß staatspolizeiliche Hinrichtungen künftig der örtlich zuständigen Staatsanwaltschaft bekanntzugeben seien. Dabei sollten Name und Tatsache mitgeteilt werden, nicht aber die Gründe. Der Erlaß wurde am 20. Oktober 1943 wieder außer Kraft gesetzt.

50 Vgl. Majer (Anm. 42), S. 146.

für Erlaß eine Brutalisierung der Methoden gegenüber der Legion potentieller „Volksfeinde“ eintrat, hatte man sich selbst so gut wie möglich zu schützen. Denn alles in allem hüteten sich die Richter gerade während des Kriegsverlaufs, sich „unangemessene“ Urteile zuschulden kommen zu lassen; schließlich wartete die Ostfront auf Leute, deren u. k.-Stellung aufgehoben worden war. Und die eigene Haut wollte natürlich keiner in Gefahr bringen.

2. Presse und Meinungsmanipulation: Journalisten im Spannungsfeld zwischen Staat, Partei und Berufsorganisation

Sprache vermag Realität zu manifestieren – das war wohl der Grund, weswegen Hitler trotz seiner Geringschätzung der Presse[51] größten Wert darauf legte, diesen Bereich nicht seiner Kontrolle entgleiten zu lassen, ihn vielmehr ebenso wie jeden anderen auch ins Korsett staatspolitischer Zwänge zu pressen. Im Vergleich zur Justiz war diese „Aufgabe“ eine ungleich schwierigere: Was hatte die Weimarer Republik nicht an Kultur- (und vor allem Literatur-)Reichtum hervorgebracht, welch pulsierende Stimmung – wenn auch oftmals überschattet von intolerant ausgetragenen Gegensätzen – herrschte unter den Schriftstellern und Journalisten der 20er Jahre. Sie hatten sich an die Freiheit der Gedanken und deren Artikulation gewöhnt, obwohl starke antimodernistische Kräfte diese Art von *savoir écrire* nachdrücklich bekämpften und mit so mancher Verhaftung oder Zensur punktuelle Erfolge erzielten. Die großen Zeitungen wie das *Berliner Tageblatt*, die *Frankfurter Zeitung* sowie die *Deutsche Allgemeine Zeitung* waren Bestandteil dieser literarischen Hochkultur, deren Vielfalt und Heterogenität Hitler und seinen Gefolgsleuten ein Dorn im Auge sein mußten.

[51] Vgl. Karl-Dietrich Abel, Presselenkung im Dritten Reich, Berlin 1968, S. 65 f.

In der Weimarer Republik konnten sie außer dem Versuch, eine Art „Gegenkultur“ aufzubauen, noch nicht viel machen. Dies fand beispielsweise seinen Ausdruck in der Gründung des *Kampfbundes für deutsche Kultur* im Mai 1928 unter Leitung des Parteiideologen Alfred Rosenberg, ehemals Hauptschriftleiter des *Völkischen Beobachters*; als vorrangige Ziele sah diese Organisation die Offensive gegen den kulturellen Status quo, was sich beispielsweise in anonymen Drohbriefen an Schriftsteller niederschlug[52], gleichzeitig die Förderung völkischer Tendenzen.

Es gelang derartigen Strömungen, sich als eine Art Subkultur zu institutionalisieren und im Laufe der Zeit wie ein Wurm durch den Apfel zu fressen; sie setzten ihren Ehrgeiz daran, die kulturelle Basis vor dem Hintergrund der beginnenden politischen Krise 1929/30 immer mehr auszuhöhlen – bis gegen Ende der Weimarer Republik im Kampf der nationalistischen, liberalen und sozialistischen Strömungen, trotz gegenteiliger Bemühungen einzelner Publizisten wie Carl von Ossietzky[53] alle mehr oder weniger dialogunwillig und -fähig, die in weiten Teilen antimodernistische Richtung bekanntermaßen auf den Schild gehoben wurde.

Raubzug gegen Literatur und Presse. Erste „Maßnahmen“

Nach der Machtübernahme gingen die Nationalsozialisten daran, auch hier ihr „Werk“ zu vollenden. Sie versetzten der freien Publizistik nicht nur deshalb den Todesstoß, da sie viele ihrer Protagonisten einsperrten, sondern weil sie auch den Nährboden gänzlich beseitigten, dem dieses kritische Potential entwachsen war: die pluralistische Demokratie.[54]

[52] Vgl. Manfred H. Niessen, Wie es zu den Bücherverbrennungen kam, in: Ulrich Walberer (Hrsg.), 10. Mai 1933. Bücherverbrennung in Deutschland und die Folgen, S. 11-34, hier: S. 26.

[53] Vgl. Jost Hermand/Frank Trommler, Die Kultur der Weimarer Republik, München 1978, S. 183 f.

[54] Vgl. Horst Möller, Exodus der Kultur. Schriftsteller, Wissenschaftler und Künstler in der Emigration nach 1933, München 1984, S. 21.

Mit dem Erlaß des Reichspräsidenten zum „Schutz des deutschen Volkes" (4. Februar 1933) sowie vor allem der Reichstagsbrandverordnung (28. Februar 1933) hatte Hitler zum Rundumschlag gegen Grundrechte ausgeholt und notwendigerweise auch die öffentliche Meinung erfaßt: Nachdem damit zunächst das Verbot von Druckschriften bei „Gefährdung der öffentlichen Sicherheit" möglich, dann gut drei Wochen später die Meinungs- und Pressefreiheit außer Kraft gesetzt wurde und gleichzeitig das letzte Stündlein von ca. 35 KPD- und kurz darauf ca. 200 SPD-Publikationen mit einer Gesamtauflage von rund zwei Millionen[55] geschlagen hatte, war der Auftakt zu schrankenloser Manipulation gegeben und die Grundlage einer „Presse in Fesseln" binnen kurzem geschaffen. Doch da die schärfsten Verordnungen nichts nützen, wenn man auf die neue Situation technisch nicht vorbereitet ist, mußten erst SA-Schlägertrupps für Unrecht und Unordnung sorgen, bevor die NS-Presse zu nie gekannter wirtschaftlicher Blüte erstehen konnte: Schon im Verlauf des Februar 1933 nisteten sich nationalsozialistische Parteistürmer in die gut ausgestatteten Druckereien und Redaktionen von SPD und KPD ein, übernahmen die technischen Anlagen in vollem Umfang[56] und starteten auf dieser Grundlage eine Vervielfachung der NS-Zeitungsauflagen; daß dies einherging mit massivem Druck auf die Bevölkerung, die ab sofort auf NS-Presse-Abonnements umsteigen sollte, ist selbstverständlich. Für Parteifunktionäre war die Lektüre zumindest des *Völkischen Beobachters* ohnehin obligatorisch.

Was nach diesem Kahlschlag blieb, waren die bürgerlichen Pressehäuser, die man nicht so ohne weiteres radikal beseitigen konnte: Erstens hatte das wenige Wochen alte Regime noch auf seinen Ruf zu achten, zweitens stellte die deutsche Presse ein wirtschaftliches Potential dar, dessen sich Hitler nicht berauben woll-

[55] Vgl. Norbert Frei/Johannes Schmitz, Journalismus im Dritten Reich, München 1989, S. 22.

[56] Vgl. Oron Hale, Presse in der Zwangsjacke, Düsseldorf 1965, S. 74 f.

te, drittens gab es noch nicht genügend parteitreue Journalisten.[57] Man hoffte nicht ganz zu Unrecht, die „bürgerlichen" Redakteure allmählich auf seine Seite zu ziehen. Weigerten sich Verleger oder Redaktionsleiter, wurde die betreffende Zeitung entweder aufgekauft oder machte im Laufe der Zeit eine Entwicklung durch, die auch sie zu einem Sprachrohr des NS-Regimes werden ließ.

Dafür sorgten gleich mehrere – teilweise gleichgeschaltete, teilweise neu gegründete – Institutionen, an deren Spitze ab 13. März 1933 das Reichsministerium für Volksaufklärung und Propaganda unter Leitung von Dr. Joseph Goebbels stand und von nun an als nationale Indoktrinationszentrale auf staatlicher Ebene fungierte. Es war untergliedert in 31 Reichspropagandaämter, die sich als regionale Exekutivorgane u. a. um die kleineren Zeitungen „kümmerten" und darauf achteten, daß die Kommandos aus Berlin auch in die letzte Redaktionsritze in der Provinz drangen. Daneben gab es ab 15. November 1933 die *Reichskulturkammer* (RKK)[58], die als berufsständischer Überwachungsverein die Aktivitäten ihrer zwangsweise erfaßten Mitglieder aus den Bereichen Presse, Funk, Film, Musik, Schrifttum, Theater und Bildende Künste beobachtete und gegen „Abweichler" zu Felde zog. Auf dem Wege eines „kulturpolitischen Ermächtigungsgesetzes"[59] wurde der Übergang von kaum koordinierten Einzelaktionen zu einem festumrissenen Handlungsrahmen geschaffen.[60]

Die Organisation war nach einzelnen Fachkammern strukturiert, die sämtliche Kulturverbände und kulturwirtschaftlichen

[57] Vgl. ebda., S. 157 f.

[58] Vgl. RKK-Gesetz vom 22. September 1933 und die Erste Durchführungsverordnung vom 1. November 1933.

[59] Vgl. Volker Dahm, Anfänge und Ideologie der Reichskulturkammer, in: Vierteljahrshefte für Zeitgeschichte 34 (1986), S. 53-84, hier: S. 57.

[60] Vgl. Das war ein Vorspiel nur ... Bücherverbrennung Deutschland 1933. Voraussetzungen und Folgen, Ausstellungskatalog der Akademie der Künste, Berlin/Wien 1983, S. 86.

Vereinigungen korporativ einbanden und dadurch quasi verstaatlichten. So existierte beispielsweise unter dem Dach der RKK eine *Reichspressekammer* (RPK), der wiederum die Fachvereinigung *Reichsverband der Deutschen Presse* unterstand: Hier waren alle Journalisten erfaßt, während in der RPK z. B. auch Verlagsangestellte oder Setzer Mitglied waren – schlichtweg also alle, die in irgendeiner Weise etwas mit der Presse zu tun hatten. Dasselbe galt für die *Reichsschrifttumskammer* (RSK), der der *Reichsverband der Deutschen Schriftsteller* untergeordnet war; für Bibliothekare und Buchhändler gab es innerhalb der RSK wieder eigene Fachverbände. Ziel dieser Organisationen war, die Mitglieder nach eigener Regie wie die Marionetten tanzen zu lassen; und infolge der (noch zu beschreibenden) Ämterverschränkungen kam es schon einmal vor, daß sich die Fäden verknoteten und heilloses Durcheinander entstand.

Wer nicht nach nationalsozialistischen Vorstellungen funktionierte, hatte den Ausschluß aus der Kammer zu erwarten, was einem existentiellen Ruin gleichkommen konnte: Denn wollte jemand künstlerisch oder kulturwirtschaftlich tätig sein, mußte er Mitglied einer RKK-Fachkammer sein. Wer aufgenommen wurde, entschied jeweils ihr Präsident, wobei Juden ab Januar 1935 keine Chance mehr hatten, Mitglied zu werden; dafür aber offenbar alles andere, was sich Schriftsteller, Schauspieler oder Musiker nannte – Hauptsache, arisch. Reichlich spät stellte der Sicherheitsdienst Anfang April 1942 fest:

„Nach vorliegenden Meldungen mehrten sich unter den ernsthaft schaffenden Schriftstellern die Stimmen, ⟨. . .⟩ daß man einmal der Meinung gewesen sei, die Aufnahme in die Reichskulturkammer sei die Anerkennung einer gewissen kulturellen Leistung und stelle eine Ehre dar ⟨. . .⟩ Anstelle einer *Auswahl unter Gesichtspunkten einer geistigen Leistung* sei jedoch eine *Erfassung aller* Personen getreten, die in einer auch nur losen Beziehung zu etwas Geschriebenem gestanden hätten. Es sei immer wieder aufgefallen, ‚wer alles mit einem Ausweis der Reichsschrifttumskammer herumläuft'. Geharnischte Vorwürfe gingen so weit, daß die Kammer von blutigen Dilettanten und Gelegenheitsdichtern wimmelt'. In einzelnen Fällen wird es als erstaunlich bezeichnet, wer alles es wagt, mit dem Ansinnen an die

Reichsschrifttumskammer heranzutreten, als Mitglied aufgenommen zu werden."[61]

Etwas anders lag die Sache bei Journalisten: Hier waren mit dem Schriftleitergesetz vom 4. Oktober 1933 die Eignungsvoraussetzungen eines Bewerbers schriftlich fixiert; dazu gehörte neben dem „Arier"-Status auch die Fähigkeit zur „geistigen Einwirkung auf die Öffentlichkeit"[62], was im Klartext hieß: keine Tätigkeit bei der ehemaligen Linkspresse, keine exponierte Stellung in einer der inzwischen verbotenen Parteien – schon gar nicht der KPD.

Die Unterwanderung der Rest-Presse war noch im Jahre 1933 um ein gutes Stück vorangekommen, wobei im allgemeinen galt: Je kleiner eine Zeitung war, desto hilfloser stand sie den Manipulationsavancen profilierungssüchtiger Postenjäger gegenüber. Wenn sich auch solche Zeitungen nicht derart lärmend und kreischend ausnahmen wie die Parteipresse, waren sie doch, gerade im Fall von Provinzzeitungen, von geradezu theatralischem Pathos angefüllt. Das hörte sich im Fall der „Lahrer Zeitung" zum Thema Reichstagseröffnung wie folgt an:

„Kürzell. Als am Abendhimmel des Tages der Reichstagseröffnung die brennenden Holzstöße weithin verkündeten, daß der Reinigungs- und Läuterungsprozeß um die deutsche Volksseele eingesetzt hat, verkündeten auch die Flammen des Befreiungsfeuers in Kürzell, daß auch hier jener Prozeß eingesetzt hatte. In flammender Begeisterung gemahnte der Redner, Herr Hauptlehrer Kraft, die Anwesenden zur Einheit und Einigkeit, ‚denn niemals wird das Reich zerstöret, wenn ihr einig seid und treu'. Schon der Fackel- und Lampionzug brachte den Großteil der Bevölkerung in feierliche Stimmung, die durch die vaterländische Rede des Herrn Hauptlehrers Kraft noch vertieft wurde. Fast die gesamte Bevölkerung zog nach dieser Feierstunde hinaus auf das freie Feld, um dem Spiel der zum Nachthimmel aufsteigenden Flammen anzuwohnen. Ortsgruppen-

[61] Meldung vom 2. April 1942, Nr. 273, in: Heinz Boberach (Hrsg.), Meldungen aus dem Reich. Die geheimen Lageberichte des Sicherheitsdienstes der SS 1938-1945, Bd. 10, S. 3570 f. Hervorhebungen im Original.

[62] Vgl. Joseph Wulf, Presse und Funk im Dritten Reich, Frankfurt a. M./Berlin 1989, S. 74-76.

führer der NSDAP, Herr W., deutete in seiner Feuerrede die Symbolik des verzehrenden und doch reinigenden Feuers. Begeistert jubelten die Anwesenden, als der Ortsgruppenführer die Fahne der verflossenen 14 Jahre den Flammen übergab. Das Horst-Wessel-Lied und Deutschlandlied beendeten die Feier, die durch ein Lied des Gesangvereins verschönt wurde."[63]

Die Fahne der Weimarer Republik war nicht das einzige, was zu Beginn des Dritten Reiches angezündet wurde. Weltweites Aufsehen erregten im Mai 1933 die Bücherverbrennungen, in deren – sorgsam vorbereitetem – Verlauf die Werke von 131[64] teils berühmten Autoren auf den Scheiterhaufen kamen: ein „Versuch der symbolischen Vernichtung".[65] Schon Wochen vor dem Stichtag (8. Mai) durchforsteten studentische Delegationen Buchhandlungen und Leihbüchereien, nachdem die *Deutsche Studentenschaft* am 8. April 1933 ein reichsweites Rundschreiben an ihre Kollegen an den Universitäten versandt hatte, in dem der Anlaß – „schamlose Greuelhetze des Judentums im Ausland"[66] – proklamiert worden war. Im Verlauf der die Sammelaktionen begleitenden „Aufklärung" wurden „12 Thesen wider den undeutschen Geist" unter die Bevölkerung gestreut, die vor allem antisemitischen Charakter hatten und die Affinität der Scheiterhaufen-Autoren zum „Weltjudentum" herausstreichen sollten. Die meisten dieser Schriftsteller waren zu diesem Zeitpunkt bereits emigriert, sofern sie sich nicht – wie Carl von Ossietzky – in Haft befanden. Nur wenige von ihnen kehrten nach 1945 zurück.

[63] Zitiert nach Jürgen Focke/Monika Strocka, Alltag der Gleichgeschalteten. Wie die Nazis Kirche, Kultur, Justiz und Presse braun färbten, Reinbek 1985, S. 178.

[64] Vgl. Gerhard Sauder, Die Bücherverbrennung. Zum 10. Mai 1933, München/Wien 1983, S. 128.

[65] Ebda., S. 32.

[66] Vgl. Hans-Wolfgang Strätz, Die geistige SA rückt ein, in: Walberer (Anm. 52), S. 84-114, hier: S. 84.

Im System des Führer-Staates sollte nichts dem Zufall überlassen bleiben. So war mit den berufsständischen Organisationen zwar einigermaßen gewährleistet, daß mißliebige Personen nicht aufgenommen werden konnten, ferner bei den Journalisten durch das Schriftleiter-Gesetz deren exakte „Pflicht" umrissen worden; jedoch gab es genug Situationen gerade im redaktionellen Alltag, in denen nicht einmal diese Voraussetzungen eine im nationalsozialistischen Sinne „einwandfreie" Tätigkeit garantieren konnten. Goebbels, der das wußte, kreierte zu diesem Zwecke wenige Wochen nach Amtsantritt (ab 19. Mai 1933) die (geheimzuhaltenden) „Presse-Anweisungen", die den Redakteuren der großen Zeitungen auf der täglichen Presse-Konferenz[67] im Propagandaministerium persönlich mit auf den Weg gegeben wurden und kleinere Provinzzeitungen per Fernschreiber über eines der Reichspropagandaämter erreichten. Das Feindbild war klar: Agitiert wurde implizit oder explizit gegen ein „jüdisch-plutokratisch-bolschewistisches Antisymbol"[68], dessen einzelne Facetten ungeachtet irgendeiner Logik miteinander verschränkt wurden. Wie das vor sich zu gehen hatte, diktierte Goebbels, nachdem er sich als einziger von frühmorgens an ein durchweg klares Bild über die tatsächliche weltpolitische Lage gemacht hatte – unselektiert und ungefiltert.

Sein Arbeitstag begann mit der Lektüre von Geheimberichten der amtlichen Agentur *Deutsches Nachrichten-Büro* (DNB) sowie ausländischem Pressematerial. Zudem erstattete regelmäßig ein

[67] Es gab neben der großen Haupt-Konferenz, auf der die allgemeinen Presse-Anweisungen ausgegeben wurden, kurzfristige Sonderkonferenzen bei besonderen Ereignissen, ferner ab 1938 noch eine „Kleine Konferenz", auf der nur absolut zuverlässige Personen absolut vertrauliche Mitteilungen erhielten. Darüber hinaus fanden ab 1936 „Glossen-Konferenzen" statt. Die Zeitschriften-Redakteure wurden einmal wöchentlich auf einer Konferenz mit Anweisungen versorgt, ab 1938 existierte zusätzlich ein amtlicher „Zeitschriftendienst". Vgl. Jürgen Hagemann, Die Presselenkung im Dritten Reich, Bonn 1970, S. 36.

[68] Ebda., S. 119.

Delegierter des Oberkommandos der Wehrmacht Bericht (ab 1939).[69] Auf der anschließenden Ministerkonferenz bekamen die Leiter der Presseabteilungen des Reichspropagandaministeriums (Deutsche Presse, Auslandspresse, Zeitschriftenpresse) sowie die Verbindungsleute anderer Ministerien bereits nur mehr eine Auswahl der Nachrichten zu hören; auf dieser Basis wurden in einer anschließenden Arbeitssitzung die Presseanweisungen und Informationen zusammengestellt. Dabei wurden gerade dem Leiter der Abteilung *Deutsche Presse* oft zwischen Tür und Angel, nachdem Goebbels in seinen Arbeitsraum entschwunden war, Extrawünsche von seiten des RPM-Staatssekretärs Otto Dietrich oder Vertretern anderer Ministerien vermittelt, die nicht selten Goebbels' Vorstellungen konterkarierten.[70] So kursierten des öfteren drei oder vier verschiedene Anweisungen zum selben Thema, da der Leiter sich freilich so weit als möglich der Verantwortung entziehen wollte, innerhalb dieser Wünsche zu selektieren. Das konnten dann die Journalisten besorgen, was nicht immer automatisch mehr Bewegungsfreiheit bedeutete: Denn oft genug steckten sie im Dilemma, ob sie sich nun an die Weisung der höchsten Stelle, also Goebbels, halten sollten oder an die Wünsche von dessen Untergebenen, mit denen man im Zweifelsfall mehr Tuchfühlung hatte.

Wehe dem, der bei dieser Gratwanderung Schlagseite bekam und sich offenkundig zu oft nach den Anweisungen derselben Person richtete; sich nur auf eine Instanz in der NS-Hierarchie zu konzentrieren, konnte insofern gefährlich werden, als man nie wußte, ob gerade dieser Beamte bei höherer Stelle in Ungnade fiel. Außerdem war bei solcher „Einseitigkeit" die gebündelte Aversion der anderen Stellen zu erwarten. Es herrschte demnach ständig latente Drohung und Unsicherheit. In diesem Rahmen sollten die Journalisten kreativ sein.

Die Methoden der Nachrichtenmanipulation waren teils subtil, teils funktionierten sie nach dem Holzhammer-Prinzip: zum Bei-

[69] Vgl. Abel (Anm. 51), S. 40.
[70] Vgl. ebda., S. 43.

spiel, wenn durch massive Beschimpfung und Desavouierung ausländischer Politiker in der Presse Haß und – daraus resultierend – Kriegsbereitschaft erzeugt werden sollten.[71] Oder wenn durch die ständige Wiederholung identischer Phrasen ein Thema um jeden Preis in den Kollektivverstand der Massen einzugehen hatte. Wie Journalisten diesem Erwartungshorizont und Leistungsdruck begegneten und ihn verarbeiten konnten, steht dahin; wer jedoch den Mut zu zarter Opposition zwischen den Zeilen hatte, stand stets mit einem Bein im Zuchthaus oder Konzentrationslager. Auch Nachlässigkeit ließ man sich besser nicht zuschulden kommen, obgleich dies bei der Fülle der sich teils widersprechenden Anweisungen besondere Aufmerksamkeit erforderte. Denn bindend waren nicht nur Gestaltungswünsche hinsichtlich des Inhalts, sondern auch in bezug auf Rangfolge der Meldungen, Überschriften, Sperrfristen sowie die Plazierung einzelner Artikel.

Im harmlosesten Fall wurde solch ein „Missetäter" auf der täglichen Pressekonferenz vor rund 130 akkreditierten Journalisten[72] bloßgestellt; schlimmere Folgen waren bereits, wenn er aus der Berufsliste gestrichen und aus der *Reichspressekammer* geworfen wurde. Denn damit war nicht nur die finanzielle Existenz in Frage gestellt, vielmehr mußte der betreffende Journalist, wie erwähnt, auch um seine körperliche Unversehrtheit fürchten: Am 5. August 1935 hatte das Gestapa in Berlin mit dem Leiter des *Reichsverbandes der Deutschen Presse* Informationsaustausch bei Maßnahmen gegen einzelne Journalisten vereinbart. Das hieß im Klartext: Die Polizei informierte den Berufsverband, wenn sie eines von dessen Mitgliedern in „Schutzhaft" nahm, umgekehrt unterrichtete dieser die Gestapo bei Ausschlüssen (und auch Ablehnungen von Aufnahmeanträgen!).[73] Der Effekt der Gängelung: Von Juli bis September 1935 gab es 87 Verwarnungen und 31 Berufsverfah-

[71] Vgl. Hagemann (Anm. 67), S. 190 ff.
[72] Vgl. Abel (Anm. 51), S. 44.
[73] BA R 58/268, Bl. 6.

ren, im gleichen Zeitraum des nächsten Jahres nur noch 30 Verwarnungen und sechs Berufsverfahren.[74]

Furore im Propagandaministerium machte im Juli 1935 die Verhaftung des Redakteurs Walter Schwerdtfeger, der in dringendem Verdacht stand, im Rahmen seiner Tätigkeit beim *Berliner Börsenblatt* drei Monate lang Presseanweisungen ans Ausland weitergeleitet zu haben. Tatsächlich tauchte fünf Tage nach seiner Festnahme, am 7. Juli 1935, ein Artikel mit entsprechenden Informationen im *Neuen Vorwärts* (Prag) auf. Überschrift: „Aus Goebbels' Geheimküche – Neue geheime Anweisungen an die Presse". Die Gestapo sah sich bestätigt, den richtigen Griff getan zu haben – und Schwerdtfeger gab seine Tat zu. Die Sache wurde als Präzedenzfall vor dem Volksgerichtshof verhandelt und am 21. Juli 1936 mit lebenslänglichem Zuchthaus wegen Landesverrats bestraft. Ein späterer, ähnlicher Fall ist aus den noch existenten und vorliegenden Gerichtsakten nicht zu ersehen.[75] Auch Schriftsteller hatten von seiten ihrer Kammer das Schlimmste zu befürchten, wenn sie sich auch nur ansatzweise nonkonform verhielten. Was viele von ihnen nur ahnen konnten, wurde hinter den Mauern des Sicherheitsdienstgebäudes Wirklichkeit: Hier vollzog sich die nachrichtendienstliche Auswertung des Schrifttums, ebenso liefen aber auch die Fäden aller SD-Oberabschnitte und Außenstellen zusammen, die über die persönlichen Lebensumstände der Autoren und Schriftsteller Auskünfte einholten und – dies liegt auf der Hand – mit der *Reichsschrifttumskammer* zusammenarbeiteten. Das hatte einerseits den Zweck, über „verdächtige" Personen sofort informiert zu sein; andererseits wurden auf diese Weise „verdächtige" Schriften aus dem Verkehr gezogen, nach dem Motto: „Der Ausschluß von Mitgliedern genügt ⟨. . .⟩ zur Ausmerzung unerwünschten Schrifttums nicht."[76] Also wurden Ver-

[74] Vgl. Kurt Koszyk, Deutsche Presse 1914 bis 1945, Berlin 1972, S. 374.

[75] Vgl. VGH-Anklage- und Urteilsschrift gegen Walter Schwerdtfeger, IfZ München, ohne Signatur.

[76] Vgl. Leitheft Schrifttumswesen und Schrifttumspolitik des Reichsführers SS vom März 1937, Anhang, in: BA R 58/1106, Bl. 76.

bote ausgesprochen – und zwar auf Grundlage der vom RSK-Präsidenten am 25. April 1935 erlassenen *Anordnung* ⟨...⟩ *über schädliches und unerwünschtes Schrifttum,* wonach die RSK praktisch jedes mißliebige Werk auf den Index setzen und so die Verbreitung untersagen konnte. Ab Juli 1936 existierten darüber hinaus regelmäßige „Verbotskonferenzen", auf denen entsprechende Anträge behandelt wurden.

Natürlich gab es auch für Schriftsteller Möglichkeiten, versteckte Systemkritik zu üben – sogar weitaus bessere als für Journalisten, weil den Nationalsozialisten Literaturinterpretationen und -analysen oft mühsam erschienen; so übersahen die Zensoren schon einmal, daß sich ein Schriftsteller schlicht einer anderen Zeitebene bediente, wenn er Mißstände andeuten wollte (z. B. Marie-Luise Kaschnitz, Elissa, 1937), oder auch eines anderen Ortes (z. B. Günther Weisenborn, Die Furie, 1937). Doch die Bezüge zu den politischen Verhältnissen im Reich waren für aufmerksame Leser durchaus herstellbar.[77]

Es versteht sich von selbst, daß Schriftsteller und Journalisten offen gegen den Nationalsozialismus nur aus dem Exil oder Untergrund heraus agitieren konnten. Praktisch bewerkstelligt wurde dies vor allem durch Flugblätter und Bezirkszeitungen, hektographierte Spottgedichte oder verschiedene Tarnschriften, die zwischen einem unverfänglichen Bucheinband illegales Material enthielten. So versuchten gerade SPD und KPD, eine publizistische Notversorgung ehemaliger Mitglieder oder Andersdenkender zu arrangieren.

Über die Rezeption dieser Widerstandsliteratur wäre eine gesonderte Untersuchung anzustellen; so einfach, wie es sich die offizielle Geschichtsschreibung der Ex-DDR machte, nämlich zu behaupten, die illegalen Schriften seien ihren Verkäufern förmlich aus der Hand gerissen worden[78], war es sicher nicht. Schließlich hatte sich die „Schutzhaft"-Praxis der Gestapo auch für Leute, die

[77] Vgl. Hans-Dieter Schäfer, Das gespaltene Bewußtsein. Deutsche Kultur und Lebenswirklichkeit 1933-1945, München/Wien 1983³, S. 25 ff.

[78] Vgl. Jürgen Stroech, Die illegale Presse. Eine Waffe im Kampf gegen den deutschen Faschismus, Leipzig 1979, S. 39.

derartiges nur *entgegennahmen*, recht schnell herumgesprochen und verlangte gewisse Vorsicht. Zudem war so mancher Ex-Kommunist inzwischen Nazi geworden; so wählte ca. jeder zehnte, der noch im November 1932 für die KPD stimmte, im März 1933 die NSDAP.[79] Doch dessenungeachtet waren etliche nach den Umwälzungen auch im Presse- und Literaturwesen in eine Lese-Lethargie verfallen; es machte ihnen keinen Spaß mehr, Gedrucktes zur Hand zu nehmen und publizistischen Einheitsbrei zu löffeln. Die Auflage der deutschen Presse ging demnach allein 1934 um etwa eine Million zurück[80]; 25 Prozent der ehemals 3.400 Zeitungen (Stand 1933) waren verschwunden[81], Tendenz: fallend. Daran änderte auch eine SA-Werbeaktion im Herbst 1936 nichts. Die deutsche Zeitungslandschaft war – abgesehen von den schwachen Farbtupfern der innerdeutschen, illegalen Presse – zur Monokultur geworden.

Erst viel später (1940) versuchte Goebbels, diesem Verfall durch die Gründung der weniger gegängelten und daher vergleichsweise anspruchsvollen Wochenzeitung *Das Reich* entgegenzuwirken. Nach einem vielversprechenden Start allerdings geriet auch dieses Blatt im Laufe des Krieges immer mehr in die Fänge und Zwänge des staatlich verordneten Meinungsmonopolismus und mußte 1944 sein Erscheinen endgültig einstellen.[82]

Kompetenzkonflikte

Das staatlich gelenkte Kommunikationssystem funktionierte nach außen hin scheinbar sehr gut – wären da nicht die Kompetenzstreitigkeiten gewesen, die Reibungsverluste provozierten und Lücken in den ansonsten dichten Maschendraht rissen. Da

[79] Vgl. Jürgen W. Falter, Hitlers Wähler, München 1991, S. 111.
[80] Vgl. Hale (Anm. 56), S. 152.
[81] Vgl. Frei/Schmitz (Anm. 55), S. 36.
[82] Literatur über die Zeitung *Das Reich* gibt es von Erika Martens, Zum Beispiel Das Reich, Köln 1972.

Hitler seine Vasallen nicht zu groß und mächtig werden lassen wollte, stellte er Goebbels, dem als Minister, RKK-Präsident und Reichspropagandaleiter grundsätzlich alle Journalisten unterstanden, zwei weitere Männer zur Seite, von denen er ausgehen konnte, daß sie aus dem Dreiecksgespann ein Forum konkurrierender Kompetenzen machten: Max Amann als Reichsleiter für die Presse der NSDAP und als Präsidenten der *Reichspressekammer* (eine Sektion der *Reichskulturkammer*) oblag die Überwachung der Verlage, die er bis 1944 zu über 82 Prozent in nationalsozialistischen Besitz bringen konnte.[83] Otto Dietrich schließlich übte das Amt des Reichspressechefs der NSDAP aus sowie des Pressechefs der Reichsregierung und eines Staatssekretärs im Propagandaministerium.

Zielscheibe der NS-internen Aggressionen war im allgemeinen Goebbels als Alt-Pg. und Höchstgestellter der NS-Presse-Führungsriege. Amann wollte ihn mit dem schrittweisen Aufkauf von Verlagen und dem daraus resultierenden Ausbau seiner Macht überflügeln, was Goebbels durch das Schriftleitergesetz zunächst zu bremsen wußte.[84] Dennoch setzte sich Amann ein Denkmal, als er im April 1935 mit Hilfe von drei weitreichenden Anordnungen[85] Verbot und Zulassung sämtlicher Periodika unter seine Kontrolle brachte. Dietrich intrigierte aus dem Hintergrund heraus, indem er im Vergleich zum Schreibtischstrategen Goebbels engeren Kontakt zu den Journalisten pflegte und – wie

[83] Vgl. Abel (Anm. 51), S. 6.

[84] Goebbels sicherte sich hierdurch den Einfluß auf Journalisten, indem er sie der Abhängigkeit des Verlegers entzog und auf den Staat verpflichtete.

[85] Die *Anordnung zur Wahrung der Unabhängigkeit des Zeitungsverlagswesens* verwehrte unter anderem allen jüdischen Verlegern die Zugehörigkeit zum Verlegerverband und verbot die Herausgabe vom mehr als einer Zeitung in einem Verlag. Die *Anordnung zur Beseitigung der Skandalpresse* schloß alle Verleger aus, deren Zeitungen den nationalsozialistischen Funktionären „Anstoß zu erregen" oder „der Würde der Presse zu schaden" schienen. Die *Anordnung über Schließung von Zeitungsverlagen zwecks Beseitigung ungesunder Wettbewerbsverhältnisse* schließlich gestattete die Liquidierung aller Verlage, die zu ihrer Rentabilität „auf den Absatz einer höheren Auflage angewiesen sind, als nach den örtlichen Verhältnissen und gesunden verlegerischen Grundsätzen insgesamt vertrieben werden kann." Vgl. Abel (Anm. 51), S. 7 f.

erwähnt – oft Weisungen seines Chefs konterkarierte. Eine Ohrfeige für Goebbels war in diesem Zusammenhang die sogenannte „Tagesparole", die Dietrich ab November 1940 einführte und die verbindlich vorformulierte Informationen enthielt. Sie sollte eine Ergänzung zu Goebbels' Anweisungen sein, war jedoch nichts anderes als Ausdruck von Dietrichs persönlichem Ehrgeiz und Eifer, sich bei Hitler beliebt zu machen (später erreichte Goebbels, daß ihm die „Tagesparole" vorgelegt werden mußte). Nicht zu vergessen ist das Auswärtige Amt, das trotz aller Parteihörigkeit die Relevanz diplomatischer Beziehungen nicht völlig ignorieren konnte und zumindest noch unter Außenminister von Neurath gewisse Vorsicht walten ließ, was Goebbels, der ja mit Vorliebe von den „ausländischen Greuelnachrichten" zu sprechen pflegte, als offenen Affront auffaßte. Schließlich gab es die Gauleiter, die in kommerzieller, organisatorischer und geistiger Hinsicht[86] in ihrem Bereich Pressepolitik zu machen versuchten. Amann und Goebbels waren bestrebt, das zu verhindern, Dietrich wiederum trachtete nach einem Machtzuwachs der Partei gegenüber dem Ministerium, in dem er nur die zweite Geige spielte.

Zufriedener Dritter in diesem Kompetenzgerangel war Hitler, der als Vermittler zwischen den rivalisierenden Kräften fungierte – und manchmal profitierten auch schlaue Journalisten davon, die unter der Flut von teils widersprüchlichen Presseanweisungen (zwischen 1933 und 1945 betrug ihre Zahl ca. 80.000-100.000)[87] geschickt selektierten. Voraussetzung hierfür war allerdings ein hohes sprachliches Niveau, um diktierte Phrasen durch geschickte Wortanordnung und -auswahl zu umgehen. Auch gute Kontakte ins Propaganda-Ministerium waren von nicht zu unterschätzendem Vorteil, um über derartige Streitereien und die sich daraus ergebenden Chancen unterrichtet zu sein.[88]

[86] Ebda., S. 21 f.
[87] Vgl. Frei/Schmitz (Anm. 55), S. 34.
[88] Vgl. Abel (Anm. 51), S. 70.

Gerade bei schweren Hoch- und Landesverratsfällen, die vor dem Volksgerichtshof verhandelt wurden, war zu viel Publizität eine heikle Angelegenheit; natürlich sollte unter allen Umständen ein Mitleidseffekt beim Leser vermieden werden, wenn er aus der Zeitung von harten Urteilen erfuhr. Also mußte auch hier die Dosis dessen, was man der Öffentlichkeit an Information verabreichte, wohl kalkuliert sein. Zuständig hierfür war (im Falle des VGH) die Justizpressestelle Berlin, die sich aber bald beklagte, daß ihre Unterrichtung

„⟨...⟩ noch lange nicht in dem Maße erfolgt, wie es bei der Bedeutung ihrer Aufgabe erforderlich ist. Mehr denn je ist es heute notwendig, daß die Rechtspflege und Rechtsprechung Anklang und Verständnis im Volke findet. Das kann nur erreicht werden, wenn die Öffentlichkeit in richtiger und sachgemäßer Weise über die Arbeit der Justiz unterrichtet wird ⟨...⟩ Es ist doch die Gewähr dafür geboten, daß die Presse bei ihrer Beschäftigung mit Justizangelegenheiten – anders als vielfach früher – grundsätzlich von positiven Gesichtspunkten ausgeht. Um ihr dies zu ermöglichen, muß jeder Richter und Staatsanwalt die Arbeit der Justizpressestelle fördern."[89]

Doch Transparenz war genau das, was im Dickicht der Rechtsprechung nichts zu suchen hatte. Der Pressereferent im Reichsjustizministerium erinnerte am 13. Juli 1936 seine Pressestellen noch mal daran:

„Über Strafverfahren gegen Angehörige der illegalen KPD und anderer illegaler Organisationen, insbesondere wegen Hochverrats, soll in der Regel nur kurz berichtet werden. Einzelheiten über die begangenen Taten sind wegzulassen. Es sind auch die Namen der Angeklagten im allgemeinen nicht zu nennen. Ferner sind Mitteilungen von Tatsachen, die den Aufbau und die Werbemethoden der illegalen Organisation sowie die Herkunft von illegalen Druckschriften behandeln, ebenso grundsätzlich zu vermeiden wie etwa Erörterungen über die Aktionen der Abwehr und der Bekämpfung staatsfeindli-

[89] Regierungsrat Alfred Klütz, Leiter der Justizpressestelle Berlin, „Die Informationspflicht gegenüber den Justizpressestellen", in: Deutsche Justiz Nr. 18/1934, BA Potsdam, Film 69742, Akte 23, Bl. 1520-1523.

cher Umtriebe ⟨...⟩ Eine umfangreiche Presseberichterstattung unter Nennung des Namens des Angeklagten wird nur dann in Frage kommen, wenn der Angeklagte eine besonders bekannte Persönlichkeit ist oder wenn die Straftat bereits in weiten Volkskreisen bekannt geworden ist und Beunruhigung hervorgerufen hat."[90]

Es vergingen weitere Monate, ohne daß eine für alle Seiten befriedigende Lösung gefunden werden konnte – daran hatte auch nichts geändert, daß am 4. August 1936 die Stelle eines Pressedezernenten beim VGH eingerichtet wurde, der die dortige Staatsanwaltschaft u. a. „bei der ständigen Unterrichtung der Justizpressestelle über die sachlichen Entscheidungen des VGH in Zweifelsfällen und bei Rückfragen zu unterstützen"[91] hatte. Schließlich gab es am 5. März 1937 eine Aussprache im Reichsjustizministerium: Auf Anregung von Mitarbeitern des VGH, die offenbar durchaus daran interessiert waren, ihre Urteile nicht hinter schall- und blickdichten Mauern zu sprechen und in geheimnisträchtiger Isolation zu arbeiten, wurde eine Lockerung in der Presseberichterstattung diskutiert – und gegen den Willen der Gestapo beschlossen. VGH-Präsident Thierack gab in einem Umlauf an alle Mitarbeiter am 11. März 1937 die Parole zum nötigen Fingerspitzengefühl aus:

„Hierbei ist zunächst vorsichtig zu beginnen, um nach dem langen Schweigen in der deutschen Presse über kommunistische Straftaten nicht durch eine plötzlich einsetzende ausgedehnte Berichterstattung im Ausland den Eindruck aufkommen zu lassen, daß in Deutschland die kommunistische Gefahr stark im Wachsen begriffen sei."[92]

Damit war ein Versuchsballon gestartet. Jedoch schien sich diese Neuerung nicht zur Zufriedenheit des Propagandaministers Goebbels zu entwickeln:

[90] BA Potsdam, VGH-Sachakten 30.16, Akte 23, Bl. 105.

[91] Ebda., Bl. 117-118. Erster VGH-Pressedezernent war Amtsgerichtsrat Hans Mörner, der auch schon des öfteren als Richter des Volksgerichtshofes aufgetreten war.

[92] Besprechung zwischen Ministerialdirektor Dr. Crohne, VGH-Pressedezernent Mörner, VGH-Staatsanwalt Weyersberg sowie Vertretern des Reichspropagandaministeriums und der Gestapo, in: BA Potsdam, Film 69542, Akte 23, Bl. 1719.

„Es ist in letzter Zeit wiederholt vorgekommen und von mir auch im Einzelfall gerügt worden, daß in der Presse über Gerichtsverhandlungen, in denen Verbrechen abgeurteilt wurden, in der ausführlichsten Weise berichtet worden ist. In diesen Berichten wurde nicht nur im einzelnen das begangene Verbrechen beschrieben und was die einzelnen Personen gedacht und getan haben, sondern es wurde zuweilen auch darauf hingewiesen, wie es zur Entdeckung des Verbrechens ⟨...⟩ gekommen war. Dabei wurde sogar dargelegt, was der Verbrecher unterlassen hatte, um die Entdeckung seiner Tat zu verhindern. Es wurde also geradezu eine Anleitung dazu gegeben, was zu tun ist, damit die Sicherheitsorgane ein Verbrechen nicht entdecken. Eine derartige Berichterstattung verfehlt ihren Zweck. Sie wirkt nicht erzieherisch. Im Gegenteil ⟨...⟩“[93]

Dies war kurz vor Kriegsbeginn aus Sicht der Nationalsozialisten natürlich verhängnisvoll – und so wurden die Zügel wieder angezogen. Während der Jahre 1939-45 verebbte der Informationsfluß schließlich ganz; die Masse der Todesurteile, die nun gegen „Hoch- und Landesverräter“ wegen nichtigster Anlässe ausgesprochen wurden, hätten selbst Pressestellen nicht mehr glaubwürdig vertreten können, zumal wegen der steigenden Papierknappheit ohnehin kein Platz in den Zeitungen war. So las man nur noch ab und zu an den Litfaßsäulen, wer aufgrund eines strafrechtlichen „Fehltritts“, der oft nur in Zweifeln am Sieg bestand, hingerichtet worden war.

[93] Zitiert nach einem Rundschreiben des Reichsjustizministers vom 9. März 1939 betreffs unerwünschter Presseberichte über Gerichtsverhandlungen in Strafsachen. Ebda., Bl. 1851 f.

III. Der Versuch des Nonkonformismus: Reaktionen auf die Herrschaftsmechanismen

1. Emigration und Exilpublizistik: der tägliche Kampf ums Überleben in der Fremde

Emigration aus politischen Gründen spielte sich zu großen Teilen in den ersten Monaten nach Hitlers Machtübernahme ab. Viele, die unmittelbar aufgrund parteipolitischer Prägungen gefährdet waren, möglicherweise bereits einige Wochen „Schutzhaft" hinter sich hatten, nahmen diesen Warnschuß der Gestapo ernst genug, um sich aus den Fängen des Regimes und seiner polternden und mordenden SA-Meuten schnellstens zu befreien. Doch bedeutete Emigration wirklich Freiheit?

Der Begriff impliziert ebenso wie „Auswanderung" eine Art von geordnetem Prozeß – wohlüberlegt, wohlorganisiert und unspektakulär durchgeführt. Doch was sich während des Dritten Reiches abspielte, war Austreibung. Hinter dem Massenabzug, der Massenresignation der Flüchtenden steckte kein freier Entschluß. Etliche waren gezwungen, aus den Grenzen des Heimatlandes auszubrechen, wollten sie ihre Sicherheit nicht riskieren. Die Endstationen hießen Prag, Paris, London, Amsterdam oder Brüssel: Städte, die man vielleicht schon kennengelernt hatte, die sich dem Emigranten aber völlig anders präsentierten.[1]

Das vielbeschriebene Leben des Bohémiens, der gleich Spitzwegs armem Poeten in einer Dachmansarde hauste und dazu tagsüber seinesgleichen in einem der unzähligen Cafés zu dialektischem Diskurs traf, entbehrt nicht eines faszinierend nostalgisch-romantischen Reizes. Doch die Wirklichkeit sah anders aus.

[1] Vgl. Alfred Döblin, Historie und kein Ende, in: Die Zeitlupe, Kleine Prosa, Freiburg 1962, S. 193-196, zitiert nach: Evelyn Lacina, Emigration 1933-1945, Stuttgart 1982, S. 116 f.

„Als habe das wirbelnde Chaos Berlins sie weggeschleudert, rasen die Nachtzüge über dunkle Gleise ⟨...⟩; aus den Kopfbahnhöfen, den wenigen Schlupflöchern der Stadt, herausgestoßen in das Weite einer fremden Welt, vorbei an Silhouetten und verwischten Umrissen, quer durch das fast unsichtbare Land ⟨...⟩ Rattern für Rattern zwingen die Gleise den Flüchtenden ihren Weg auf ⟨...⟩"[2]

Europas Staaten (insbesondere Frankreich, die Tschechoslowakei, Holland und das Saarland), Palästina und in begrenztem Umfang die USA sahen sich 1933 einer Flut von ca. 50.000[3] hilfebedürftigen Flüchtlingen gegenüber, denen es galt, durch großzügige Aufnahme einen menschenwürdigen Empfang zu bereiten und somit ihr physisches und psychisches Überleben zu sichern: Zu diesem Zwecke installierte der Völkerbund einen Hochkommissar für die deutschen Flüchtlinge, der sich ihrer Probleme annehmen sollte.[4] Die Asylgesetze der einzelnen Länder, die teilweise

[2] Gundolf S. Freyermuth, Reise in die Verlorengegangenheit. Auf den Spuren deutscher Emigranten (1933-1940), Hamburg 1990, S. 214.

[3] Diese Zahl ist einem (undatierten) Bericht des Auswärtigen Amtes über „Die deutsche Emigration im europäischen Auslande. Herbst 1933" entnommen (BA R 43 II/600, Bl. 330-339). Kurt R. Grossmann, damals Vorsitzender der *Liga für Menschenrechte* in der Tschechoslowakei, schätzte zweieinhalb Jahre später, im Juni 1936, die Zahl der deutschen Emigranten ebenfalls auf 50.000 bis 60.000, wobei auch hier eine Angabe zu Palästina nicht gemacht wird. Der Bericht findet sich in einer Sonderbeilage zum SD-Pressebericht Nr. 87 vom 26. Juni 1936, in: BA R 58/498, Bl. 70 f.

[4] Die Figur des Hochkommissars war allerdings eine eher unglückliche – Deutschland, damals noch im Völkerbund, war es gelungen, auf einen quasi-autonomen Status des Amtes zu drängen, das hieß, dieses schwebte, losgelöst vom Völkerbund, mehr oder weniger zwischen den Institutionen und wurde fernab der tagesaktuellen Geschäfte des Völkerbundes behandelt. Der erste Hochkommissar, James McDonald, bemühte sich nach Kräften, dennoch Erleichterungen für die Emigranten in den Verhandlungen mit den Asylländern zu erreichen; doch Ende 1935 gab er sein Amt resigniert auf. Seinem Nachfolger Neill Malcolm fehlte das persönliche Engagement, das allein unter diesen Umständen noch potentielle Verbesserungen hätte bewirken können. Die Stelle verkam zu einer unnützen Geste. Hierzu ein ehemaliger Mitarbeiter im Büro des Hochkommissars und ehemaliger Oberstaatsanwalt in Palästina, Norman Bentwich, The Refugees from Germany 1933-35, London 1936.

noch aus dem vorigen Jahrhundert stammten, waren allerdings nicht in Erwartung einer Massenimmigration geschrieben worden, gingen vielmehr von Einzelpersonen oder allenfalls kleinen Gruppen aus, die man ohne weiteres in den Genuß einer liberalen Asylpraxis kommen lassen konnte. Doch der Ansturm deutscher Flüchtlinge, der infolge der jüdischen Katastrophentage (1.4.33, 15.9.35, 9.11.38) 1933 noch längst nicht sein Ende gefunden hatte und in den darauffolgenden Jahren immer wieder anschwoll, nötigte etliche Länder zu restriktiveren Einwanderungsbestimmungen: Stichjahr war im allgemeinen 1938, als die Annexion Österreichs und des Sudetenlandes zusätzlich Tausende über die Grenzen trieb[5], und die Reichspogromnacht den Schlußpunkt eines Jahres setzte, das vor Beginn des Krieges ein Kulminationspunkt nationalsozialistischen Terrors war.

Belgien, bislang recht großzügig in seiner Asylpraxis, verbot ab Juni 1938 Exilierten jede politische Betätigung und drohte mit Ausweisung. Symptomatisch war Justizminister Pholiens Erklärung vor der belgischen Kammer am 14. Juni 1938: Man könne den sozialen Körper mit dem menschlichen Körper vergleichen; weder der eine noch der andere habe die Fähigkeit, fremde Elemente ohne Unterlaß aufzunehmen.[6] Die Schweiz errichtete nach dem März 1938 Sammellager für Emigranten und führte fünf Monate später den Visumzwang ein. Holland reagierte auf den Anschluß Österreichs mit der Bestimmung, nur noch Flüchtlinge mit nachweisbarem Kapital ins Land zu lassen; die nach dem 1. März 1938 zugewandert seien, müßten das Land wieder verlassen. Um diese Maßnahme zu rechtfertigen, jonglierte der Justizminister in seiner Erklärung mit der astronomisch hohen Zahl von 25.000 Flüchtlingen, die sich 1938 im Lande aufhalten würden.[7] Frankreich begann ab Mai 1938, Flüchtlinge ohne Papiere

[5] Eine ausführliche Darstellung hierüber gibt es von Franz Goldner, Die österreichische Emigration 1938-1945, Wien/München 1972.

[6] Vgl. den Bericht der Deutschen Gesandtschaft vom 13. Juni 1938, in: BA R 58/500, Bl. 9 f.

[7] Vgl. den Vermerk des Referates II A 4 des Gestapa vom 30. Juni 1938, in: Ebda., Bl. 2.

außer Landes zu weisen, was der dortigen Emigration besonders hart aufstieß: Hatte es doch die Volksfront-Regierung Léon Blum 1936-38 den deutschen Exilierten in Frankreich vergleichsweise leicht gemacht, ihren Aufenthalt zu legalisieren, nachdem die Zügel 1934 infolge eines Attentats auf den amtierenden Außenminister von seiten kroatischer Extremisten stark angezogen worden waren, und am Ruf Frankreichs als eines fremdenfreundlichen Landes seitdem ein Makel haftete. Gründe für die restriktivere Asylpolitik der meisten europäischen Staaten lagen – wie erwähnt – zum einen im plötzlichen Zustrom 1938, aber auch in finanziellen Belastungen und dem Schulterschluß der Westmächte in der *appeasement*-Politik gegenüber Hitler.

Neben denen, die um ihr Leben fürchteten, gingen viele, die sich mit der neuen Situation in Deutschland nicht abfinden wollten. Die deutschen Flüchtlinge von 1933-41 stellten aber auch in anderer Hinsicht qualitativ einen Sonderfall dar: Sie waren in dem Sinne nicht anonym, da sie einer Nation angehörten, der die anderen Staaten nach den Erfahrungen des laufenden Jahrhunderts kaum neutral gegenüber stehen konnten. So erklärt es sich, daß beispielsweise Frankreich deutsche Exulanten vergleichsweise wohlwollend aufnahm – nicht nur aufgrund seiner Rolle als klassisches Asylland, sondern auch infolge des Charakters der kleinen Auslese von Deutschen, die so atypisch für jene Erbfeind-Proklamateure waren, mit denen Frankreich bisher zu kämpfen hatte.

Ähnlich kulant gegenüber deutschen Emigranten verhielt sich die Tschechoslowakei – es ist kein Zufall, daß sich Otto Straßers *Schwarze Front* und der Exilvorstand der Sozialdemokratischen Partei Prag als Organisationszentrale ausgesucht hatten. Die Erfassung der Flüchtlinge war vollständig den verschiedenen, oft von Emigranten geführten Hilfskomitees überlassen – wenn diese den Exilierten als politischen Fall anerkannten, konnte er sich bei der Polizei eine Aufenthaltsgenehmigung holen und sein Dasein ohne Probleme legalisieren.

Doch ungeachtet der mancherorts großzügigen Aufnahme war das allgemeine Flüchtlingsschicksal zunächst einmal tragisch.

Keine Rede davon, aufgrund der neu gewonnenen Freiheit pulsierende Schaffenskraft zu verspüren. Die Gedanken waren besetzt: von der Frage, wie baldmöglichst an die (obligatorische) Aufenthaltsgenehmigung zu kommen war, im Falle eines Ausgebürgerten- bzw. Staatenlosen-Status eine hochkomplizierte Prozedur[8] (in tendenziell fremdenfeindlichen Ländern wie der Schweiz[9] glich dieses Unternehmen generell eher einem Spießrutenlauf); vom Bemühen, als politischer Flüchtling anerkannt und somit von einem der meist parteipolitisch oder konfessionell gebundenen Hilfskomitees für deutsche Emigranten notdürftig unterstützt zu werden[10]; von den oft verzweifelten Versuchen, eine Arbeit zu finden: In den meisten Ländern waren die Asylgenehmigungen an ein Arbeitsverbot gekoppelt, um der inländischen Erwerbslosigkeit nicht weiteren Vorschub zu leisten – was aber keinesfalls bedeutete, daß in liberaleren Staaten leicht an Arbeit zu kommen war; derartige Möglichkeiten nahmen sich überall wie klägliche Rinnsale aus. Holland und Belgien lösten das Problem

[8] Staatenlosen gegenüber agierten die Regierungen in ihrer Asylpraxis sehr zurückhaltend, da es im Falle dessen, daß eine dieser Personen für unerwünscht befunden wurde, sich sehr schwierig gestaltete, sie auszuweisen; denn sie ließen sich in keinen anderen Staat abschieben bzw. kein Staat war verpflichtet, sie anzunehmen.

[9] So schrieb der deutsche Botschafter in Italien, Ulrich von Hassell, am 7. April 1937, er habe in der Schweiz „völkisches deutsches Empfinden mit warmem Verständnis für das Dritte Reich und scharf antikommunistische Einstellung“ gefunden. Zitiert nach Ger van Roon, Widerstand und Krieg, in: Jürgen Schmädeke/Peter Steinbach, Der Widerstand gegen den Nationalsozialismus. Die deutsche Gesellschaft und der Widerstand gegen Hitler, München/Zürich 1985, S. 50-69, hier: S. 57.

[10] Allerdings ging es diesen Komitees finanziell auch nicht gerade gut; die nicht-parteipolitischen Organisationen waren auf Spenden aus der Bevölkerung angewiesen. Vgl. z. B. den Bericht der *Saarländischen Friedensgesellschaft und Liga für Menschenrechte*: „Die Liga erfuhr bei ihrer Arbeit bisher keinerlei behördliche Unterstützung und die Sammlungen zeitigten nur verhältnismäßig geringe Ergebnisse. Letzteres erklärt sich aus der Tatsache, daß ein großer Teil der Bevölkerung aus Angst vor Vergeltungsmaßnahmen nach der Abstimmung im Jahre 1935 sich nicht durch Sympathiekundgebungen für die Emigranten bloßstellen will. Außerdem ⟨. . .⟩ ⟨leidet⟩ das Saargebiet ⟨. . .⟩ selbst unter wirtschaftlichen Schwierigkeiten.“ In: BA R 43 I/254, Bl. 119-128, hier: Bl. 121 f.

auf eigene Weise: Erst wenn der Emigrant nachweisen konnte, daß sein potentieller Arbeitsplatz nicht mit einem Einheimischen besetzt werden konnte, durfte er die Stelle antreten.[11] Die Not an Brot und Arbeit führte soweit, daß die Flüchtlinge Wertgegenstände, soweit sie welche hatten retten können, oft erheblich unter Wert verschleuderten, um die Existenz für die nächsten Wochen sicherzustellen.[12]

Entgegen der verbreiteten Meinung, daß die emigrierte Intelligenz sich um ihr Fortkommen weniger sorgen mußte, fanden vielmehr Facharbeiter leichter Arbeit[13]; gerissen hat sich um Ärzte und Schriftsteller, kaufmännische Angestellte und Rechtsanwälte niemand, solange sie nicht zu den glänzendsten Vertretern ihres Faches gehörten (symptomatisch war der SOS-Ruf der Immigrationsbehörden in Palästina: „Send no more doctors, send patients!"[14]). Wer allerdings zur Spitze der Flüchtlingspyramide zu rechnen war, mußte sich zumindest um die materielle Zukunft keine Sorgen machen. Gerade bei berühmten Schriftstellern, aber auch bei renommierten Forschern spielte mit einiger Sicherheit die Genugtuung des Asyllandes eine Rolle, als Anlaufstelle ausgewählt worden zu sein. Der Auszug der geistigen Elite aus Deutschland sorgte in den Gastländern für einen Gewinn an internationaler Reputation; man beeilte sich, Ausgebürgerten die Staatsangehörigkeit anzutragen, die größten unter den großen Namen in die Prominenz des eigenen Landes einzufügen: Diese Emigranten brauchten sich um ihre Zukunft kaum Sorgen machen. Doch alle anderen waren abhängig – vom Wohlwollen der Behörden, von der Hilfe der Nachbarn und Freunde, von der Solidarität der Berufskollegen.

[11] Vgl. Thomas Biene, Exilpublizistik in den Niederlanden, Belgien und Luxemburg, in: Hanno Hardt/Elke Hilscher/Winfried B. Lerg (Hrsg.), Presse im Exil. Beiträge zur Kommunikationsgeschichte des deutschen Exils 1933-1945, München u. a. 1979, S. 181-222, hier: S. 183.

[12] Vgl. Kurt R. Grossmann, Emigration. Geschichte der Hitler-Flüchtlinge 1933-1945, Frankfurt a. M. 1969, S. 190.

[13] So der bereits zitierte Bericht der *Saarländischen Liga für Menschenrechte* (Anm. 10), Bl. 126, sowie Bentwich (Anm. 4), S. 130.

[14] Vgl. Bentwich (Anm. 4), S. 186.

Einen einzigartigen materiellen wie ideellen Sympathiebeweis erbrachten noch im Jahr der Machtübernahme amerikanische Professoren, als sie eine großangelegte Spendenaktion für deutsche Gelehrte ins Leben riefen und mit Hilfe dieses Fonds über 1.000 Wissenschaftler nach USA holen konnten[15] – inklusive Beschäftigung und Bezahlung. So etwas gab es nie wieder; insofern ist Klaus Manns Anmerkung, die Gruppe der deutschen Schriftsteller habe sich 1933 am besten bewährt, in dieser Pauschalität nicht haltbar.[16] Hätte jeder Berufszweig im Ausland so kollegial wie die Professoren in USA gehandelt, wären einige Probleme der Emigration leichter zu lösen gewesen.

Was den meisten Emigranten nicht erspart blieb, waren Heimweh und Entwurzelung; zudem das Bewußtsein, mit mehr oder minder leeren Händen einen völligen Neuanfang starten zu müssen. Materielle Unterstützung konnte viele Sorgen vergessen machen – wobei psychologisch nicht unbedeutend war, ob diese durch Hilfskomitees oder, wie im Falle der Professoren, durch Kollegen erfolgte – ; doch eine Kompensation des erlittenen Verlustes von vertrauter Umgebung, Freunden, Arbeitsplatz war sie dennoch nicht. Mentale Krücken konnten in dieser Situation nur Optimismus und Solidarität sein.

„Heimweh, das Herzasthma jedes Exils ⟨...⟩ Wenn das Schicksal den Flüchtling wie Flugsand über die Grenzen weht, wenn ihm auf unsteter Wanderung in fremdem Land kein Herdrauch zum vertrauten Zeichen eines Daheim wird, dann zerrt es schmerzend an den tausend unzerreißbaren Fäden, die ihn mit der Heimat verbinden.“[17]

[15] Vgl. Lacina (Anm. 1), S. 59 f.

[16] Zitiert nach Thomas B. Schumann, Einmal Emigrant – immer Emigrant. Schriftstellerschicksale im Exil, in: Richard Albrecht/Willy Brandt/Ralph Giordano u. a. (Hrsg.), Widerstand und Exil 1933-45, Frankfurt a. M./New York 1986, S. 213-222, hier: S. 213.

[17] Heinz Kühn, Widerstand und Emigration, Hamburg 1980, S. 223.

Nach Schätzungen des Emigranten Kurt R. Grossmann[18], der in der Tschechoslowakei die (Flüchtlings-)Organisation *Liga für Menschenrechte* leitete, waren bis Juni 1936 knapp 40.000 Exilierte durch Frankreich gezogen, von denen rund 10.000 blieben; rund 2000 befanden sich in der Tschechoslowakei. 160 Flüchtlinge hielten sich nach dieser Quelle in der Schweiz auf, hatten aber nach drei bis sechs Monaten das Land wieder zu verlassen. Die Niederlande war von ca. 2.500 Emigranten als Exilheimat aufgesucht worden, Belgien von 600. Dänemark war für rund 1.500 Emigranten Ziel; trotz der relativ ungünstigen geostrategischen Lage wurde es offenbar gern gerade von politischen Flüchtlingen ausgewählt, weil sie sich dort zunächst recht ungestört betätigen konnten. Palästina war natürlich das Land jüdischer Exulanten. USA? Keine bevorzugte Lösung für „Politische". „Land ohne Kultur" – möglicherweise existierte dieses Vorurteil. Außerdem waren alle anderen, die Freunde, in Frankreich oder der Tschechoslowakei. Nur wer sich die manchmal schon laut gewordene Warnung „Hitler bedeutet Krieg" zu Herzen genommen und geradezu prophetisch das mögliche Versagen der Westmächte ins Kalkül gezogen hatte, ging 1933-39 ans andere Ende der Welt. Großbritannien zog es vor, seine Grenzen vor den Flüchtlingsmassen mehr oder weniger zu verschließen – hereingelassen wurde nur, wer ausreichende Barschaft vorweisen konnte, was im Falle der Hals-über-Kopf-Flüchtlinge, die das Gros bildeten, natürlich eine Farce war. Erst 1938 begann Großbritannien entgegen dem allgemeinen europäischen Trend, seine bislang dem gewöhnlichen Exulanten gegenüber restriktive Einwanderungspolitik zu korrigieren; die Zahl der deutschsprachigen Emigranten stieg von ca. 4.500 im Jahre 1936 auf fast 90.000 im Sommer 1940.

Geld, aber auch persönliche Papiere stellten für Flüchtlinge in der Auseinandersetzung mit der Bürokratie der Immigrationslän-

[18] BA R 58/498, Bl. 70 f. (vgl. Anm. 3).

der oft Luxus dar; wer von denen, die sich im Extremfall durch spektakuläre Fluchten über Hausdächer gerade noch dem Zugriff der Gestapo hatten entziehen können, dachte schon daran, seine Geburtsurkunde mitzunehmen? Andererseits: Welches Land nahm gerne Menschen auf, von denen es nicht wußte, wer sie waren? Doch die Identität der Emigranten fand sich nicht auf Dokumenten. Sie vollzog sich in oft abenteuerlichen Wanderungen über die grüne Grenze, Nächten in Scheunen, Warteschlangen vor den Hilfskomitees.

„Die üblichen Fluchtziele ⟨. . .⟩ führten keineswegs in ein gelobtes Ausland, dessen Verhältnisse in toto für die Heimat ersehnt worden wären. Der auf Fortschritt bedachten Perspektive bedeutete das Exil Retardierung, Aufenthalt – eben Wartesaal, wie die von den Emigranten selbst am häufigsten gebrauchte Metapher lautet ⟨. . .⟩ Die große Utopie, auf die sich alle Sehnsüchte richteten, blieb die eigene Vergangenheit: das Berlin der zwanziger Jahre. Mit ihm konnte kein Exilort konkurrieren.“[19]

Rund 2.000 Schriftsteller und Journalisten emigrierten in den Wochen und Monaten nach dem 30. Januar 1933.[20] Vielen mag in der Zeit der Emigration die Weimarer Republik wieder ins Gedächtnis gekommen sein. War sie nicht doch, trotz aller Unzulänglichkeiten, trotz aller Kritikwürdigkeit, die viele Intellektuelle zur Genüge beschworen, lebendig gewesen, hatte die Voraussetzungen für Kreativität garantiert? Zweifel kamen auf – weniger an der Entscheidung, emigriert zu sein, sondern vielmehr darüber, ob man selber immer alles richtig gemacht hatte in den letzten Jahren, als der Rahmen für freiheitliche Betätigung immer mehr splitterte und schließlich mit Getöse auseinandergebrochen wurde. Hatte man etwa zu Hitler mit beigetragen? Dies war eine Frage, die sich ausgerechnet jene nicht stellten, die als politische Kraft durchaus Anteil daran hatten: die Kommunisten. Denn sie begriffen zunächst die Machtübernahme Hitlers nicht als Nieder-

[19] Freyermuth (Anm. 2), S. 218.

[20] Vgl. Norbert Frei/Johannes Schmitz, Journalismus im Dritten Reich, München 1989, S. 17.

lage[21], vielmehr als notwendige Etappe auf dem Weg zu „ihrer" Revolution.

Zersplitterte Front: die Rolle der Politik in der Emigration

Sie waren es denn auch, die in Prag und Paris, Brüssel und Kopenhagen die Fäden der Emigration ziehen wollten: Da sie den besten organisatorischen Apparat hinter sich hatten, gefielen sie sich in der Rolle des „Platzhirschen" – vom Ausschließlichkeitsanspruch ihrer Ideologie rückten sie zunächst keinen Zentimeter ab, auch nicht, als sie begannen, über eine mögliche Kooperation mit sozialistisch orientierten Kräften nachzudenken und bereits Anfang August 1934 der Basis der emigrierten sozialdemokratischen Arbeiterschaft Avancen machten. Das hörte sich wie folgt an:

„Genossen! Unsere gemeinsamen Erfahrungen, unsere gemeinsamen Opfer unter dem blutigen Hitlerregime seit dem 30. Januar 1933, besonders aber die Entwicklung der jüngsten Zeit, haben vieles von dem beseitigt, was früher und noch bis in die jüngste Zeit trennend zwischen uns stand ⟨...⟩ *Das russische Beispiel zeigte, daß nur der bolschewistische Weg zur Eroberung und Behauptung der Arbeitermacht führt* ⟨...⟩ Wir können die Hitlerdiktatur stürzen, wenn die Arbeiterklasse einig ist und den revolutionären Weg entsprechend den Grundsätzen und der Taktik der Kommunistischen Internationale beschreitet ⟨...⟩ Vereinigt Euch mit der Kommunistischen Partei zur einzigen revolutionären Massenpartei der deutschen Arbeiterklasse. Wir wollen Euch als Mitglieder, als Funktionäre, als gleichberechtigte Kampfgenossen in unserer Partei haben, die durch den Heroismus und die Opfer unseres todesmutigen Kaders als Massenorganisation erhalten wurde. Wir wollen Eure Vereinigung in unserer Partei, weil die Stunde erfordert, daß sich alle revolutionären Kräfte zusammenschließen ⟨...⟩ Sozialdemokratische Genossen! Das sind unsere ernstgemeinten Vorschläge. *Schlagt ein in die Bruderhand.* Der Faschis-

[21] Vgl. Detlev J. K. Peukert, Zur Rolle des Arbeiterwiderstandes im „Dritten Reich", in: Christoph Kleßmann/Falk Pingel, Gegner des Nationalsozialismus. Wissenschaftler und Widerstandskämpfer auf der Suche nach historischer Wirklichkeit, Frankfurt a. M. 1980, S. 73-90, hier: S. 80.

mus, unser aller Todfeind, muß in zähem, andauerndem Kampfe niedergeschlagen und vernichtet werden."[22]

Um es vorwegzunehmen: Revolution machte diese Resolution des Zentralkomitees der illegalen KPD nicht. Auf der Brüsseler Konferenz im Oktober 1935 wurde die Einheitsfront-Linie zwar ausdrücklich und *coram publico* sanktioniert, doch in dieser Form war sie für die Sozialdemokraten nicht nachzuvollziehen – wenn man bei dem diffusen Bild, das die zerstrittene Sozialdemokratie im Exil bot, einen Generalkurs überhaupt feststellen kann. Tatsache ist, daß erst unter überparteilicher Regie durch den Schriftsteller Heinrich Mann so etwas wie ein „Runder Tisch" zusammenkam, an dem über eine Zusammenfassung *aller* hitlerfeindlichen Kräfte nachgedacht wurde. Es konstituierte sich ein *Ausschuß zur Vorbereitung einer deutschen Volksfront*, der nach Kräften versuchte, sämtliche divergierenden, nur unter dem Konsens der Hitler-Opposition vereinten politischen Strömungen unter einen Hut zu bringen bzw. innerhalb einer Institution zu organisieren. Doch es blieb letztendlich bei Erklärungen und Appellen, zumal der Kreis durch die Affäre um das *Pariser Tageblatt*[23] sich schon Monate später in zwei Gruppierungen spaltete, und darüber hin-

[22] Der Gegenangriff (Prager Ausgabe), Nr. 33 vom 16. August 1934. Die entsprechende ZK-Sitzung, auf der die Annäherung an die SPD sanktioniert wurde, hatte am 1. August 1934 stattgefunden. Hervorhebungen im Orginal.

[23] Bei jener Affäre handelte es sich um einen groß aufgemachten Artikel im *Pariser Tageblatt* vom 11. Juni 1936, der den *Tageblatt*-Verleger Wladimir Poliakov geheimer Machenschaften verdächtigte: Zum einen sollte er über den Verkauf der Zeitung verhandelt haben, zum anderen in Person des neuen Chefredakteurs jemanden an Land gezogen haben, der künftig pro Hitler tätig sein würde – Anschuldigungen, die sich als falsch herausstellten, hinter denen man aber den kommunistischen Verleger Willi Münzenberg als Drahtzieher vermutete. Poliakov nahm daraufhin den Hut. Diese Affäre zog auch weite politische Kreise insofern, als „tiefsitzende politische und philosophische Differenzen innerhalb der deutschen Emigration (wieder) entstanden". Zudem war das *Tageblatt* als eigentliches Kommunikationsmittel der Volksfront-Akteure somit erst einmal diskreditiert, was auch für diese Bemühungen höchst schädlich war. Vgl. Walter f. Peterson, Das Dilemma linksliberaler deutscher Journalisten im Exil, in: Vierteljahrshefte für Zeitgeschichte 32 (1984), S. 281 ff.

aus die blutigen Schauprozesse in Moskau für die am Ausschuß beteiligten Kommunisten zur Folge hatten, daß viele nichts mehr mit ihnen zu tun haben wollten.

Die Schriftsteller Konrad Heiden und Leopold Schwarzschild verzichteten sofort auf eine weitere Teilnahme am Volksfront-Ausschuß und gingen daran, eine Konkurrenzorganisation ins Leben zu rufen: Der *Bund Freie Presse und Literatur* verstand sich als unmittelbarer Nachfolger des kommunistisch beherrschten *Schutzverbandes deutscher Schriftsteller* und als mittelbare Folgeorganisation des Volksfront-Ausschusses, der als Rumpfversammlung noch bis 1938 existierte. Von sich reden machte der Bund allerdings wenig. Er begriff in seinem Statut die publizierenden Exulanten als antifaschistische Avantgarde, hatte hehre Zielvorstellungen entwickelt und sah als seine Aufgaben unter anderem, „die Opposition gegen das herrschende Diktaturregime, als dem Unterdrücker der Geistes- und Meinungsfreiheit in der Heimat, mit allen nützlichen und nach den Gesetzen der Gastländer zulässigen Mitteln tatkräftig zu führen und zu fördern ⟨...⟩ Auch allen innerhalb der deutschen Emigration selbst auftretenden Bestrebungen zu widerstehen, die der Freiheit der Journalisten und Schriftsteller Abbruch tun ⟨...⟩“[24]. Die Programmatik war klar antifaschistisch, gleichzeitig klar antikommunistisch – diese Sektion deutscher Publizisten bestand aus Demokraten. Das zentrale Dilemma schien allerdings zu sein, daß die politischen Emigranten, wollten sie einheitlichen Widerstand gegen die Nationalsozialismus leisten, an den Kommunisten kaum vorbeigehen konnten. Diese repräsentierten die größte Gruppe und vermochten aufgrund ihrer Kommandostruktur und strikten Einbindung aller Mitglieder in den Apparat sowie einer zeitweise recht aggressiven Sympathisantenwerbung als politische Partei weit effektiver zu arbeiten als zum Beispiel die Sozialdemokraten. Die sozialistischen Zwischengruppen waren zu klein, um als gleichberechtigte Partner akzeptiert werden zu kön-

[24] Zitiert nach Klaus Mann, Briefe und Antworten, Bd. I, 1922–1937, hrsg. v. Martin Gregor-Dellin, München 1975, S. 398 (Anmerkung).

nen – sowohl von den Kommunisten als auch von den Sozialdemokraten. Der Sopade-Parteivorstand in Prag dachte nämlich ebensowenig daran, seine äußerst umstrittene Führungsrolle aufzugeben. Die Begeisterung in Paris, als die alte Riege im Mai 1938 dort eintraf, war denn auch eher gedämpft.

Exilpublizistik

Die deutsche politische Emigration, „auf der Ebene des Individuellen ungemein farbig und fesselnd, scheint oberhalb dieser Ebene rasch an Struktur und Physiognomie zu verlieren."[25] Sie entwickelte trotz aller Versuche und Beteuerungen kein Standesbewußtsein. Sie wurde zur Allegorie des Zerfalls. 1933, frisch unter dem Eindruck der verheerenden Verhältnisse in Deutschland und der sang- und klanglosen Kapitulation der Demokratie, waren die Kräfte der Exulanten noch unverbraucht. Doch sie setzten alles daran, um sie möglichst schnell zu verschleißen: zum Beispiel in zahllosen Vorwürfen gegeneinander, den Nationalsozialismus verschuldet zu haben. Plattformen für den verbalen Kleinkrieg waren die Emigrantenzeitungen, die ab 1933 wie Pilze aus dem Boden schossen – aber es wäre ungerechtfertigt, darin die einzige und noch dazu zentrale Funktion der Exilblätter zu sehen.

An Schriftstellern und Journalisten lag es nicht nur, mittels gespitzter Feder eine politische Gegenpropaganda zu starten, sondern auch, integrativ zu wirken, ein Forum zu schaffen, das geistig-politische Kraft bündelte und die Exilierten als Träger einer besseren Zukunft stark machte: Wenn schon ihre wirtschaftlichen Verhältnisse äußerst schwierig waren, wenn schon die ausländischen Regierungen der überwiegenden Zahl der Emigranten nur Gaststatus gewährten und ihnen den oft lebensnotwendigen Wechsel der Staatsbürgerschaft versagten, dann sollte wenigstens

[25] Joachim Radkau, Das Elend deutscher Exilpolitik 1933-1945 als Spiegel von Defiziten der politischen Kultur, in: Horst Schallenberger/Helmut Schrey, Im Gegenstrom. Festschrift für Helmut Hirsch zum 70. Geburtstag, S. 105-146, hier: S. 114.

das psychologisch wichtige Moment des Zusammenhalts gewährleistet sein. Viele Emigranten konnten allerdings von schriftstellerischer Tätigkeit allein nicht leben: So verdingte sich Franz Pfemfert als Fotograf, und Egon Erwin Kisch führte Zauberkunststückchen im Spielcasino Nizza auf.[26] Manch einer hat diesem Druck von Heimatverlust, Armut, Arbeitslosigkeit und Sprachschwierigkeiten nicht standgehalten und kehrte zurück: Die Schriftstellerin Irmgard Keun beispielsweise, die 1935 über Belgien nach den Niederlanden emigriert war, 1940 in ihren ehemaligen Wohnort Köln zurückging und dort die Kriegsjahre im Verborgenen überlebte.[27] Viele blieben – und übernahmen im Exil die Aufgabe, die in einem pluralistischen System den Parteien obliegt: politische Orientierung. „Am produktivsten und effektivsten reagierten jene Schriftsteller auf die Existenzprobleme des Exils, die durch die aktive Mitarbeit an (zumeist politischen) Gruppen ihrem täglichen Leben eine Richtung und einen Sinn ⟨. . .⟩ zu geben versuchten."[28]

Anlässe, eine Publikation ins Leben zu rufen, gab es genug. Da war zum Beispiel die Volksabstimmung an der Saar oder die Eingliederung des Sudetenlandes; da fand der Spanische Bürgerkrieg statt, der einige Frontzeitungen hervorrief und – als einschneidendstes Ereignis und gleichermaßen als Kulminationspunkt – der Zweite Weltkrieg, in dessen Zusammenhang unter anderem die illegalen Zeitschriften zur Agitation unter den Besatzungstruppen zu nennen sind.[29] Zentrale Aufgabe war immer, „die Weltöffentlichkeit mit den wirklichen Verhältnissen in Deutschland vertraut ⟨zu⟩ machen", vor allem aber, „den inneren Widerstand gegen den Faschismus ⟨zu⟩ stärken".[30]

[26] Vgl. Schumann (Anm. 16), S. 214.

[27] Vgl. Lacina (Anm. 1), S. 111. Kurt R. Grossmann berichtet in seinem Buch „Emigration" fälschlicherweise, Irmgard Keun habe Selbstmord begangen. Vgl. Grossmann (Anm. 3), S. 201.

[28] Vgl. Alexander Stephan, Die deutsche Exil-Literatur 1933-1945, München 1979, S. 50.

[29] Vgl. Hans-Albert Walter, Deutsche Exil-Literatur 1933-1950, Bd. 7, Exilpresse I, Darmstadt/Neuwied 1974, S. 13.

[30] Ebda., S. 7.

Anhand dieses Phänomens manifestiert sich ein Charakteristikum deutscher Exilpresse: Etliche Publikationen waren bewußt nur für begrenzte Zeit vorgesehen. Andere hingegen sollten kontinuierlich erscheinen, kämpften jedoch mit jeder Ausgabe aufs neue ums Überleben – kein Wunder bei insgesamt rund 450 Blättern[31] zwischen 1933 und 1945, von denen damals im Schnitt rund 55 nebeneinander existierten[32] und die sich meist recht unprofessionell ausnahmen. Nur etwa die Hälfte wurde gedruckt, ein anderer Teil hektographiert, rund ein Prozent handschriftlich vervielfältigt. „In diesen Extremfällen waren die Exilierten also gezwungen, auf die Arbeitsmethoden mittelalterlicher Klosterschreiber zurückzugreifen".[33] Ebenso ressourcenabhängig wie die Auflage war auch der Erscheinungsmodus: Wenige Blätter kamen täglich heraus, einige wöchentlich, 20 vierzehntägig, 14 viertel- bis halbjährlich.

Insgesamt erscheint der Blätterwald des Exils relativ dicht, was einerseits auf die unermüdlichen, wenn auch – wie erwähnt – zeitweise kontraproduktiven Aktionsenergien der Oppositionellen zurückzuführen ist, andererseits auch auf die Tatsache, daß Konzeption und Verbreitung von Flugblättern und verbotenen Schriften einen der Hauptaspekte von Widerstandstätigkeit darstellten. Mutige Verleger wie Emanuel Querido, Wieland Herzfelde und Emil Oprecht unterstützten die Emigranten solange und intensiv, wie irgend möglich; Querido bezahlte dieses Engagement mit dem Leben.[34]

Doch die Kehrseite der Medaille war, daß sich die deutsche Exilpresse mit diesen Massen schlicht überforderte, ja sich gegenseitig das Wasser abgrub – sowohl was potentielle Käufer betraf, die noch dazu zu einem beträchtlichen Teil in finanziellen Engpässen steckten, als auch die wenigen möglichen Anzeigenkun-

[31] Vgl. Liselotte Maas, Handbuch der deutschen Exilpresse 1933 bis 1945, Bd. 1, München/Wien 1976, S. 11: Sie gibt 436 Exilzeitungen und -zeitschriften an, vermutet aber noch um einige mehr.

[32] Vgl. Walter (Anm. 29), S. 22.

[33] Ebda., S. 20.

[34] Lacina (Anm. 1), S. 107.

den. Meist inserierten Emigranten für Emigranten[35]; doch da Kleinanzeigen kaum Geld einbrachten, waren Exilzeitungen im günstigen Fall ein Unternehmen, das unterm Strich mit Null abschloß, im Normalfall ein Zuschußbetrieb. Was die KPD-Presse anbelangte, war dies kein existentielles Problem – hier stand mit der *Kommunistischen Internationale* der große Bruder im Hintergrund, der im Notfall einsprang. Doch viele andere Publikationen, die in Eigenverantwortung erschienen, mußten nach einiger Zeit ihr Erscheinen mangels Kapital einstellen, nachdem die mitarbeitenden Journalisten ohnehin oftmals auf ihr lebensnotwendiges Honorar im Interesse der Sache verzichtet hatten.

Die entscheidende Schwäche der Exilpresse war ihre Heterogenität[36], so problematisch diese Kritik angesichts der verhängnisvoll homogenen Struktur im Dritten Reich ist – einer nationalsozialistischen Front hätte ihrerseits wieder eine einheitliche Bewegung gegenüberstehen müssen, um wirklich wirksam zu sein. So mußte sich die Effektivität der Publizisten im Exil hinsichtlich des direkten Kampfes gegen NS-Deutschland – ihre Integrationsfunktion einmal außer acht gelassen – auf kleine Nadelstiche reduzieren. Stefan Zweig hatte schon 1933 an Klaus Mann geschrieben:

„⟨. . .⟩ ich sehe am Ende aller dieser lobenswerten Dinge eine große Gefahr: die der großen Zersplitterung. Es werden zehn Zeitschriften entstehen und vergehen, fünfzehn Verleger anfangen mit deutschen Serien und wieder aufhören, eine Bemühung wird die andere konkurrenzieren ⟨. . .⟩ Was not täte wäre *eine* große Zeitschrift, *eine* Zusammenfassung der Verlage in einen, denn zusammen stellen die abgetrennten Autoren eine Weltmacht dar, einzeln ist kaum einer imstande einen wirklich großen Verlag zu tragen. Es entsteht nun die Gefahr, daß wir durch einzelne Abschlüsse und Bindungen eigentlich *gegen*einander arbeiten, die wir durch gemeinsames Schicksal verbunden sind ⟨. . .⟩“[37]

35 Vgl. Walter (Anm. 29), S. 17.

36 Vgl. Frithjof Trapp, Schriftsteller als Politiker: Leistung und Schwäche der Linksintelligenz während der ersten Phase des Exils (1933-1940), in: Exil 1984, Heft 1, S. 24.

37 Brief vom 19. Juni 1933, in: Klaus Mann (Anm. 24), S. 101.

Klaus Mann griff diese Bedenken in einem Brief an Konrad Heiden auf, als die Volksfront-Streitereien in vollem Gange waren:

„Vergessen wir es doch nicht: Jedes böse, geringschätzige Wort, das einer von uns Emigranten, uns ‚Ausgebürgerten' über den anderen sagt, bedeutet einen schlimmen kleinen Triumph für die Herren in Berlin. Die lachen sich ins Fäustchen, reiben sich grinsend die Hände."[38]

Wohl wahr – jedoch blieb es auf seiten der Nationalsozialisten selbstverständlich nicht bei schadenfrohen Gesten. Dazu nahmen sie die potentielle antifaschistische Tätigkeit der Emigranten, vor allem der Schriftsteller und Journalisten, zu ernst.

Gegenmaßnahmen des NS-Regimes

Da die Emigranten dem direkten Zugriff der Gestapo entzogen waren, fanden Heydrich und seine Helfer andere Mittel und Wege, um die politisch Aktiven unter den Exilierten zum Verstummen zu bringen. Vergleichsweise harmlos war, den Begriff „Emigranten" durch Gegenpropaganda als Schimpfwort innerhalb der deutschen Bevölkerung zu etablieren[39], was seine Folgen noch nach 1945 in Form unverhüllter Reserviertheit gegenüber Rückkehrern aus dem Ausland hatte. Massiver wurden die Methoden bereits, als sich die Nationalsozialisten offen bei ausländischen Regierungen über Emigrantenaktionen beschwerten und Gegenmaßnahmen forderten. Die Tschechoslowakei als asylpolitisch sehr liberales Land, das noch dazu unmittelbar an das Deutsche Reich grenzte und mit Henleins Sudetendeutscher Partei eine Kolonie potentieller Saboteure im Land hatte, mußte unter den unzähligen Demarchen der deutschen Gesandtschaft besonders leiden. Die Taktik war klar: Zermürbung. Die Nationalsozialisten setzten auf innenpolitische Destabilisierung und internatio-

[38] Brief von März 1937, in: Ebda., S. 287.
[39] Vgl. Herbert E. Tutas, Nationalsozialismus und Exil, München/Wien 1975, S. 17 ff.

nales Unverständnis darüber, daß ein kleines Land sich nicht mit seinem großen Nachbarn arrangieren wollte. Berlin führte mit Prag Papierkrieg, bombardierte die tschechische Regierung mit Protestnoten gegen anti„deutsche“ (in Wahrheit: antinationalsozialistische) Bücher, Zeitungen, Kabarettveranstaltungen und Ausstellungen, hielt sich ihrerseits aber keineswegs zurück, gröbste völkerrechtliche Verstöße wie Entführung oder Attentat auf tschechischem Gebiet abzustreiten, zu bagatellisieren oder sogar in Schuldzuweisungen an die tschechische Regierung zu pervertieren.

Ein spektakuläres Beispiel hierfür ist der Mord an dem Emigranten und Rundfunktechniker Rudolf Formis am 23. Januar 1935: Dieser Anhänger der *Schwarzen Front* Otto Straßers (vgl. Kapitel III.2) hatte an der deutsch-tschechischen Grenze einen Schwarzsender installiert, der Anti-Nationalsozialistisches nach Deutschland funkte. Das Geheime Staatspolizeiamt sah sich das sechs Wochen lang an, dann kündigte Heydrich am 7. Januar 1935 per Rundschreiben an alle Stapo-Leitstellen an: „Hinsichtlich der Störung des Senders wird das weitere von hier aus veranlaßt.“[40] Dies beschränkte sich zunächst darauf, die tschechische Regierung mehrfach anzuhalten, für die sofortige Auflösung des Senders zu sorgen. Als deren Beamte nichts auszurichten vermochten, löste man von Berlin aus das Problem auf nationalsozialistische Art: Formis wurde in einen Hinterhalt gelockt und erschossen. Das ganze hatte ein Nachspiel – aber nicht etwa für die deutsche Regierung. Vielmehr mußte sich die Tschechoslowakei von ihr Pflichtverletzung vorwerfen lassen, da es nach Meinung Berlins an Prag gewesen wäre, den Schwarzsender zu unterbinden.[41] Im Hradschin wagte man nicht, dagegen aufzutreten.

[40] Rundschreiben des Gestapa vom 7. Januar 1935 an alle Stapo-Stellen, in: BA R 58/1028, Bl. 38.

[41] Vgl. NL Straßer, IfZ ED 118/Bd. 20, Aufzeichnung eines Gesprächs zwischen AA-Ministerialdirigent Dr. Köpke und dem tschechischen Gesandten.

Das Jahr 1935 der deutsch-tschechoslowakischen Beziehungen hatte also mit einem dreisten Mord begonnen. Es war der Höhepunkt einer Fülle von diplomatischen Verwicklungen, die sich in ihrer Form reichlich grotesk ausnahmen: ein bürokratisches Schachspiel, in dem sich nur eine Seite an die Regeln hielt. Die Liberalität ihres Heimatlandes gegenüber Emigranten mußten bald auch tschechische Staatsbürger in Deutschland schmerzlich spüren. Furore in einer Fülle von Affronts machte die Verhaftung und Mißhandlung des Berliner Berichterstatters des *Prager Tageblatts,* Ernst Popper. Der Journalist war am 11. März 1934 ohne Angabe von Gründen in seiner Wohnung festgenommen worden. Seine Forderung, sich mit der tschechischen Gesandtschaft in Verbindung setzen zu können, wurde jedoch abgelehnt:

„Die Antwort war ein Hohngelächter 〈. . .〉 Nach meiner Angabe, daß ich Jude sei, erhielt ich einen Stoß gegen die Brust, sodaß ich drei vier Schritte zurücktaumelte. ‚Jude, das hat uns gerade noch gefehlt', brüllte der SS-Mann 〈. . .〉 Während des Verhörs mußte ich militärische Habacht-Stellung einnehmen und es wurde auch sonst von mir verlangt, daß ich mich mit militärischer Unterwürfigkeit benahm. Nachdem man mir mit Ausnahme der notwendigsten Bekleidungsstücke alle Gegenstände, trotz meines Protestes auch die Brille abgenommen hatte 〈. . .〉 wurde ich auf den Korridor hinausgeführt, wo man mich zunächst mit dem Gesicht zur Wand längere Zeit, ich glaube eine halbe bis dreiviertel Stunde, stehen ließ. Während dieser Zeit unterhielten sich die SS-Leute damit, daß sie 〈. . .〉 beschimpfende Reden führten und mit mit dem Revolver vor dem Gesicht herumfuchtelten. Sodann ließ man mich Marschübungen und Kniebeugen machen. Ich mußte zweimal in dreiviertel-Kniebeuge ungefähr zehn Minuten aushalten. Zwischendurch mußte ich auch in schnellstem Tempo Laufübungen machen und zwar zwang man mich einen langen Gang, den ich auf dreißig Meter schätze, siebenundfünfzigmal hin- und zurück zu laufen. Schließlich wurde gesagt: ‚Willst Du lieber erschossen oder aufgehängt werden?' Ich erklärte, daß mir das egal sei 〈. . .〉 Am Montag 〈. . .〉 erschien kurz nach dem Kommando „Aufstehen" der diensthabende SS-Wachtmeister in meiner Zelle und zwang mich unter ständigen Bedrohungen, mit Stössen und mit vorgehaltenem Revolver folgenden Satz nachzusprechen: ‚Ich bin ein Scheißjude und ein jüdischer Wüstenreiter' 〈. . .〉 Als eine außerordentliche Verschärfung der Konzentrationshaft wirkt es, daß die Häftlinge zur Verrichtung gewisser menschlicher Bedürfnisse nur zu gewissen Zeiten austreten dürfen. Mir ist es passiert, daß ich einmal 26 Stunden nicht austreten konnte 〈...〉"[42]

Nach fünf Tagen war Poppers Verhaftung bekannt geworden. Die tschechische Gesandtschaft intervenierte beim Auswärtigen Amt mit der Bemerkung, bislang „nicht weniger als 434 Fälle zur Kenntnis gebracht 〈zu haben〉, in denen cechoslovakische Staatsangehörige verhaftet, mißhandelt oder sonst auf die verschiedenartigste Weise in den verflossenen Monaten in Deutschland zu Schaden gekommen sind und will nicht verhehlen, daß sie den Fall Popper als einen der ernstesten betrachtet."[43] Immerhin wurde die Sache an den Inspekteur der Geheimen Staatspolizei, Heydrich, weitergeleitet, der sich drehte und wand, Popper als „in einer gewissen Angstpsychose befunden" charakterisierte, „einen eindeutigen Beweis der Richtigkeit der Darstellung Poppers nicht erbracht" sah und schließlich – bezugnehmend auf die Pistolenspielereien vor Popper – anmerkte: „Es darf hier zugunsten der SS-Männer angenommen werden, dass Popper sich getäuscht hat 〈...〉 und wohl auch im Unterbewusstsein alle jene Dinge vor sich kommen sah, die in den bekannten Greuelnachrichten ihren Niederschlag gefunden haben."[44]

Aus dem Abschlußbericht des Gestapa an die Reichskanzlei vom 31. Oktober 1934 geht schließlich hervor, daß die beteiligten SS-Leute entlassen oder versetzt wurden – einer der wenigen diplomatischen Erfolge für die Tschechoslowakei, die während der Affäre Popper sich schon wieder mit neuen deutschen Übergriffen in ihrem Lande beschäftigen mußte.[45]

Das Auswärtige Amt saß bei diesem diplomatischen Kleinkrieg zwischen den Stühlen. Die entscheidenden Fäden knüpfte die Geheime Staatspolizei, zwischenstaatliche Verwicklungen hatte je-

[42] Bericht Ernst Poppers vom 20. März 1934 über seine Verhaftung am 11. März und seine Haftzeit bis 16. März 1934, in: BA R 43 I/153, Bl. 159-163.

[43] Verbalnote vom 24. April 1934, in: BA R 43 I/153, Bl. 157-158.

[44] Brief Heydrichs an Staatssekretär Dr. Lammers, Reichskanzlei, vom 11. Juni 1934, in: BA R 43 U/153, Bl. 202-205.

[45] Vgl. ebda., Bl. 264-267.

doch das Außenministerium zu vertreten. Daß für Heydrichs Helfer strafrechtliche Bestimmungen ausländischer Staaten untergeordnete Bedeutung hatten, wenn es um die Verfolgung von Emigranten ging, liegt auf der Hand. Mehr noch: Deutsche Botschaften im Ausland sollten nach dem Willen des Gestapa zu kleinen Überwachungsfilialen umfunktioniert werden, damit sich die Ermittlungen perfektionieren ließen.[46] Das Auswärtige Amt als verlängerter Arm der Gestapo sollte deren Griff über die Grenzen erleichtern. Doch diplomatische Scherbenhaufen erst mit anzurichten, um sie dann wieder zu beseitigen – in dieser Rolle gefiel sich das Außenministerium nicht. Man rang um einen Kompromiß – über Jahre hinweg. Einen kleinen Sieg trug das Auswärtige Amt davon, als Gestapo-Justitiar Dr. Werner Best am 3. Dezember 1935 eine Dienstanweisung über die Zusammenarbeit der Gestapo mit ausländischen Polizeien erließ. „Diplomatische Verwicklungen", so der Wortlaut, sollten „auf jeden Fall vermieden werden."[47] Keine Rede mehr davon vier Jahre später:

„Aus gegebenem Anlaß ersuche ich, die Vorbereitung aller außergewöhnlichen Maßnahmen, die zu noch nicht übersehbaren Folgen im Verhältnis zu auswärtigen Staaten oder ⟨...⟩ anderen Verwaltungen führen oder die besonderes Aufsehen in der Öffentlichkeit erregen können, so rechtzeitig dem Reichssicherheitshauptamt zu melden, daß von mir noch Weisungen für die Durchführung der Maßnahmen erteilt werden können. Dies gilt insbesondere für Maßnahmen, die im Ausland oder im Grenzgebiet oder in bezug auf ausländische Staatsangehörige durchgeführt werden sollen, wie z. B. das Hereinholen oder Herüberholen von Spionen, Emigranten o. ä. aus dem Auslande auf deutsches Reichsgebiet und ähnliche Aktionen."[48]

[46] Vgl. Tutas (Anm. 39), S. 74.

[47] BA R 58/243, Bl. 75 b-d.

[48] Rundschreiben Heydrichs an die Inspekteure der Sicherheitspolizei und des SD, Staatspolizei(leit)stellen, Kriminalpolizei(leit)stellen sowie SD-(Leit-)-Abschnitte vom 18. März 1940, in: BA R 58/243, Bl. 281.

Ein halbes Jahr später waren derlei Aktionen schon gar nicht mehr nötig; Frankreich, die Benelux-Länder und Dänemark waren überrannt worden, die Sowjetunion seit sechs Wochen überfallen. Daher konnte der Reichsführer SS und Chef der deutschen Polizei, Himmler, getrost Außenminister Ribbentrop in einer Grundsatzvereinbarung vom 8. August 1941 zugestehen:

„Die im Ausland befindlichen Beauftragten und Agenten der Dienststellen des Reichsführers SS enthalten sich einer außenpolitischen sowie einer Betätigung, die die Außenpolitik des Reiches stören könnte. Insbesondere werden sie sich nicht in die Innenpolitik des Aufenthaltsstaates mischen. Falls ihnen Sonderaufträge erteilt werden sollen, die Rückwirkungen auf die außenpolitischen Beziehungen des Reiches haben können, wird darüber vorher das Einverständnis des Reichsministers des Auswärtigen vom Reichsführer SS herbeigeführt."[49]

Der bürokratischen Ordnung halber war die Sache zu einem Zeitpunkt „geregelt" worden, an dem Hitler auf dem Zenit seiner Macht war und der Terminus „außenpolitische Beziehungen" einen zynischen Beigeschmack bekommen hatte. Jetzt ging es um die „Erfassung" aller exilierten Deutschen und Ex-Österreicher, die zum allergrößten Teil Richtung Westen geflohen waren. Um das zu gewährleisten, wurden deutsche Beamte kurzerhand in die Fremdenpolizei-Dienststellen der okkupierten Länder eingebaut.

Der Ermittlung folgte die „Behandlung". Diese gestaltete sich so, daß deutsche und österreichische Emigranten – auch Ausgebürgerte – in jedem Falle festgenommen, ins Reichsgebiet überführt und nach Fahndungslisten überprüft werden sollten.[50] Im Klartext: Man wollte zum einen politisch aktiver Emigranten habhaft werden, zum anderen aber auch wissen, ob jemand in ei-

[49] Ebda., Bl. 333.
[50] Rundschreiben Heydrichs an die Dienststellen des Beauftragten des Chefs der Sicherheitspolizei und des SD für Belgien und Frankreich vom 30. Oktober 1940, ebenda, Bl. 301-309.

nem feindlichen Heer oder in der Fremdenlegion tätig geworden war; eine teuflische Sache insofern, als zum Beispiel in Frankreich seit Februar 1937 ein Gesetz zum Militärdienst für Flüchtlinge bestand, das bei einer freiwilligen Meldung allerlei Vorteile barg: Der Erwerb der französischen Staatsbürgerschaft war damit erleichtert, und die Familien der auf diese Weise rekrutierten Soldaten erhielten Unterstützung.[51] In Deutschland aber rangierte der Dienst in einer fremden Armee unter Landesverrat. Etliche, deren Tätigkeit im französischen oder belgischen Heer bekannt geworden war, wurden vor den Volksgerichtshof gestellt und abgeurteilt.

In Frankreich hatte es die Gestapo sehr einfach, Emigranten in ihre Gewalt zu bekommen. Nach Ausbruch des Krieges im September 1939 waren alle deutschen und österreichischen Männer aus Furcht vor nationalsozialistischen Saboteuren (*Fünfte Kolonne*) in Internierungscamps festgesetzt worden; Glück im Unglück hatte, wer sich nicht im Umkreis von Paris befand, sondern vorzeitig in den Süden Frankreichs gegangen war. Hier kamen die Männer in erster Linie ins Lager Les Milles, ein Camp, das nach Angaben des Schriftstellers Alfred Kantorowicz noch vergleichsweise „gemütlich"[52] war: einfach aufgrund der Tatsache, daß sich wenige politische Flüchtlinge im Süden befanden, eher jüdische bürgerliche Emigranten, die etwas Vermögen gerettet hatten. Exilierten in Paris erging es schlecht. Hier waren die Linksintellektuellen, die „Politischen" und all diejenigen versammelt, deren Namen auf der Schwarzen Liste der Gestapo ganz oben standen; sofern sie nicht schon als „gefährliche Ausländer" verhaftet worden waren und in Gefängnissen saßen, wurden sie ins Lager Le Vernet verschleppt.

„In Le Vernet herrschten Zuchthaus-Bedingungen oder richtiger: die französische Entsprechung der Lager Dachau und Buchenwald. Es wurde weniger geschlagen, aber ebenso gehungert, weniger ge-

[51] Vgl. Grossmann (Anm. 3), S. 195.
[52] Alfred Kantorowicz, Exil in Frankreich. Merkwürdigkeiten und Denkwürdigkeiten, Bremen 1971, S. 109.

schunden, aber die sanitären Verhältnisse waren menschenunwürdig."[53]

Die Camps waren völlig provisorisch aus dem Boden gestampft worden und hielten den Erfordernissen in keiner Weise stand – die hygienischen Zustände sowie die Versorgungslage waren katastrophal. Die Internierten, zum Nichtstun verurteilt, schlugen die Zeit tot, quälten sich mit Gedanken an Zukunftsperspektiven. Manch einer, dessen Verläßlichkeit durch eine nachträglich errichtete Prüfungskommission[54] garantiert worden war, wurde wieder freigelassen; die wahllose Internierung aller Deutschen hatte unter ihnen böses Blut gemacht, die Unterstellung, jeder von ihnen sei potentieller Nazi-Agent, Empörung ausgelöst: Schließlich befanden sich unter den Internierten auch etliche, die sich freiwillig zum Militärdienst gegen Deutschland gemeldet hatten. Ein erneuter Rundumschlag setzte mit Kriegsbeginn zwischen Deutschland und Frankreich ein – erstmals wurden auch alle deutschen und österreichischen Frauen interniert. Sie kamen in erster Linie ins „berüchtigte Massenlager Gurs"[55], das nach Ende des Spanischen Bürgerkrieges als Auffangstation für die flüchtenden Soldaten der republikanischen Armee und der Internationalen Brigaden errichtet worden war. Die Zustände spotteten auch hier jeder Beschreibung:

„Die Internierten wurden zu jeweils fünfzig bis sechzig Personen in großen, fensterlosen Baracken zusammengepfercht, die über keinerlei sanitäre Anlagen verfügten. Als einzige ‚Einrichtung' war pro Person ein Strohsack vorgesehen ⟨. . .⟩ Als eine zusätzliche Schikane von seiten der französischen Verwaltung ist etwa die Trennung von Männern und Frauen in verschiedene, voneinander streng abgeschirmte Lagerblocks anzusehen. Die Familien, einziger Halt nach der Austreibung aus der Heimat, wurden auseinandergerissen ⟨. . .⟩ Zu dem Hunger, der Kälte und der mangelhaften Hygiene kommt der allgemeine Zustand des Lagers. In der Gegend von Gurs regnet es

53 Ebda., S. 96.
54 Vgl. Grossmann (Anm. 3). S. 197.
55 Vgl. Kantorowicz (Anm. 52), S. 116.

etwa die Hälfte des Jahres, wobei sich das in einem Flußbett gelegene Gelände in eine unbegehbare Schlammwüste verwandelt ⟨...⟩"[56]

Es lag im Ermessen der Lagerkommandanten, ob sie Flüchtlinge freiließen oder bis zur Auslieferung an Deutschland festsetzten. Viele warteten in den Camps auf ein Übersee-Visum – doch das zu bekommen, wurde sogar in Freiheit zunehmend zum Ding der Unmöglichkeit. Es war ein ganz zentrales Problem für die Exulanten, daß das Stimmungspendel in Frankreich nicht gerade zu ihren Gunsten ausschlug – noch dazu, als der Verlauf des Feldzuges keinen Zweifel an seinem Ausgang offenließ. Unterschiede wurden nicht mehr gemacht; Deutscher zu sein, war ausschlaggebend, nicht etwa, als Nazi-Gegner jahrelang Aktivitäten entfaltet zu haben. Die französische Presse trug ihren Teil dazu bei, daß nicht mehr differenziert wurde[57]: Zum einen mußte die verzweifelte Wut der Franzosen an irgendjemandem ausgelassen werden; zum anderen dürfte auch Kollaboration in der Stimmungsmache gegen die Emigranten eine Rolle gespielt haben. Eine Schizophrenie, die wohl auf Kriegspsychose zurückzuführen ist; nur traf sie genau die, deren aktiver Teil nicht müde geworden war, die Welt vor dem, was eingetroffen war, zu warnen.

Manche Lageraufseher hatten trotz allem Einsehen und ließen Internierte frei – den Intelligenteren unter ihnen war der teuflische Paragraph 19 des deutsch-französischen Waffenstillstandsvertrages, dem zufolge alle von Deutschland angeforderten Emigranten auszuliefern seien, zu Bewußtsein gekommen. Oft kraftlos und krank, aber wieder im Genuß vorläufiger Freiheit, reihten sich diese Exulanten in den Strom französischer Flüchtlinge ein, der in den Süden zog – viele der Einheimischen versuchten, im unbesetzten Teil Frankreichs eine neue Heimat zu finden, in der trügerischen Illusion, die Deutschen würden bis dahin nicht vorstoßen.

[56] Michael Philipp, „Alle weinten, aber keiner schrie. Erinnerung an das französische Internierungslager Gurs", in: Frankfurter Allgemeine Zeitung vom 23. März 1991 (Verlagsbeilage „Bilder und Zeiten").

[57] Autorenkollektiv, Exilpublizistik in Frankreich, in: Hardt/Hilscher/Lerg (Anm. 11), S. 123-180, hier: S. 127.

Ziel der deutschen und österreichischen Emigranten aber war eine Stadt, die gleichsam zum Symbol aller Hoffnung wurde: die Hafenstadt Marseille. Von hier aus, so meinten viele, ließen sich ohne Probleme die nötigen Auswanderungspapiere besorgen; von hier aus stehe das Tor zur freien Welt offen. Ein bitterer Trugschluß – denn an all die obligatorischen Dokumente zu kommen, die eine Ausreise ermöglichten, erforderte entweder einen Geniestreich oder einen herausragenden Namen oder ausnehmend gute Beziehungen zur Unterwelt, die in Fließbandarbeit falsche Papiere anfertigen konnte.[58] Ähnliches galt für die, die sich über die Pyrenäen gerettet hatten (wie zum Beispiel Heinrich Mann) und in Portugal auf ihr lebensrettendes Visum warteten. Manch einer wurde bereits in Francos Spanien aufgegriffen und ausgeliefert. Andere schafften es tatsächlich, nach Lissabon zu kommen, hatten möglicherweise ihr Visum nach Bezahlung einer immensen Summe an Schlepperbanden erhalten, bestiegen vielleicht ihr Schiff nach Übersee – und mußten dann an Bord erkennen, einer gierigen Besatzungsmeute ausgeliefert zu sein, die den Flüchtlingen das letzte, was sie noch an Wertsachen für den Aufbau einer neuen Existenz mitgenommen hatten, unter Erpressung raubten.[59] Dann gab es wieder Schiffe, die sich monatelang auf See befanden, ohne anlegen zu dürfen. Dramen spielten sich ab. An den Ausgangshäfen aber saßen andere unglückliche Menschen, die in Unwissenheit der tatsächlichen Lage alle beneideten, die auf einem Schiff das gefährlich gewordene Festland verlassen hatten. Ihnen ging es darum, endlich alle Papiere beieinander zu haben.

„⟨...⟩ es stand in der Machtvollkommenheit der Konsulatsbeamten, einen wieder fortzuschicken, weil irgendetwas im Aktenbündel

[58] Vgl. Freyermuth (Anm. 2), S. 230. In hervorragender Weise half das auf Initiative von Thomas und Erika Mann in USA gegründete *Emercency Rescue Committee* und dessen Beauftragter in Marseille, Varian Fry. Freyermuth schreibt: „Fry und seine Leute arbeiten mit jedem zusammen, der den Flüchtlingen helfen kann: mit der Résistance, mit kleinen Schiebern, mit der Marseiller Mafia.“ Vgl. auch den Roman „Transit“ von Anna Seghers.

[59] Vgl. Grossmann (Anm. 3). S. 173 f.

noch fehlte oder nicht genehm war: ein Paßbild zuwenig – man brauchte ein gutes Dutzend –, eine Auskunft sollte nochmals überprüft werden, ein Visum war fragwürdig oder ungültig geworden ⟨...⟩ Wem irgendein Fehler oder ein Mangel an Koordination in der Unzahl der erforderlichen Dokumente und Nachweise unterlaufen war, der erhielt günstigenfalls einen neuen Termin einige Wochen später, um bis dahin seine Papiere in Ordnung zu bringen – aber was konnte in diesen Wochen nicht an Unvorhersehbarem geschehen, vom Vorhersehbaren wie etwa dem Ablauf der Ausreise- und Einreisevisen, die aufs Ungewisse erst wieder neu beantragt werden mußten, gar nicht zu reden."[60]

In Straßencafés zu sitzen, um seinesgleichen zu treffen und wenigstens bruchstückhaft altes Pariser Flair wiederzufinden, eine Atmosphäre zu rekonstruieren, die man *savoir vivre* genannt hatte, war mit der Zeit riskant geworden. Die örtliche Polizei veranstaltete Razzien, um Leute ohne Aufenthaltsgenehmigung aufzuspüren: „unerwünschte Ausländer", die sie dann ins Gefängnis warf. In Marseille hatte man für solche Fälle ein Tanzcafé umfunktioniert.[61]

Exil und innerdeutscher Widerstand

Die Widerstand leistende Emigration war zu diesem Zeitpunkt weitgehend zerfallen: zerstoben in alle Welt, nicht mehr nur in Europa, oder aufgegriffen von der Gestapo. Der Rest stand vor der quälenden Frage: War das „andere Deutschland" im Krieg überhaupt noch aufrechtzuerhalten? Bröckelte nicht mit jeder Phase der Radikalisierung des Nationalsozialismus ein Stück Zugehörigkeit zu diesem Volke ab? War man nicht schon soweit, einen Schlußstrich unter diese, so Thomas Mann, „reichlich peinliche Verwandtschaft"[62] zu ziehen? Diese Fragen an sich selbst

[60] Kantorowicz (Anm. 52), S. 228 f.
[61] Vgl. ebda., S. 157.
[62] Vgl. Jost Hermand, Schreiben in der Fremde. Gedanken zur deutschen Exilliteratur seit 1789, in: Reinhold Grimm/Jost Hermand, Exil und innere Emigration, Frankfurt a. M. 1972, S. 7-30, hier: S. 26.

hatte sich jeder Emigrant zu stellen, umso dringlicher, nachdem die ersten Meldungen über Vernichtungslager kursierten. Man konnte vielleicht bis 1939/41 einen guten Gegenentwurf zum System des Nationalsozialismus postulieren, vielleicht ansatzweise präsentieren. Doch was war der Massenvernichtung noch entgegenzuhalten?

Im sicheren England versuchten die Sozialdemokraten so etwas wie eine sozialistische Einheitsfront aufzustellen, in Amsterdam erteilte eine Kommandozentrale der Kommunisten deutschen KPD-Gruppen Weisungen (z. B. unter Leitung von Wilhelm Knöchel); ansonsten glich Europa, was Widerstand von Deutschen anbelangte, eher einer Kraterlandschaft. Otto Straßer war nach Kanada emigriert, Vertreter der linken Zwischengruppen, sofern sie vom Ausland aus agierten, waren teils von der Gestapo gefaßt, teils nach Übersee verschlagen. Der innerdeutsche Widerstand mußte sich daraufhin umstellen – von partieller auf nunmehr vollständige Autonomie[63], was größere Probleme vor allem in Sachen Schriftenherstellung mit sich brachte. Diese Schwierigkeiten beschränkten sich allerdings vorwiegend auf technische Fragen. Was die potentielle Wirkung des exilierten Widerstands betraf, konnten die Emigranten wohl nie Revolutionäre sein; Umstürze lassen sich nicht – es sei denn durch Krieg – von außen in ein Land hineintragen, obgleich sich rings um Deutschland ein Gürtel von Emigranten etabliert hatte, der genau das versuchte. Allenfalls wenn der Blick über die Grenzen ein nahegelegenes Paradies offenbart, dessen Existenz auch für das eigene Land zum Allgemeinwillen wird, dann lassen sich Revolutionen entfachen. Doch das war im Falle der Deutschen schlechterdings nicht möglich, da dieser Blick soweit als möglich verstellt wurde.

Exilierte konnten dem deutschen Widerstand also allenfalls als Hilfsfunktionäre dienen. Tatsache war aber, daß es genau anders-

[63] Vgl. zur Problematik allgemein den Aufsatz von Werner Röder, Zum Verhältnis von Exil und innerdeutschem Widerstand, in: Exilforschung. Ein internationales Jahrbuch, Bd. 5, München 1987, S. 28-39.

herum verlief. Große Teile des innerdeutschen Widerstands warteten auf Anweisungen von außen, nachdem sie die emigrierten Funktionäre darüber informiert hatten, was sich in Deutschland tat. Das gab eine Menge Reibungsverlust, der dadurch verschärft wurde, daß die Exilgruppen alle Hände voll zu tun hatten, sich gegenseitig zu diskreditieren.[64] Statt ihre publizistischen Foren zum Meinungsaustausch zu nutzen, wurde allzu oft versucht, des anderen Überzeugung vor einem möglichst großen Publikum dem Erdboden gleichzumachen. Sie waren sich einig in ihrer Ablehnung des Nationalsozialismus; was dessen Beseitigung oder gar alternative Konzepte für den Tag danach anbelangte, herrschte zumindest bis Kriegsbeginn in den Köpfen vieler Emigranten Novembernebel. In Ermangelung eigener Ideen trat man die Flucht nach vorne an und mokierte sich über die Schwachpunkte „der anderen“: Eine Fortsetzung der kläglichen Koexistenz in der Weimarer Republik.

Innere Emigration

Das Verhältnis von Emigrierten und Nichtemigrierten war auch davon bestimmt, daß diese stets Rechtfertigungsdrang verspürten, in Deutschland geblieben zu sein (was sich nach Kriegsende umkehrte). Der Begriff „innere Emigration“ war denen, die aus Deutschland geflüchtet waren, suspekt, da er nicht aktiven Widerstand umfaßte. Was bedeutete er konkret? Zum einen sicher grundsätzliche Distanz gegenüber dem Nationalsozialismus. Zum anderen, daraus resultierend, den Rückzug in Nischen, um dem Totalitätsanspruch des Systems zu entgehen. Zum dritten die bewußte Vermeidung von Handlungen, die dem Regime mittelbar oder unmittelbar von Nutzen sein konnten. Doch das prinzipielle Dilemma war (im übrigen auch für viele innerhalb des

[64] Das führte soweit, daß in einzelnen Exilzeitungen über Interna „konkurrierender“ Gruppen und Parteien zu lesen war, was natürlich eine Fundgrube für die Gestapo darstellte.

Reichs tätige Widerstandskämpfer), schon durch bloße Präsenz und Sicherung des Lebensunterhalts indirekt Handlangerdienste zu leisten. Als klassisches Beispiel wäre die Redakteurstätigkeit bei der *Frankfurter Zeitung* zu nennen: Der Großteil der Journalisten hatte sicher eine systemkritische Einstellung. Sie versuchten, „zwischen den Zeilen" Opposition zu betreiben, leisteten damit aber u. a. der Auslandspropaganda des Regimes Vorschub, daß innerhalb der Reichsgrenzen durchaus Meinungspluralismus herrsche.

Gerade Schriftsteller und Journalisten mußten sich fragen lassen, wie sie Kreativität in einer geistigen Mondlandschaft zuwege brachten. Ihre emigrierten Kollegen beanspruchten für sich, daß mit ihnen Kultur, Anstand und Feinsinnigkeit ausgelagert worden seien. Das stimmt – größtenteils. Denn Namen wie Erich Kästner, Elisabeth Langgässer oder Ernst Wiechert ließen die innere Emigration durchaus zu einem Wertbegriff werden. Es waren nicht nur Opportunisten, die blieben; wobei es Schriftsteller leichter hatten, ihre Ideen zu tarnen und Nonkonformität zu bewahren, als Redakteure und Journalisten. Die „innere Emigration" Deutschlands hatte das Problem, sich verdeckt bemühen zu müssen, denen, die es anerkennen wollten, die eigene anti-nationalsozialistische Grundeinstellung zu vermitteln. Denn wer geblieben war, kam schnell in den Ruch, sich angepaßt zu haben. Doch sie hatte ein Problem nicht: Sie war mangels Möglichkeiten nicht in sich zerstritten wie die Exilierten; „die innere Emigration ist vielmehr gerade dadurch gekennzeichnet, daß sie Vertreter der allerverschiedensten Richtungen in sich vereinte."[65]

[65] Reinhold Grimm, Innere Emigration als Lebensform, in: Grimm/Hermand (Anm. 62), S. 31-73, hier: S. 51.

2. Widerstand und Verfolgung: Gestapo-Jagd auf „Volksschädlinge"

Der inflationäre Gebrauch des Begriffes „Widerstand" gerade in der Nachkriegszeit, da es für viele galt, sich angesichts des Trümmerhaufens neu zu orientieren, oft auch zu rechtfertigen und das eigene Spiegelbild zu verzerren, konnte damals für die zahllosen „Mitläufer" als psychologisch nachvollziehbare „Notwehr" gedeutet werden – punktueller Dissens und möglicherweise eine daraus resultierende Verwarnung des NSDAP-Ortsgruppenleiters wurde somit aus dem Bedürfnis heraus, die Züge eines gänzlich unbelasteten Menschen anzunehmen, zur „Widerstandstätigkeit" stilisiert. Das hat verständlicherweise Verbitterung auf seiten derer hervorgerufen, die tatsächlich für ihre Überzeugung in Gefängnisse, Zuchthäuser und Konzentrationslager gegangen waren.

Zum Begriff Widerstand

Die Forschung der letzten Jahre und Jahrzehnte hat sich um eine Präzisierung des Begriffs „Widerstand" bemüht. Hans Rothfels sprach schon 1949 von „tatsächliche⟨n⟩ und nominelle⟨n⟩ Nazis, Nichtnazis und Antinazis"[66]. Martin Broszat schuf den Ausdruck „Resistenz" für Handlungen, die unterhalb der aktivistisch-illegalen Ebene, jedoch außerhalb des Erlaubten, anzusiedeln waren: Er kennzeichnete somit ein Zwischenstadium, in dem Grenzen der Durchsetzbarkeit nationalsozialistischer Ziele spürbar wurden.[67] Wenige Jahre später formulierte Richard Löwenthal eine Dreiteilung des Widerstands in „bewußten politischen Kampf", „gesellschaftliche Verweigerung" sowie „weltanschauliche Dissidenz", womit vor allem der Rückzug in die „innere Emigration" ge-

[66] Vgl. Hans Rothfels, Deutsche Opposition gegen Hitler. Eine Würdigung, Krefeld 1949, S. 36.

[67] Vgl. Martin Broszat u. a. (Hrsg.), Bayern in der NS-Zeit, 6 Bde., München 1977-83.

meint war.[68] Ger van Roon schließlich unterschied zwischen „aktivem" und „passivem"[69] Widerstand, indem er zur ersten Kategorie die Bildung von Kampfgruppen, das Anlegen von Waffen- und Munitionsvorräten, das Sammeln militärischer Nachrichten, Attentat, Staatsstreich sowie die Konzeption eines neuen Regierungsprogramms zählte; passiver Widerstand war demgegenüber Emigration, Hilfe für Verfolgte, Demissionsgesuche, publizistische Aktivität, Protest, politischer Streik, Sabotage, Befehls- und Eidesverweigerung, Kriegsdienstverweigerung und Desertion sowie Vermittlung von Nachrichten zur Information des Auslands.

Diese Aufteilung scheint etwas problematisch, wird doch offenbar all das, was van Roon unter „passivem Widerstand" versteht, weit unter Wert verkauft. Nach seiner Auffassung zählt nur als „aktiv", was auf die *direkte* Beseitigung des Regimes gerichtet war (und im Prinzip nur den „Trägern gesellschaftlicher, staatlicher und militärischer Machtpositionen"[70] vorbehalten bleiben konnte), wohingegen der „Umweg" über geistige Erneuerungsversuche, die das ideologische Fundament des Nationalsozialismus treffen sollten, als „passiv", weil in anderem, sicher geringerem Maße wirkungsvoll, abqualifiziert wird. Richtschnur sollte aber vielmehr sein, was für den einzelnen im Bereich des Machbaren lag. Es wäre somit eher eine Differenzierung zwischen direkt und indirekt effektivem Widerstand vorzunehmen; unter „aktiv" aber sei generell die bewußte Ablehnung des nationalsozialistischen Systems als Ganzem[71] zu verstehen, auf deren Grundlage im Rahmen der eigenen Möglichkeiten (gesellschafts-)politische Kontrapunkte zum Status quo zu setzen versucht wurden, die da-

[68] Vgl. Richard Löwenthal, Widerstand im totalen Staat, in: Richard Löwenthal/Patrik von zur Mühlen (Hrsg.), Widerstand und Verweigerung in Deutschland 1933-1945, Berlin/Bonn 1982, S. 11-24, hier: S. 13.

[69] Vgl. Ger van Roon, Widerstand im Dritten Reich, München 1990^5, S. 18 passim.

[70] Karl Dietrich Bracher, Auf dem Wege zum 20. Juli 1944, in: Löwenthal/v. z. Mühlen (Anm. 68), S. 143-172, hier: S. 146.

[71] Detlev J. K. Peukert, Volksgenossen und Gemeinschaftsfremde, Köln 1982, S. 97.

zu angetan waren, subversiv zu wirken, also dem Fortbestand des Regimes entgegenzuarbeiten.

Ein gesondertes Problem stellt die Unterscheidung zwischen „demokratischem" und „antidemokratischem" Widerstand dar. Zweifellos muß ein großer Teil der aktiven Oppositionellen zur letztgenannten Kategorie zählen – wobei noch einmal zwischen Gruppen mit totalitären Zielsetzungen (z. B. KPD) und autoritären Vorstellungen (z. B. Goerdeler-Kreis) differenziert werden muß. Wirklich demokratisch-pluralistische Zukunftsperspektiven waren im deutschen Widerstand rar. Woher rührte dieses Phänomen?

Die liberale Demokratie hatte sich 1930/33 aufgegeben; das erste ernstzunehmende demokratische Experiment auf deutschem Boden scheiterte unter den Schlägen der Weltwirtschaftskrise. Einer Mehrheit der Bevölkerung schien dieses Modell hoffnungslos diskreditiert. Ein Zurück nach Weimar war unmöglich, mit pluralistischem Gedankengut offenbar kein Staat mehr zu machen. Hitler gelang es vor diesem Hintergrund, die Massen mit radikalen Visionen in seinen Bann zu ziehen. Wenn der deutschen Opposition nun Erfolg gegen das NS-Regime beschieden sein sollte – mußte sie dann nicht auch radikal argumentieren, wie es in der Tat weitestgehend geschah? Den anderen Weg, das Gegenmodell einer pluralistischen Demokratie als Alternative anzubieten, schlug von den größeren Parteien und Gruppierungen nur die SPD ein. Sie aber stand in der Tradition der Weimarer Republik, war mit ihr und ihren verfassungsrechtlichen Grundlagen als ehemals staatstragende Partei eng verbunden. Im Widerstand blieb die SPD mit ihren Zukunftsvorstellungen bis nach Kriegsbeginn allein; der Nährboden für eine Opposition mit demokratischen Zielen war kaum vorhanden.

Wirkungsbedingungen des deutschen Widerstandes

Es war sehr einfach, sich als Rädchen im nationalsozialistischen System funktionalisieren zu lassen und mitzumachen. Für die

Mehrzahl der Bevölkerung bedeutete dies nicht einmal eine Entscheidung – denn sie war zufrieden:

„Es ist nicht nur die Furcht vor den offenen oder den verdeckten Waffen des Regimes, vor dem Gummiknüppel oder dem Blockwart gewesen, die das Wettrennen in die Partei oder die ihr angegliederten Organisationen veranlaßte."[72]

Zu einem ähnlichen Ergebnis kam Peter Hüttenberger, als er von der „Verstrickung" der Deutschen in das Hitler-System sprach.[73] Daher resultiert auch eine geistige Isolation derer, die sich infolge ihres prinzipiellen Widerspruchs oder Widerstands gegen das Regime in einer „illegalen Subkultur"[74] befanden, obgleich sie meistens ins Alltagsleben eingebunden waren wie alle anderen: Viele gingen einer geregelten Arbeit nach, waren teilweise Mitglied der *Deutschen Arbeitsfront* (DAF) oder – vor allem im Falle einer Tätigkeit im Rahmen der *Schwarzen Front* oder *Bündischen Jugend* – sogar einer nationalsozialistischen Organisation. Dies eröffnete freilich auch Chancen für unauffälligere politische Aktivitäten und Gruppenbildung sowie für die Erkundung der Volksstimmung[75], zwang jedoch die Widerstandswilligen zu einer Art Doppelleben, in dem es zwei diametral entgegengesetzte Bereiche mit aller gebotenen Vorsicht zu verzahnen galt – zum Beispiel beim Versuch, in Betrieb oder Freizeit potentielle Gesinnungsfreunde zu werben und zu illegaler Arbeit zu animieren. Oft genug gerieten sie dabei an den Falschen, der zwar früher einer der mittlerweile verbotenen Parteien angehört hatte, jedoch zum Überläufer geworden war und die „Illegalen", soweit sie für ihn als solche erkennbar waren, denunzierte.

[72] Vgl. Hans Rothfels, Deutsche Opposition gegen Hitler. Eine Würdigung, Frankfurt a. M. 1986[4], S. 37.

[73] Vgl. Peter Hüttenberger, Dimensionen des Widerstandsbegriffs, in: Peter Steinbach (Hrsg.), Widerstand. Ein Problem zwischen Theorie und Geschichte, Köln 1987, S. 80-95.

[74] Vgl. van Roon (Anm. 69), S. 15.

[75] Vgl. Arnold Sywottek, Revolutionäre Perspektiven des kommunistischen Widerstands, in: Schmädeke/Steinbach (Anm. 9), S. 475-496, hier: S. 480.

Der Krieg verschärfte die Situation weiter. Dem Nationalsozialismus war es gelungen, für alle Nachteile und Entbehrungen die sogenannten „Volks-“ bzw. „Staatsfeinde“ verantwortlich zu machen. Mit anderen Worten: Die meisten sahen nicht in Hitler oder dem System die Wurzel allen Übels, sondern in den gegnerischen Mächten; sie dachten also nur in den Grenzen, die ihnen die Goebbels-Propaganda gesteckt hatte. Obwohl der Krieg alle Teile der Bevölkerung gleichermaßen traf[76], kam es somit nicht zu einer Solidarisierung gegen den eigentlichen Verursacher.

„Der Widerstand gegen Hitler handelte nicht nur ohne aktive Massenunterstützung der Bevölkerung, sondern große Teile der Bevölkerung unterstützten den Widerstand bis zum Ende sogar auch nicht passiv, ja verurteilten ihn im großen Maße ⟨. . .⟩ Im Vergleich mit vielen anderen autoritären Systemen hat das NS-Regime ⟨. . .⟩ trotz der vielen großen Dissens-Bereiche bis tief in den Krieg hinein einen hohen Grad von Popularität genossen. Die Popularität beruhte auf einem Grundkonsens, der ein Klima schuf, in dem der Widerstand gegen Hitler von Anfang an isoliert und ohne wesentliche Unterstützung durch die Bevölkerung ehrenvoll, aber politisch so gut wie völlig wirkungslos arbeiten mußte.“[77]

Kommunistische Partei Deutschlands (KPD)

Die Geschichte der illegalen KPD zwischen 1933 und 1945 läßt sich in vier Phasen einteilen:

- Phase des bedingungslosen Zweifrontenkrieges gegen Nationalsozialismus und Sozialdemokratie 1933-34/35;
- Phase der Selbstbesinnung und vorsichtigen Öffnung 1935-39 bis zum Tag des Hitler-Stalin-Paktes am 23. August 1939;
- Phase der Apathie 1939-41 bis Hitlers Überfall auf die Sowjetunion am 22. Juni 1941;

[76] Rothfels (Anm. 72), S. 30.
[77] Ian Kershaw, Widerstand ohne Volk? Dissens und Widerstand im Dritten Reich, in: Schmädeke/Steinbach (Anm. 9), S. 779-798, hier: S. 795.

– Phase der Kreativität und Effizienz durch größtenteils unabhängig voneinander arbeitende Gruppen 1941–44

Mit der Entscheidung der Komintern auf ihrem VI. Weltkongreß 1928, nunmehr einen ultralinken Kurs gleichermaßen gegen Demokratie und Faschismus zu steuern, war das Signal für die Parteianhänger, zur Zersetzung des verhaßten Staates ihren aktiven Beitrag zu leisten, gegeben; gleichzeitig rief die Komintern zum Kampf gegen all diejenigen auf, die sich um die Rettung der Demokratie bemühten. Bekanntermaßen war die aggressive Agitation von rechts und links, die bisweilen scheinbar paradoxe Bündnisse zwischen Kommunismus und Nationalsozialismus begünstigte, ein wesentlicher Grund für die Erosion der Weimarer Republik.

„Während sich die ⟨. . .⟩ Nazis nicht lange mit unterschiedlichen Bewertungen aufhielten, statt dessen schworen, das ganze ‚Bolschewistengesindel, das verhaßte Marxistenpack, die rote Kommune' mit Stumpf und Stiel auszurotten, waren die solchermaßen Geschmähten untereinander damit beschäftigt, die Unvereinbarkeit ihrer gesellschaftlichen Auffassungen zu manifestieren. Darüber versäumten sie schließlich den richtigen Zeitpunkt, die drohende Diktatur zu bekämpfen, nämlich *vor* der Machtübernahme."[78]

Es ist bezeichnend, daß der 30. Januar 1933 nicht als *die* Zäsur empfunden wurde, die der Übergang von einer (freilich angeschlagenen) Demokratie zur Diktatur erwarten läßt: Die Kommunisten hatten die Weimarer Republik bereits als Vorläuferin des Faschismus betrachtet. Auf die Illegalität waren sie vorbereitet: So gab es einen nachrichtendienstlichen Apparat, ferner wurden im Rahmen von Unterorganisationen (z. B. *Rote Wehr* oder *Arbeiterwehr* als örtliche geheime Fortsetzungen des 1929 verbotenen *Rotfrontkämpferbundes)* Munition und Sprengstoff gesammelt; Sitzungen fanden bereits unter konspirativen Bedingungen statt (was nicht nur als Versuchsballon, sondern als durchaus notwendige Maßnahme schon ab 1930 zu werten ist); ab 1931 beschäftig-

[78] Beatrix Herlemann, Die Emigration als Kampfposten. Die Anleitung des kommunistischen Widerstands in Deutschland aus Frankreich, Belgien und den Niederlanden, Königstein/Taunus 1982, S. 171 f.

te man sich mit der Einrichtung eines Instrukteurstabs, der anstelle schriftlichen Verkehrs Anweisungen mündlich überbrachte; schließlich wurden bereits Zellen-, Betriebs- und Häuserblockzeitungen hergestellt.[79] Die KPD übertrug also „ihr gesamtes komplexes Organisationsnetz in die Illegalität". Dies legitimierte sich aus der Erwartung, „daß die revolutionäre Krise unmittelbar bevorstehe und einen schlagkräftigen Apparat brauche. Diese ‚Naherwartung' schuf ⟨...⟩ Risikobereitschaft und ⟨...⟩ Opfermut unter den Kommunisten ⟨...⟩"[80]

Eine fatale Fehleinschätzung. Zum einen hatte die KPD nicht mit der brutalen Zerschlagung ihres Apparates durch Gestapo und SA gerechnet; infolge der Verhaftung fast aller führenden Funktionäre bis Ende März 1933 war die Partei kopflos geworden und existierte nur mehr als Rumpf – von den Exilierten einmal abgesehen, die die „Basis" ihrer Anhänger nunmehr vom Ausland aus zu dirigieren versuchten (erst ab Herbst 1933 gab es wieder eine illegale Landesleitung). Zum anderen hatte Illegalität unter dem Nationalsozialismus eine andere Dimension insofern, als es die Gestapo von Anbeginn nicht bei bloßen Verwarnungen belassen wollte, vielmehr alles, was auf irgendeine Weise „kommunistisch" oder „marxistisch" erschien, rücksichtslos zur Verantwortung zog: entweder per „Schutzhaft" oder per Gerichtsverfahren. So konnte sich infolge waghalsiger und unvorsichtiger Aktionen (Blitzdemonstrationen, offener Verkauf von Zeitungen)[81] die Gestapo an diesen leicht zu fassenden Fällen perfektionieren. Die Exil-KPD-Führung verschliß die kleinen Kämpfer von der Straßenzelle bis zum Bezirksmaßstab regelrecht – im

79 Vgl. Johann Wachtler, Zwischen Revolutionserwartung und Untergang. Die Vorbereitung der KPD auf die Illegalität in den Jahren 1929-1933, Frankfurt a. M. 1983, S. 145 ff., S. 157 ff.

80 Peukert (Anm. 21), S. 82.

81 In der Regel wurden Exil-Zeitungen ins Reich geschmuggelt und dann durch Funktionäre verteilt. Es handelte sich bei diesen Publikationen um den *Gegenangriff* (ab 1936: *Deutsche Volkszeitung*) sowie die Wochenschrift *Baseler Rundschau*; im Reich wurden das Zentralorgan *Rote Fahne* hergestellt sowie regionale Zeitungen in wichtigen Bezirken. Vgl. Horst Duhnke, Die KPD von 1933 bis 1945, Köln 1972, S. 117.

Vertrauen auf eine Legion verfügbarer Widerstandswilliger, aus der jederzeit neue „Illegale“ rekrutiert werden konnten. In dieser Intensität zeigte sonst keine Gruppierung 1933/34 Präsenz. Die KPD probte den Alleingang.

Dies fand mit der allmählichen Popularität des Einheitsfront-Gedankens, der später Volksfront-Dimension annahm, sein Ende. Erste Avancen im August 1934 wurden – wie erwähnt – auf dem VII. Weltkongreß der Komintern vom 25. Juli bis 20. August 1935 spruchreif; auch die *Brüsseler Konferenz* der KPD vom 3. bis 15. Oktober 1935 mußte sich diese Strategie zu eigen machen.[82] Dies ging einher mit dem Verzicht auf eine „hierarchische Territorialorganisation“; statt dessen wurde versucht, Widerstand in kleinsten, von Abschnittsleitungen im Ausland angewiesenen Gruppen[83] zu organisieren (bestehend aus einem Mann für illegale Grenzübertritte, einem Techniker zur Herstellung und Verbreitung illegalen Materials sowie einem Instrukteur, der die Verbindung nach Deutschland hielt und für den Aufbau eines Organisationsnetzes zu sorgen hatte).

In dieser Phase fand tatsächlich organisierte Widerstandsarbeit statt. Die Gestapo richtete sich darauf ein und plante nunmehr auch ihr Vorgehen haarklein: Anstatt Verdächtige sofort festzunehmen, beobachteten V-Männer ihre Opfer oft monatelang, um möglichst vollständige Gruppen zu zerschlagen.[84]

Hier ist anzumerken, daß die KPD-„Handarbeiter“ im Reich keineswegs immer das ausführten, was ihnen die Exilleitung befahl. Dies nahm seinen Anfang in einer schon ab Frühsommer 1934 im Saargebiet erprobten Einheitsfront zwischen Sozialdemokraten und Kommunisten, die die KPD-Führung (im übrigen auch der Sopade-Vorstand) in dieser Intensität nicht billigen konnte, und setzte sich fort, als diese die illusionäre Idee hatte, die

[82] Hermann Weber, Die Ambivalenz der kommunistischen Widerstandsstrategie bis zur „Brüsseler Parteikonferenz“, in: Schmädeke/Steinbach (Anm. 9), S. 73-85, hier: S. 82.

[83] ders., Die KPD in der Illegalität, in: Löwenthal/v. z. Mühlen (Anm. 68), S. 83-101, hier: S. 89 f.

[84] Vgl. Duhnke (Anm. 81), S. 199.

Kommunisten im Reich mit dem Aufbau von Zellen in der DAF zu beauftragen[85]: völlig praxisfremd insofern, als einerseits scheinbare Gesinnungswandlungen ehemals *aktiver* Kommunisten sofort aufgefallen wären, andererseits nationalsozialistische Organisationen genau überwacht wurden. Kurz gesagt: Der König sprach, die Pagen liefen – allerdings in eine andere Richtung, als sich Ulbricht und Genossen das vorstellten. In dieses Bild fügt sich nahtlos ein, daß der Abschluß des Hitler-Stalin-Paktes von der KPD-Leitung nibelungentreu gefeiert wurde, während die Widerständler im Reich den Kämpfern anderer Organisationen nicht mehr in die Augen zu schauen wagten, nachdem die Moskauer Prozesse schon entsprechende Vorarbeit geleistet hatten – wobei die „Säuberungen" nicht nur ein Problem der Rechtfertigung waren, sondern auch so manchen Kommunisten die eigene Arbeit als Tanz auf dem Pulverfaß empfinden ließen.

„Der Widerspruch zwischen der Generallinie, die von der Emigrantenführung als gültig beibehalten wurde, und der Praxis des kommunistischen Widerstandes in Deutschland war erheblich ⟨...⟩ Der Verbalradikalismus der KPD-Führung und deren Vorstellung, in Hitler-Deutschland sei eine Revolution möglich, spielten bei den Funktionären an der Basis eine immer geringere Rolle, je mehr sie die Realität des NS-Regimes erkannten."[86]

Der Krieg löste das System der Abschnittsleitungen auf. Es folgte eine Zeit der Stagnation – bis die KPD aus dem Überfall Deutschlands auf die Sowjetunion neue Kraft zur Illegalität schöpfte. Hier erreichte sie ihre bestorganisierte Phase, in der sie in einem ungeheuren Kraftakt ihr ganzes Widerstandspotential in die Waagschale warf, vielleicht auch ihren größten Erfolg erreichte, während die anderen Arbeiterparteien, SPD wie auch die linken Splittergruppierungen, zu dieser Zeit kaum mehr Widerstandswillige rekrutieren konnten. Die Stärke der KPD ab 1941 hat natürlich mit der Kriegsentwicklung zu tun; zudem spielte sicher eine Rolle, nach der Volksfront-Pleite beweisen zu wollen,

[85] Vgl. Weber (Anm. 83), S. 93.
[86] ders. (Anm. 82), S. 83.

durchaus nicht auf andere angewiesen zu sein. Doch dieses Aufbäumen forderte wieder hohen Blutzoll – nun gab es nicht mehr das geringste Pardon, nachdem der Chef der Sicherheitspolizei und des SD, Heydrich, am 15. September 1939 in einem Fernschreiben an alle Stapoleit- und Stapostellen angekündigt hatte:

„1. Wie in den Grundsätzen vom 3.9.1939 zum Ausdruck gebracht wurde, muss jeder Versuch, die Geschlossenheit und den Kampfeswillen des deutschen Volkes zu zersetzen, von vorneherein mit ruecksichtsloser Haerte und Strenge unterdrueckt werden.-
2. Andererseits sind jene Faelle mit psychologischem Verstaendnis und erzieherisch bestaerktem Bemühen zu behandeln, die auf innere oder auessere Not oder auf Augenblicksschwaechen zurueckzufuehren sind.-
⟨...⟩
4. Bei den Faellen zu Ziffer 1 ist zu unterscheiden zwischen solchen, die auf dem bisher ueblichen Wege erledigt werden koennen und solchen, welche eine Sonderbehandlung zugefuehrt werden muessen. Im letzteren Falle handelt es sich um solche Sachverhalte, die hinsichtlich ihrer Verwerflichkeit, ihrer Gefaehrlichkeit oder ihrer propagandistischen Auswirkung geeignet sind, ohne Ansehen der Personen durch ruecksichtslosestes Vorgehen (naemlich durch Exekution) ausgemerzt zu werden. Solche Faelle sind z. B. Sabotageversuche, Aufwiegelung oder Zersetzung von Heeresangehoerigen oder eines groesseren Personenkreises, Hamsterei in grossen Mengen, aktive kommunistische oder marxistische Betaetigung usw. ⟨...⟩ Auch hier muss es den Stapoleit- und Stapostellen ueberlassen bleiben, mit psychologischem und politischem Fingerspitzengefuehl vorzuentscheiden, ob sich dieser oder jener Fall zur Sonderbehandlung eignet.- ⟨...⟩“[87]

Gruppen um Wilhelm Knöchel (Aufbau eines Nachrichtensystems und Funkkontakte nach Moskau), Harro Schulze-Boysen/Arvid Harnack (Spionage- und Widerstandsorganisation *Rote Kapelle*), Robert Uhrig, Anton Saefkow und auch Franz Jacob/Bernhard Bästlein/Robert Abshagen (Bildung von kommunistischen Zellen in rüstungsrelevanten Betrieben), ferner um Dr. Theodor Neubauer/Magnus Poser (Solidaritätsaktionen für Fremdarbeiter und Kriegsgefangene, Aufbau von Betriebszellen)

[87] BA R 58/243, B. 213 ff.

und um den jüdischen jungen Mann Herbert Baum (Flugblattverteilung, Brandstiftung gegen eine antisowjetische Ausstellung), diese Gruppen also repräsentierten von 1941 bis zu ihrer endgültigen Zerschlagung 1944 neben den Offizieren und Zivilisten, die einen Staatsstreich gegen Hitler vorbereiteten und später zum großen Teil dem Umkreis des 20. Juli 1944 zuzurechnen sind, den deutschen Widerstand. Die massenhaften Todesurteile gegen Kommunisten und solche, die ihnen durch Unterkunft und Verpflegung behilflich waren – Duhnke schätzt ihre Zahl auf rund 20.000[88] –, sind grausamer Beweis dafür, daß diese Männer und Frauen durchaus zu Irritationen innerhalb des nationalsozialistischen Regimes beigetragen haben.

Sozialdemokratische Partei Deutschlands (SPD)

Der monatelange Weg von der Legalität zur Illegalität zwischen dem 30. Januar und dem 22. Juni 1933 (Parteiverbot) war eine für die SPD und ihr späteres Erscheinungsbild entscheidende Phase. Hatte Otto Wels mit seiner Reichstagsrede wider das Ermächtigungsgesetz noch versucht, seine Partei aus dem Strudel von Anpassung und Lethargie zu reißen, eine späte Antwort zu formulieren auf den Gleichschritt der demokratischen Parteien in den Untergang, ließ der Kreis um das Vorstandsmitglied Paul Löbe am 17. Mai 1933 an der antinationalsozialistischen Integrität der Partei wiederum stark zweifeln: Die Rumpf-Reichstagsfraktion der SPD stimmte an diesem Tag der außenpolitischen Erklärung Hitlers zu, in der Annahme, auf diese Weise Verfolgung und Verbot zu entgehen; ein taktisch nicht durchdachtes Manöver, das starke Irritationen auf seiten der verbliebenen Anhänger hervorrief und die SPD-Führung endgültig spaltete. Während Löbe daraufhin weiter die Stellung in Berlin hielt und die Legalität der Partei durch Distanz zum offen antinationalsozialistisch agierenden emigrierten Teil des Parteivorstands aufrechtzuerhalten versuch-

[88] Vgl. Duhnke (Anm. 81), S. 525.

te, baute die Fraktion um Hans Vogel, Otto Wels und Erich Ollenhauer in Prag eine neue Zentrale (Sopade) auf und beanspruchte fortan, die Führung der Sozialdemokratie zu repräsentieren – eine nicht unumstrittene Rolle, die gerade junge Leute aus der sozialistischen Basis vor allem wegen des Postulats politischer Kontinuität, also des Anknüpfens an die „alte", keineswegs revolutionäre SPD-Linie, nicht nachvollziehen wollten. Ein Teil von ihnen hatte sich längst einer der linken Zwischengruppen wie ISK[89], SAP[90] oder (mit der Sopade nominell verbunden) *Neu Beginnen*[91] angeschlossen und proklamierte von dieser Position aus Verständigungsversuche mit der KPD, als sich diese noch in den wohlbekannten „Sozialfaschismus"-Tiraden gegen die SPD

[89] *Internationaler Sozialistischer Kampfbund* (ISK): sozialistische Splittergruppe, die den Nationalsozialismus durch eine Einheitsfront von KPD, SPD und Gewerkschaften überwinden wollte. Geistige Grundlage des im Dezember 1925 gegründeten ISK war die Lehre des 1927 gestorbenen Göttinger Uni-Professors Leonhard Nelson. Er verband ein nicht-marxistisches Wirtschaftsprogramm mit einer stringenten Elitetheorie, lehnte die parlamentarische Demokratie ab und huldigte einem strikten Führerprinzip. Noch 1933 installierte der ISK eine Auslandsleitung in Paris, im Reich verblieb eine Landesleitung. Von den Niederlanden aus schmuggelten Rheinschiffer und Eisenbahner die ISK-Publikation *Reinhard-Briefe* nach Deutschland. Ende 1937 legte eine umfassende Verhaftungswelle die Widerstandstätigkeit lahm.

[90] *Sozialistische Arbeiterpartei Deutschlands* (SAP): Von Max Seydewitz und Dr. Kurt Rosenfeld im Jahre 1931 als Abspaltung der SPD gegründete Partei, die zunächst unzufriedene Sozialdemokraten sammeln und später die gesamte Arbeiterschaft auf einheitlicher Grundlage erfassen sollte. Nach 1933 bestand sie unter Führung Jacob Walchers weiter. Dieser baute in Paris eine „Auslandsleitung" auf, von wo aus die inländische Reichsleitung mit Anweisungen, Schriften und Geld versorgt wurde, und gab die Emigrantenzeitschrift *Neue Front* heraus.

[91] *Neu Beginnen*: Die vorwiegend aus ehemaligen Sozialdemokraten und Kommunisten zusammengesetzte Gruppe bestand seit etwa 1929 und hatte sich schon damals in dunkler Vorahnung einer schrittweisen Faschisierung des öffentlichen Lebens um eine gegensteuernde Zusammenarbeit zwischen KPD und SPD bemüht; sie gab somit ihre Antwort auf die 1928 von der Komintern beschlossene Wende zum ultralinken KurS. *Neu Beginnen* operierte seit jeher streng konspirativ und stellte eine ausgeprägte Kaderorganisation dar. 1937/38 näherte sie sich der Berliner *Volksfront*-Gruppe um Otto Brass und Hermann Brill; doch bevor eine Zusammenarbeit stattfinden konnte, wurden beide Organisationen durch Festnahmen im Inland faktisch zerschlagen.

erging. Obwohl die linkssozialistisch orientierten Genossen derartige verbalradikale Ausfälle wohl nicht billigten, war der Kern ihres Vorwurfs im Prinzip derselbe: Die SPD habe vor Hitler kapituliert und sei deshalb nicht zu Führungsansprüchen innerhalb des sozialistischen Lagers berechtigt.

Die Sopade-Leitung störte das zunächst recht wenig. Sie saß finanziell am längeren Hebel, weil es ihr gelungen war, einen Teil des Parteivermögens zu retten. Mit diesen Mitteln konnte sie binnen relativ kurzer Zeit nicht nur zwei Zeitungen (*Neuer Vorwärts* für die Emigranten, *Sozialistische Aktion* für die Anhänger im Reich) ins Leben rufen, sondern auch einen im großen und ganzen funktionierenden und beeindruckenden Widerstandsapparat aufbauen. Es existierte ein solides Gerüst von „Grenz-Sekretariaten", von wo aus zum einen Informationen für die monatlichen *Deutschland-Berichte* der Sopade[92] eingeholt wurden, zum anderen sich illegales Material in Massen nach Deutschland einschleusen ließ: 1,45 Millionen Exilzeitungen sollen bis März 1938 ihren Weg ins Reich gefunden haben, ferner rund 100.000 Flugblätter und Plakate sowie rund 52.000 Informationsbroschüren.[93] Der Phantasie, dies zu organisieren, waren dabei keine Grenzen gesetzt:

„Dem Beispiel der Kommunisten folgend, lötete man die Flugblätter in Blechbüchsen oder tat sie in wasserdichte Umhüllungen, verschloß sie ⟨...⟩ in Flaschen und ließ sie die Bäche und Flüsse nach Deutschland so hinuntertreiben. Man verschaffte sich Anschriften von Personen in Deutschland, ließ sich Briefumschläge von Firmen, die in dem vorgesehenen Verbreitungsgebiet sich befanden, herstellen und sandte die Schriften postalisch den Empfängern zu ⟨...⟩ Man ⟨ließ⟩ auch – analog den kommunistischen Methoden – Luft-

[92] Die *Deutschland-Berichte* existierten ab Mai 1934; Herausgeber war Erich Rinner. Sie stellten Stimmungsberichte zu Politik und Gesellschaft, Wirtschaft und Kultur dar und hatten drei Funktionen: Vereinheitlichung der Informationen unter Illegalen, Wahrheit für die Öffentlichkeit, Grundlage für die Politik der Parteileitung im Ausland. Vgl. Hartmut Mehringer, Waldemar von Knoeringen. Eine politische Biographie, München 1989, S. 90 f.

[93] William S. Allen, Die sozialdemokratische Untergrundbewegung: Zur Kontinuität der subkulturellen Werte, in: Schmädeke/Steinbach (Anm. 9), S. 849-866, hier: S. 863.

ballons aufsteigen ⟨...⟩, um sie als Übermittlung illegalen Schriftenmaterials nach Deutschland zu benutzen."[94]

Beliebt war darüber hinaus gerade bei Sozialdemokraten und Kommunisten der Trick, politische Schriften zwischen zwei unverdächtig erscheinende Buchdeckel oder Broschürencover zu binden, so daß Grenzgänger, wenn sie kontrolliert wurden, auf harmlose Fracht verweisen konnten – zum Beispiel Schriften mit den Titeln *Die Kunst des Selbstrasierens, Neues Blut durch Biomalz mit Eisen* oder *Excentric Shampoo*.[95]

Allerdings ließ sich die Gestapo dadurch nicht lange täuschen, denn schon am 25. November 1933 meldete der *Völkische Beobachter* empört:

„Erheblich gefährlicher und wichtiger jedoch sind die Druckschriften, die immer noch in Deutschland hergestellt werden, und zwar in einem getarnten Gewande ⟨...⟩ Die Umschlagseiten präsentieren das schöne Ostpreußen, im Innern jedoch finden wir eine rein kommunistische Hetzbroschüre gegen das neue Deutschland."

Diese umfängliche und trickreiche Organisation des Schriftenschmuggels, die den wichtigsten Aspekt der Sopade-Arbeit in den ersten knapp fünf Jahren der Illegalität (bis zur Übersiedlung des Sopade-Vorstandes nach Paris) darstellte, war jedoch nicht allein Sache der Grenzsekretäre und ihrer Mitarbeiter. Es mußten Freiwillige im Reich gefunden werden, die nach Empfang und Lektüre das Material gezielt weitergaben, auch durch Mundpropaganda ehemaligen und potentiellen Sympathisanten die Existenz der illegalen Partei vermittelten und schließlich Diskussionskreise organisierten, in denen demokratisches Gedankengut lebendig gehalten wurde.

„Fast alle Basisgruppen des sozialistischen Untergrunds bestanden aus Menschen, deren Beziehungen untereinander aufgrund ihrer früheren Zusammenarbeit in den subkulturellen Organisationen eng

94 Gestapo-Lagebericht 1937, zitiert nach: Günter Weisenborn, Der lautlose Aufstand. Bericht über die Widerstandsbewegung des deutschen Volkes 1933-45, Hamburg 1953, S. 135 ff.

95 Vgl. ebda., S. 144.

und langfristig waren ⟨. . .⟩ Von der Geburt bis zum Tode, vom Kinderfreunde-Verein bis zur Arbeiterbestattungskasse war der Sozialdemokrat von seinen ⟨. . .⟩ Organisationen begleitet."[96]

Daran kann man ermessen, daß diese Art von Kooperation nicht auf dem Prinzip der Kommandostruktur, sondern des emotionalen Konsenses beruhte. Im Reich schien also bis zur ersten entscheidenden Verhaftungswelle 1935/36 auf der Ebene der sozialdemokratischen Illegalität alles nach Idealschema zu funktionieren – im Gegensatz zur Emigration, deren Repräsentanten sich mittlerweile fast die Köpfe einschlugen. Die Sopade hatte von den revolutionären Anwandlungen ihrer jungdynamischen Aktivisten genug und stellte die Zahlungen ein – wobei auch ein gutes Stück verletzter Stolz mitgeschwungen haben mag, da das verbalradikale programmatische *Prager Manifest* der Sopade von Januar 1934 im linken Lager einhellig durchgefallen war.[97] Es schien den meisten eher Mittel zum Zweck, verlorenes Terrain wiedergutzumachen, als eine ernstgemeinte Revision bisheriger Positionen. Der Fall zeigt, wie unversöhnlich sich die Exponenten im sozialistischen Lager bereits gegenüberstanden. Das Tauziehen um die Finanzen kam der Sopade nunmehr sehr gelegen, um wieder einmal zu demonstrieren, wer Herr im Hause war.

In der Folge wurden Dissens und Diskrepanz durch die zögernde Haltung des Vorstandes zu den Einheitsfront-Avancen der KPD hervorgerufen. Ein Gespräch mit Walter Ulbricht und Franz Dahlem am 23. November 1935, auf das sich die SPD-Genossen Hans Vogel und Friedrich Stampfer widerwillig eingelassen hatten, blieb ohne Ergebnisse – schlechte Vorzeichen für eine Einigung der deutschen Opposition, die später in die Idee der Volksfront münden sollte. Sie mußte letztendlich scheitern, weil die beiden größten anti-nationalsozialistischen Parteien aufgrund völlig verschiedener ideologischer und programmatischer Konzepte nicht zu einem Konsens finden konnten: Die einen wollten die Diktatur, die anderen die Demokratie. Doch sogar innerhalb

[96] Vgl. Allen (Anm. 93), S. 857 f.
[97] Vgl. Mehringer (Anm. 92), S. 73.

des eigenen Lagers waren die Sozialisten hoffnungslos zerstritten. Dies wurde nicht besser, als der Parteivorstand im Mai 1938 nach Paris übersiedelte. Die anderen sozialistischen Gruppen hatten dort mittlerweile zu einer Art verschworenen Gemeinschaft zusammengefunden; die Sopade hingegen war isoliert.

„Zwischen 1938 und 1940 waren die alten sozialdemokratischen Führer aus eigenem Wunsch und durch die Umstände bedingt nur noch eine kleine verbitterte Gruppe von Generalen ohne Armee, die von der Welt nicht beachtet wurde und von ihren Mitemigranten ausgestoßen worden war.“[98]

Kein Wunder, daß diese Zeit für die SPD wohl als die am wenigsten kreative und effektive betrachtet werden kann. Sie manövrierte sich in der Tat immer mehr ins Abseits. Nachdem sie sich Anfang 1938 in Prag noch durchaus konzentrationswillig gezeigt hatte, versteifte sich ihre Position in Paris erneut, als sie es „plötzlich mit einer Vielzahl selbständig auftretender Gruppen zu tun hatte“ und demnach „deutlich wurde, daß sich die Konzentration nicht in Form einer Neu- bzw. Wiedereingliederung der beteiligten Organisationen in die Sopade lösen ließ.“[99] Ein Kartell der sozialistischen Gruppen[100] lehnte die Sopade Ende August 1938 ab – auch ein Symptom für ihre Angst, zu viel von sich aufgeben zu müssen und letztlich „gleichgeschaltet“ zu werden.

Als Hitler seinen Westfeldzug begann, emigrierten etliche Sozialdemokraten mit Notvisa nach USA und Großbritannien, sofern sie rechtzeitig aus den französischen Internierungslagern freigekommen waren. Der Parteivorstand der Sopade siedelte um die Jahreswende 1940/41 nach London über, wo es schließlich doch noch zu einem Zusammenschluß zwischen *Neu Beginnen*, der SAP, dem ISK und der Sopade kam (*Union deutscher sozialistischer*

[98] Lewis J. Edinger, Sozialdemokratie und Nationalsozialismus. Der Parteivorstand der SPD im Exil von 1933 – 1945, Hannover/Frankfurt a. M. 1960, S. 179.

[99] Vgl. Mehringer (Anm. 92), S. 167.

[100] Diesem Kartell sollten die Sopade, der Landesverband Frankreich der SPD, Neu Beginnen, die SAP und die AVÖS (Auslandsvertretung der österreichischen Sozialisten) angehören.

Organisationen in Großbritannien). Sie sahen ihre Aufgabe unter anderem darin, gegen die Vansittart-These von der kollektiven Schuld der Deutschen an den Verbrechen Hitlers und seiner Helfer Stellung zu beziehen; was die Widerstandsarbeit anbelangte, vollzog sie sich öffentlich vor allem in Radiosendungen an die deutschen Hörer.

Bündische Jugend

Die Anfänge der deutschen Jugendbewegung gehen auf die Jahrhundertwende zurück, als 1901 zunächst noch ohne ideologischen Impuls der *Wandervogel* gegründet wurde und jungen Leuten ein von Kameradschaft und Teamgeist geprägtes Freizeit-Forum bot[101]; es ging vor allem darum, angesichts fortgeschrittener Industrialisierung den Wert der Natur als einmaliges Phänomen durch Ausflüge wiederzuentdecken. Vor dem Hintergrund des Ersten Weltkrieges und der im Anschluß entstehenden parlamentarischen Demokratie verlagerte sich die dezidiert apolitische Haltung in Richtung gesellschaftskritischer Ansätze; man begann sich des Status' als „Träger der Zukunft" bewußt zu werden.

Die Jugendlichen kamen vorwiegend aus bürgerlichen Elternhäusern; gleichwohl sollte Ziel sein, durch eine Art „Erlebnisgemeinschaft" die als starr empfundenen Attitüden und Etiketten des Bürgertums zu durchbrechen. Die Idee hatte schnell Konjunktur: Zur Zeit von Hitlers Machtübernahme existierten in Deutschland ca. 50 bis 60 Bünde mit rund 100.000 Mitgliedern.[102] Ein Teil von ihnen überführte seine in der als „jugendfremd"[103] empfundenen Weimarer Republik gebildete Subkultur zunächst relativ unbehelligt ins Dritte Reich: Die Gestapo hatte in

[101] Vgl. Walter Laqueur, Die deutsche Jugendbewegung, Köln 1978, S. 17.

[102] Vgl. die Ermittlungsakten gegen Alfred Broghammer, IfZ Fa 117/101, S. 2.

[103] Vgl. Karl Otto Paetel, Jugend in der Entscheidung, Bad Godesberg 1963, S. 138.

den ersten Jahren nach Hitlers Machtantritt zunächst genug damit zu tun, gegen die Funktionäre der Arbeiterparteien (vor allem der KPD) vorzugehen.

Es herrschte eine eigenartige, ausgefallene Stimmung in diesen Bünden: konspirativer Zauber, der durchaus auf eine Art von „Aussteigertum" hindeutete, verband sich mit lässigem *laissez-faire*; (Partei-)Politik war verpönt, es ging um (dann und wann ausschweifendes) Gemeinschaftsempfinden bei Ausflügen, Lagerfeuern, Festen. Während KPD und SPD ihren Nachwuchs mit komplizierten Ideologien konfrontierten und die meisten anderen Jugendlichen sich – so das Klischee – höchstens innerhalb der Bannmeile rund ums Elternhaus beschäftigten, herrschte bei den „Bündischen" aus zeitgenössischem Blick annähernd so etwas wie „Freizeit-Anarchie", beruhend auf dem Konsens, alte gesellschaftliche Einstellungen als überholt abzulehnen und subkulturelle Sonderinteressen in zwanglosem Rahmen abseits der Norm wahrnehmen zu können. Ihre Zusammensetzung erfolgte aufgrund einer „Sympathieauslese, also einer engen persönlichen Verbundenheit aller Mitglieder".[104]

Als die HJ dieses erfolgreiche Konzept jugendlicher Stilformen partiell übernahm und das in den Bünden gepflegte Gemeinschaftsgefühl für sich geschickt instrumentalisierte, spaltete sich die *Bündische Jugend*: Ein (größerer) Teil lief mit fliegenden Fahnen zu den Nationalsozialisten über – wobei das Verbot des *Großdeutschen Bundes* im Juni 1933 manchen spontanen Hitler-Anhänger wieder zur Räson, d. h. zu seinen ursprünglichen Auffassung brachte[105] –, der andere dachte gar nicht daran, seinen Gewohnheiten nun unter Druck und Drill nachzugehen, und ignorierte die neuen Verhältnisse.

Es war in der Regel kein politisches Programm, das die Jugendlichen in der Opposition bereithielten bzw. umsetzen wollten; vielmehr wandten sie sich dagegen, ihr Leben abseits des Eltern-

[104] Vgl. Matthias von Hellfeld, Bündische Jugend und HJ, Köln 1987, S. 32 f.

[105] Vgl. Detlev J. K. Peukert, Protest und Widerstand von Jugendlichen im Dritten Reich, in: Albrecht u. a. (Anm. 16), S. 76–96, hier: S. 86.

hauses nun ab sofort unter Kommando stellen zu lassen. Man wollte sich nicht von einer Abhängigkeit zu lösen versuchen, um von der nächsten überrollt zu werden. Eine Zeitlang lief, was diesen Teil betraf, alles in der üblichen Weise weiter: Man traf sich, trug auch die den Bünden eigene spezifische Freizeitkleidung und entwickelte im Schatten der HJ eine Konkurrenz-Bewegung, die den Nationalsozialisten auf Dauer nicht gleichgültig sein konnte. Als nach einer mißglückten Pressekampagne[106] durch Erlaß des Reichsinnenministers Frick am 4. Februar 1936 die *Bündische Jugend* verboten wurde und am 1. Dezember 1936 das Gesetz über die HJ als Staatsjugend erging, radikalisierte sich das Verhältnis zwischen ihr bzw. den Nationalsozialisten auf der einen und den sich verweigernden oppositionellen jungen Leuten auf der anderen Seite. Nach dem Motto „Haut die HJ, wo ihr sie trefft"[107] fanden vor allem im sächsischen Raum unter Anleitung sogenannter *Meuten* (hier besonders Leipzig) großangelegte Prügeleien statt: keineswegs nur Racheakte rebellierender „Radaubrüder", sondern Symptom für eine prinzipielle Anti-Haltung, die schon politischen Charakter angenommen hatte. Diese *Meuten* organisierten sich straßen- und stadtteilweise und hatten spezifische (Spitz-)Namen: *Meute Reeperbahn, Meute Broadway, Meute Hundestart.* Immerhin wuchsen sie derart schnell an (in Leipzig stellte die Gestapo 1939 ca. 1500 Anhänger fest[108]), daß örtliche Organe ernsthaft irritiert zu werden begannen – zumal auch ihnen nicht entgangen war, daß zunehmend Jugendliche aus den zerschlagenen Arbeiterparteien Anschluß an die *Bündische Jugend* zu finden trachteten, aus gutem Grund: Soweit noch politisches Sendungsbewußtsein vorhanden war, ließ sich hier ein neuer, fruchtbarer Boden auf der Grundlage antinationalsozialistischer Einstellung finden; zudem schienen die „Bündischen" zu den wenigen noch einigermaßen intakten Oppositionsgruppen zu diesem Zeitpunkt

[106] Vgl. Hellfeld (Anm. 104), S. 149.
[107] Vgl. den 15seitigen Prüfungsbericht des Generalstaatsanwalts beim OLG Dresden, ohne Datum, jedoch auf Anfang 1940 zu datieren. In: BA R 22/955, Bl. 346-360, hier: Bl. 347.
[108] Vgl. ebda., Bl. 346.

zu gehören. Außerdem trafen sich Organisationsform und Anspruch der *Meuten* durchaus mit dem radikal-aktivistischen Ansatz des früheren KJVD. Die *Meuten* waren also nicht als Fortsetzung der alten Bünde zu begreifen, vielmehr konnten sie als bündisch-proletarische Jugendallianzen angesehen werden. Auf einer Besprechung der Leipziger Richter und Staatsanwälte am 16. August 1939 hieß es laut Protokoll[109]:

„Die Stadt Leipzig sei schon früher eine stark marxistisch und kommunistisch verseuchte Stadt gewesen. Nach der nationalsozialistischen Erhebung hätte dort eine starke KPD-Organisation zerschlagen werden müssen. Jetzt seien es die Meuten, die losen Vereinigungen Jugendlicher mit ausgesprochen staatsfeindlicher Prägung, die in das kommunistische Fahrwasser kämen und offen den Kampf gegen die HJ führten, und danach strebten, das Straßenbild von Leipzig zu beherrschen."

Allerdings gab es gerade im rheinischen Raum auch *Meuten*, die alles andere als kommunistisch, vielmehr katholisch orientiert waren und auch dem Anspruch nach eher den Charakter des ehemaligen Zentrums angenommen hatten.

Das System der V-Leute funktionierte bei den *Meuten* eher schlecht, da Spitzel aus naheliegenden Gründen ebenfalls jung sein mußten, gerade aber deshalb noch nicht trickreich genug agierten[110], so daß derartige Aktionen, sofern sie zustande kamen, schnell aufflogen. Es gelang der Gestapo nur vereinzelt, der *Meuten*-Mitglieder habhaft zu werden.

Jugendliche Opposition spielte sich jedoch unabhängig von den *Meuten* noch auf einem anderen Sektor ab. Organisatorischer Hintergrund war die Gründung der *Deutschen Jugendfront* (17./18. Juli 1937) durch die emigrierten Jugendführer Theo Hespers, Karl Otto Paetel und Dr. Hans Ebeling mit dem Ziel, eine Einheitsfront der deutschen Jugend sowie die Beseitigung des Hitler-Regimes zu erreichen. Dieser Teil der „Bündischen" wurde also von außen zu politisch begründetem und bewußtem Widerstand an-

109 BA R 22/955, Bl. 334-336, hier: Bl. 334.
110 Vgl. ebda., Bl. 335.

geleitet. Zu diesem Zwecke gab Ebeling ab November 1937 die Zeitschrift *Kameradschaft. Schriften junger Deutscher* heraus, die bis Mai 1938 in Brüssel, bis August 1939 in Amsterdam, bis Februar 1940 in London erschien. Eine monatliche Herausgabe war geplant, ließ sich aber nicht verwirklichen.[111] Im Grunde war die Hoffnung auf den Erfolg einer bündischen Exilzeitung paradox: Viele Daheimgebliebene werteten das Exil moralisch ab und sperrten sich gegenüber den exilierten Jugendführern und auch deren Publikationen; zudem konnte man im Exil mit einer Verherrlichung deutschen Wesens, auch wenn die Antipathie gegen den Nationalsozialismus aus jeder Zeile zu lesen war, keinen Staat machen – weder bei den anderen Emigranten, deren vielbeschworener Traum vom „anderen Deutschland" nicht auf national-völkische Ansätze gründete, noch bei Bürgern und Politikern des Gastlandes: Zumindest letztere taten sich schwer, zwischen „deutsch" und „nationalsozialistisch" zu differenzieren.

Doch dessen ungeachtet gab Ebeling darüber hinaus noch die *Sonderinformationen deutscher Jugend* als internes Info-Blatt heraus (zwischen Oktober 1937 und Januar 1939), das sich mit der zweiten Nummer zu einem Bulletin für die Presse entwickelte. Ins Reichsgebiet gelangten die Schriften über Vertrauenspersonen bei der Rheinschiffahrt, unverdächtige Wochenendbesucher in den Niederlanden und Belgien und illegale Grenzgänger.

Die Arbeit der *Deutschen Jugendfront* fand mit Ausbruch des Krieges im Prinzip ihr Ende; dagegen gelang es den *Meuten*, als spontane Kleingruppen auch nach 1939 weiterzuexistieren. Zu ihnen gesellten sich die *Edelweißpiraten* (sie machten durch Sabotageakte und Prügelaktionen gegen provozierende HJ-Streifendienste von sich reden, was aber eher milieugestütztem und cliquenbedingtem Selbstbewußtsein als politisch klar einzuordnender Anti-Haltung entsprang), ferner die kulturell antivölkisch eingestellte *Swing-Jugend* (sie bestand aus Jugendlichen, bei denen lange Haare und Jazz vor Heimatliedern und dem Image des gescheitelten Hitlerjungen rangierten).

[111] Vgl. Biene (Anm. 11), S. 198.

„Sie artikulierten im Gruppenleben ihre Erfahrungen als Angehörige einer unterdrückten und zugleich zwangsdisziplinierten und zwangsindoktrinierten Generation. Auch wenn sie längst nicht alle zum politisch bewußten Widerstand zählten, markierte ihr massenhaftes Auftreten doch die Grenzen nationalsozialistischen Einflusses während des Krieges auf die junge Generation.“[112]

Der Alles-oder-Nichts-Typus ist bei Jugendlichen wohl sehr viel ausgeprägter als bei eher differenzierenden Erwachsenen. Jene sind entweder von einer Sache begeistert oder total dagegen; Zwischenformen konnte es gerade im Dritten Reich kaum geben. Innere Emigration war denn auch eher ein Phänomen des Alters bzw. der „Reife“ – und ein Kennzeichen für verlorene Illusionen.

Schwarze Front (Otto Straßer-Bewegung)[113]

„Die Sozialisten verlassen die NSDAP!“ Mit diesem Schlachtruf kehrten Otto Straßer und einige andere Unzufriedene am 4. Juli 1930 Hitler den Rücken – der Grund: Die Rücksicht auf die Interessen der Arbeiter schien ihnen nicht ausreichend realisiert, sozialistische Elemente waren unter den Teppich nationaler Phraseologie gekehrt worden. Diese Tendenz hatte sich schon am 14. Februar 1926 auf der Bamberger Konferenz der NSDAP angedeutet, als der von Otto Straßer und Goebbels maßgeblich erarbeitete Entwurf eines neuen Parteiprogramms durchgefallen war.[114]

[112] Peukert (Anm. 105), S. 94.

[113] Die *Schwarze Front* stand und fiel mit Otto Straßer: Er hatte sie gegründet, geprägt und sie von vornherein von sich abhängig gemacht. Straßer war wohl – anders als die Funktionäre der meisten anderen Parteien und Gruppierungen – nicht austauschbar (ähnlich verhält es sich übrigens bei Ernst Niekisch). Es konzentrierte sich in dieser Organisation alles auf ihn. Deshalb läßt sich mit einigem Recht von der „Straßer-Bewegung“ sprechen.

[114] Vgl. Udo Kissenkoetter, Gregor Straßer und die NSDAP, Stuttgart 1978, S. 30 f. sowie S. 42.

Ärger mit Otto Straßers (wie auch seines Bruders Gregor) „linker“ Ausrichtung hatte es in den folgenden Jahren innerhalb der NSDAP immer mal wieder gegeben; das Datum des 4. Juli 1930 markiert somit nur die letzte Konsequenz einer seit Jahren schwelenden kleinen Palastrevolte, deren möglichen Ausbruch Hitler durchaus ins Kalkül zog und aus diesem Grunde, als Gespräche mit Straßer nichts fruchteten, bereits während des Juni 1930 Parteiausschlußverfahren gegen dessen Anhänger in Gang setzen ließ.[115]

Otto Straßer indes versuchte nach seinem Austritt, eine Konkurrenzorganisation ins Leben zu rufen: Zur *Kampfgemeinschaft Revolutionärer Nationalsozialisten* (KGRNS) stießen bis Mai 1931 6.000 Mitglieder[116], so daß ein organisatorisches Gerüst geschaffen werden konnte. Den programmatischen Rahmen schuf sich Straßer durch „14 Thesen“, die ab Oktober 1930 Gültigkeit erlangten: Er bezog darin Position gegen den Versailler Vertrag (ein Punkt, ohne den zu dieser Zeit praktisch keine Partei auskam), plädierte für ein „völkisches Großdeutschland“, forderte „genügend Lebensraum“ und eine „starke Zentralgewalt“ und beschwor den Antisemitismus, da die Juden im Dienste des verhaßten Westens und der römisch- katholischen Kirche stehen würden. Bis dahin nichts Neues – aber: die Abschaffung des Privateigentums, die Verstaatlichung aller Bodenschätze und Produktionsmittel sowie die Forderung nach einer Allianz mit der Sowjetunion[117] markierten sozialistische Elemente, die die Gebrüder Straßer immer wieder postuliert und innerhalb der NSDAP nicht hatten durchsetzen können.

Den Kampf gegen Hitler, der Image und parteiinterne Macht über Jahre hinweg hatte aufbauen können, mußte Straßer freilich verlieren – zumal es sich nach den immer beeindruckenderen Wahlergebnissen der NSDAP ein Teil der zu Straßer übergelaufe-

[115] Vgl. Patrick Moreau, Nationalsozialismus von links. Die „Kampfgemeinschaft Revolutionärer Nationalsozialisten“ und die „Schwarze Front“ Otto Straßers 1930-1935, Stuttgart 1985, S. 37 f.

[116] Vgl. ebda., S. 48.

[117] Vgl. Otto Straßer, Aufbau des Deutschen Sozialismus, Leipzig 1932.

nen Häretiker wieder anders überlegte und zu Hitler zurückkehrte: Für sie zählte allein der Erfolg.

Straßer tat gut daran, im Mai 1933 zu emigrieren – zunächst nach Österreich, dann im Juli weiter in die Tschechoslowakei. In Prag befand er sich in guter Gesellschaft: Diese Stadt hatte sich schnell als eines der Emigrationszentren, der Fluchtpunkte für Hitler-Gegner etabliert. Seine Widerstandsorganisation, die Straßer von dort aus aufzog, ist unter der Bezeichnung *Schwarze Front* in die Geschichte der Opposition eingegangen – ein neuer Name für die alte Sache der KGRNS.

Allerdings erkannte Straßer recht schnell, daß unter den Emigranten Antisemitismus nicht gerade als Aushängeschild zu verwenden war; das Gebot der Stunde ließ ihn also nun zweckmäßigerweise philosemitische Züge annehmen.[118] Und: Seine später sehr intensiv verfolgte Idee einer europäischen Föderation wurde hier erstmals artikuliert. Mit der Herausgabe der Zeitung *Deutsche Revolution* ab Februar 1934, die im übrigen unter fast demselben Namen (*Die Deutsche Revolution*) schon zu KGRNS-Zeiten erschienen war, ging es für Straßer zunächst bergauf; die Ermordung seines Bruders Gregor am 30. Juni 1934 ließ ihn zusätzliche Energie für den illegalen Kampf gegen das Hitler-Regime freimachen. Er begann, die im Sommer 1933 durch die Dollfuß-Regierung zerschlagene SF-Gruppe in Österreich zu reanimieren[119], ferner internationale Kontakte nach Frankreich, Saarland und Schweden zu knüpfen. Zudem bemühte auch er sich um eine Zusammenarbeit aller illegalen Kräfte gegen Hitler – allerdings scheiterten seine Pläne, beispielsweise mit dem Leiter des Freidenkerverbandes, Max Sievers, einen dauerhaften Kontakt aufzubauen, bereits im Ansatz.[120] Nichtsdestotrotz galt Otto Straßer zum Zeitpunkt des Prager Exils als einer *der* Exponenten des deutschen Widerstandes.

[118] Vgl. Moreau (Anm. 115), S. 185.

[119] Vgl. ebda., S. 180 f.

[120] Vgl. in diesem Buch die Kurzbiographie zu Max Sievers, Kapitel IV.2.

Nach der Ermordung seines engen und vor allem effektiv wirkenden Mitarbeiters Rudolf Formis, der die übliche illegale Arbeit der Herstellung und Verbreitung antinationalsozialistischer Schriften um die wertvolle Komponente eines funktionierenden Schwarzsenders erweitert hatte, erlebte Straßers Arbeit einen empfindlichen Rückschlag. Mitgliederschwund und Geldschwierigkeiten, darüber hinaus bissige Kommentare der ausländischen Presse („harmloser Revolutionär gutbürgerlichen Gemüts")[121] machten ihm zu schaffen. Die Propagandatätigkeit ging zurück, gleichzeitig gelangen der Gestapo zahlreiche Festnahmen von SF-Anhängern, so daß sie am 25. November 1935 zufrieden melden konnte: „Die Organisation der ‚Schwarzen Front' im Reich, die ehedem auf dem Fünfergruppen-System aufgebaut war, ist zerfallen." Sie betrachtete die Kreise nicht einmal mehr als „Gefahr für den Bestand des nationalsozialistischen Staates"[122], was einiges heißen will. Straßer war zum „General ohne Armee" geworden.

Gleichwohl agitierte er unermüdlich fort. Seit Frühjahr 1935 gab er den Rundbrief *An alle Auslandsfreunde* (also: Emigranten) heraus, in dem er Richtlinien für die illegale Arbeit formulierte; später verfaßte er *Lageberichte*, die sich vor allem mit den Auslandsbeziehungen des nationalsozialistischen Systems beschäftigten sowie *Denkschriften* zu außenpolitischen Ereignissen wie dem deutschen Einmarsch in Österreich, deren Diktion zwischen Anerkennung und Abneigung schwankt. Bezeichnend ist im Falle Österreichs der Schlußsatz: „Ueber Hitler hinaus – zum Deutschen Sozialismus!"[123] Straßer sah also das nationalsozialistische Regime als eine zu überwindende Interimsphase, deren Grundlagen man jedoch partiell durchaus übernehmen konnte. Im Verlaufe des Krieges jedoch modifizierte er die Anknüpfungspunkte an den Nationalsozialismus immer mehr, so daß man zum Schluß

[121] Bericht der Stapo-Stelle für den Regierungsbezirk Breslau vom 25. November 1935, in: BA R 58/450, Bl. 96-98, hier: Bl. 96.

[122] Ebda., Bl. 98.

[123] *Denkschrift ueber den Kampf der Schwarzen Front nach dem Anschluss Oesterreichs*, in: NL Straßer, IfZ ED 118/Bd. 20.

fast meinen könnte, Straßers Ideologie sei zum Inbegriff demokratischen Rechtsempfindens geworden, ließe nicht die Gründung seiner rechtsextremistischen Gruppierung *Bund für Deutschlands Erneuerung* (ab Juni 1956 zur Partei *Deutsch-Soziale Union* erweitert) nach 1945 noch vom kanadischen Exil aus den Verdacht aufkommen, daß all die guten Vorsätze primär opportunistischen Erwägungen entsprangen und als Mittel zum Zweck dienten.

„Für Strasser hieß das niemals aus dem Auge verlorene Ziel: *Nachfolger Hitlers* zu werden, mit welchem Programm auch immer, mit wessen Hilfe auch immer, mit welchen Mitteln auch immer."[124]

Zudem hatte der Führer der inzwischen fast imaginären *Schwarzen Front* zumindest bis Ende 1940 allen Grund, sich nicht zu weit aus dem Fenster zu lehnen, da er nach Beendigung des Westfeldzuges schleunigst aus Europa ausreisen mußte; immerhin hatte Hitler eine Kopfprämie auf ihn ausgesetzt. Straßer wandte sich direkt an den Präsidenten der USA, Franklin D. Roosevelt, mit der Bitte um Asyl.[125] Sein alter Bekannter Wilhelm Sollmann schrieb ihm am 5. Oktober 1940 eine Garantieerklärung.[126] Letztendlich konnte Straßer nach Kanada fliehen.

Dort war er aktiv wie eh und je. Am 30. Januar 1941, nicht zufällig am Jahrestag der Machtergreifung Hitlers, rief er in der Presse zur Gründung der *Frei-Deutschland-Bewegung* (FDB) auf, der die Reste der *Schwarzen Front* in Europa korporativ angeschlossen waren und die sich nun nicht mehr nur gegen das Hitler-Regime richtete, sondern auch Konzeptionen für den „Tag danach" entwickelte. Straßers Programmpunkte[127]:

[124] Karl Otto Paetel, Otto Strasser und die „Schwarze Front" des „wahren Nationalsozialismus", in: Politische Studien 12 (1957), S. 269-281, hier: S. 275. Hervorhebung im Original.

[125] Brief Straßers an den Präsidenten der USA, Franklin D. Roosevelt, vom 25. August 1940, in: NL Straßer, IfZ ED 118/Bd. 15.

[126] Vgl. ebda., Bd. 5.

[127] Erste (neunseitige) Broschüre der *Frei-Deutschland-Bewegung* (FDB), in: Ebda., Bd. 20.

1. „Kampf gegen den Nazismus und Bestrafung aller Schuldigen!"
2. „Kampf gegen den Kommunismus und jedes Diktatursystem!"
3. „Wirtschaftliche Demokratie und soziale Zusammenarbeit!"
4. „Demokratische Selbstverwaltung und Foederalisierung Deutschlands!"
5. „Bildung der Europaeischen Foederation!"
6. „Zusammenarbeit mit allen Demokratien der Welt!"
7. „Rückkehr zu Gott!"

Tatsächlich gelang es Straßer, FDB-Filialen in ganz Nord- und Lateinamerika zu installieren. Noch gegen Ende des Jahres 1940 dachte er sogar an einen „Nationalrat für ein freies Deutschland", der sich aus Heinrich Brüning, Hermann Rauschning, Wilhelm Sollmann, Karl Hoeltermann und ihm selbst zusammensetzen sollte – eine Idee, die er jedoch sehr schnell wieder verwarf, als die angesprochenen Herren ihre Mitarbeit „ausdruecklich von einer positiven Einstellung der britischen Politik zur Deutschen Opposition abhängig gemacht haben".[128]

Straßer bewies im Exil einen ausgeprägten Willen, Politik zu machen – was in dieser Intensität vor dem Hintergrund der Exilerfahrung noch dazu aus dieser Entfernung nicht unbedingt selbstverständlich war. Allerdings kam für ihn persönliche Motivation hinzu: Er wollte den Mord an seinem Bruder mit illegaler Tätigkeit rächen. Die These, es sei daher „nicht zufällig, daß der Polizei- und Justizapparat des Dritten Reiches die Anhänger der *Schwarzen Front* besonders heftig verfolgt hat"[129], ist allerdings so nicht aufrechtzuerhalten. Viele von ihnen mußten im Gegensatz zu KPD- oder SPD-Anhängern nur relativ geringe Haftstrafen verbüßen, auch als das NS-Regime schon einige Jahre Bestand hatte. Ebenso wie andere Illegale konnte aber nicht mit Gnade rechnen, wer sich etwas intensiver engagierte. Der Schriftsteller Artur Ernst Rutra beispielsweise, einer der wichtigsten Mitarbeiter Straßers in Österreich, wurde vom Volksgerichtshof zu 15

[128] Vgl. FDB-Memorandum No. 3 vom 20. Juni 1941, in: Ebda.
[129] Vgl. Wolfgang Abendroth, Das Problem der Widerstandstätigkeit der „Schwarzen Front", in: Vierteljahrshefte für Zeitgeschichte 8 (1960), S. 181-187, hier: S. 187.

Jahren Zuchthaus verurteilt und kam später in einem Konzentrationslager auf ungeklärte Weise um.[130]

[130] Vgl. VGH-Verfahrensdokumente (Ermittlungs-, Anklage- und Urteilsakten) gegen Artur Ernst Rutra, in: IfZ Fa 117/226.

IV. Schriftsteller und Journalisten vor dem Volksgerichtshof

1. Systematischer Überblick

Journalisten waren im Widerstand eine wichtige Personengruppe. Nicht zuletzt ihre Artikel, Broschüren, Flugblätter und programmatischen Schriften richteten den Blick des Auslands auf das „andere Deutschland", das durch die vergleichsweise kleine Gruppe der aktiven Widerständler vertreten war und ein schwaches, aber doch sichtbares Gegenstück zum Dritten Reich darstellte. Allerdings taten sich Publizisten generell schwer, den vor Gericht erhobenen Anschuldigungen zu begegnen: Hier hatten Freisler und seine Helfer auf Flugblättern und in illegalen Zeitungen bzw. Broschüren schwarz auf weiß, was in anderen Fällen bisweilen noch vertuscht werden konnte. Aber manchmal hatten gerade Schriftsteller das Privileg, bei höheren Stellen des Auslands bekannt zu sein und demnach bei Immigrationswünschen bevorzugt behandelt zu werden. Es ist auch kein Zufall, daß sich in den vorliegenden Akten der vor dem Volksgerichtshof Angeklagten kein einziger Verleger findet.

Etliche, die sich 1933/34 noch in „Schutzhaft" befanden, zogen später die Emigration und ein Leben im Verborgenen einer gefährlichen Widerstandstätigkeit vor. Auch die Zahl der Journalisten, die sich gegen Hitler engagierten, war nicht Legion; doch es waren meist Persönlichkeiten, die ein relativ hohes Maß an Verantwortung trugen und in der Opposition wichtige Fäden im Widerstandsnetz knüpften. Jeder von ihnen ist einen gefahrvollen Lebensweg gegangen – und bei vielen hieß es zum Schluß: Endstation Volksgerichtshof.

Es ist von ca. 2.500 VGH-Verfahren[1] gegen (Reichs-)Deutsche und (ehemalige) Österreicher wegen Hochverrats, teils kombi-

[1] Vorläufige Schätzung des Projekts *Bestandsaufnahme und Sammlung wichtiger Quellen zum Widerstand gegen die NS-Herrschaft*, das unter Leitung des Hi-

niert mit anderen Delikten, auszugehen. In dieser Zahl sind „Landesverräter“ und „Wehrkraftzersetzer“ dann nicht enthalten, sobald der Hochverratsparagraph bei ihrer Anklage keine Rolle spielte. Wenn weiter als Meßlatte gilt, daß pro Verfahren im Durchschnitt 2,75 Personen angeklagt waren – diese Zahl errechnet sich aus einer Stichprobe von 250 Akten[2] –, kommt man bei der geschätzten Gesamtverfahrenszahl von 2.500 auf 6.875 Angeklagte.

Dies sind die Voraussetzungen für eine Auswertung, vorgenommen auf Basis der Volksgerichtshof-Bestände des Instituts für Zeitgeschichte, des Bundesarchivs Koblenz, des Berlin Document Center, der Staatsanwaltschaft beim Landgericht Berlin sowie eines Teils der Akten[3] des Bundesarchivs Berlin. Dies entspricht einem Anteil von etwa 55 Prozent des Gesamtbestandes. Der Rest ist entweder noch nicht erschlossen oder infolge Kriegseinwirkung vernichtet.

Die Verfasserin hatte auf dieser Grundlage die Möglichkeit, 1.342 Verfahren mit 3.691 Angeklagten[4] einzusehen, in denen insgesamt 72 Publizisten angeklagt waren (48 Journalisten und 24 Schriftsteller)[5]. Somit ist der Anteil dieser Berufsgruppe an der Gesamtzahl der vor dem VGH Angeklagten auf rund zwei Prozent zu beziffern; ca. 130 Publizisten dürften demnach zwischen 1933 und 1945 wegen Hochverrats vor dem Volksgerichtshof gestanden haben. Die Fälle der genannten 72 Schriftsteller und Jour-

storikers Dr. Jürgen Zarusky am *Institut für Zeitgeschichte* durchgeführt wird.

[2] Die Stichprobe beruht auf einer Auswertung des gesamten VGH-Bestands des IfZ München, der unter den Signaturen Fa 117 und Fa 300 zusammengefaßt ist.

[3] Es existiert ferner ein „ZC-“, ein „RJM-“ und ein „VGH“-Bestand im Bundesarchiv Berlin, ferner ein „ORA-“Bestand im Bundesarchiv Potsdam.

[4] Auch hier wurde der Schlüssel von durchschnittlich 2,75 Angeklagten pro Verfahren angewandt.

[5] Manchmal überlappen sich die Bereiche zwischen Schriftstellerei und Journalismus; es wurde dann die Berufsbezeichnung verwendet, in deren Rahmen die betreffende Person bevorzugt tätig war.

nalisten sollen auf den folgenden Seiten nach einigen systematischen Kriterien ausgewertet werden.

Nun stellt sich erst die Frage, wer als „Publizist“ zu gelten hat. Um einem definitorischen und methodischen Chaos aus dem Weg zu gehen, war (für diesen systematischen Überblick) grundsätzlich die Berufsbezeichnung in der späteren Anklage- oder Urteilsschrift vor dem Volksgerichtshof relevant – auch wenn die Widerstandstätigkeit nicht journalistischer oder schriftstellerischer Art war, was sich bei immerhin 30 von 72 Publizisten feststellen läßt.[6] Darüber hinaus zählt hier als Journalist, wer (in der Weimarer Republik oder auch der NS-Zeit) während eines Zeitraums von mindestens zwei Jahren regelmäßige Beiträge in angestelltem oder freiem Arbeitsverhältnis für eine Zeitung oder Zeitschrift angefertigt hat; bei den Schriftstellern war der Hinweis auf Buchpublikationen relevant. Nun könnte man auch all diejenigen unter den fraglichen Begriff summieren, die als Angehörige eines anderen Berufs in irgendeiner Art und Weise publizistischen Widerstand leisteten; doch hier eine plausible Eingrenzung vorzunehmen, gestaltete sich als praktisch nicht durchführbar.

Das Durchschnittsalter der 72 „Test-Personen“ liegt zum Zeitpunkt der Verurteilung bei 42,5 Jahren – ein Indiz dafür, daß es

[6] Bei den anderen ging es beispielweise darum, Kenntnis von einem „hochverräterischen Unternehmen“ erlangt und keine Anzeige erstattet zu haben (z. B. Helmut Kindler), oder auch nur für einfache Kurierdienste eingeteilt worden zu sein; manch einer widmete sich ausschließlich der organisatorischen Arbeit seiner Widerstandsgruppe (z. B. die KPD-Funktionäre Adolf Rembte und Robert Stamm). Der wissenschaftliche Schriftsteller Dr. Alfred Kaufmann leitete eine „Abhörgemeinschaft“ (vgl. Anm. 11). Bei folgenden Publizisten spielte das Schreiben auch in der Opposition eine Rolle: Karl Albin Becker, Josef de Bie, Herbert Blank, Hans Bretz, Hermann Brill, Alfred Broghammer, Otto Engert, Wilhelm Firl, Hans Fladung, Erich Gentsch, Bodo Gerstenberg, Hans Glaubauf, Walter Hochmuth, Martin Hoffmann, Prinz Max zu Hohenlohe-Langenburg, Franz Jacob, Karl Jakobi, Walter Junge, Martin Karpinski, Richard Kirn, Helmut Klotz, Rudolf Küstermeier, Max Lademann, Ruth Lorenz, Artur Mannbar, Hermann Meynen, Carl Minster, Walter Nettelbeck, Ernst Niekisch, Bruno Noah, Wilhelm Reimers, Artur Ernst Rutra, Georg Schumann, Alexander Schwab, Max Sievers, Walter Spengemann, Otto Schreiber, Eduard Wald, Paul Winzen, Alfred Zingler, Hans von Zwehl, Klaus Zweiling.

sich bei diesen Widerstandskämpfern zum überwiegenden Teil um Personen handelt, die ihren politischen Sozialisationsprozeß längst hinter sich hatten und aus fundamentaler, wohlüberlegter Opposition heraus handelten. Eine fachspezifische Berufsausbildung wiesen dabei nur wenige vor: 18 hatten ein Studium (meist in Geistes- oder Sozialwissenschaften) absolviert, 15 davon den Doktortitel erhalten. 23 waren in der Lehre gewesen (u. a. Bäkker, Schlosser, kaufmännischer Angestellter; zwei davon hatten eine nicht gänzlich fachfremde Schriftsetzerlehre absolviert). Elf Personen besaßen allein ihren Schulabschluß. Lediglich neun waren als Redakteure durch ein Volontariat oder eine gleichwertige Ausbildung geschult worden, drei hatten ursprünglich den Lehrerberuf ergriffen. Bei acht ließ sich der Ausbildungsweg nicht rekonstruieren.

Oft machte nur das politische Engagement aus einem ehemaligen Zimmerer oder kaufmännischen Angestellten einen Journalisten, der dann meist als Parteizeitungs-Redakteur tätig wurde. Im Falle des 31jährigen Paul Winzen[7] verbarg sich hinter dem Arbeiter sogar ein Schriftsteller, der tagsüber Geld verdiente und in seiner Freizeit zur Feder griff und programmatische Entwürfe für einen Sozialismus eigener Spielart anfertigte.

Die KPD stellte im deutschen Widerstand gegen Hitler den höchsten Anteil an illegal Tätigen. Diese Beobachtung läßt sich auch bei den 72 untersuchten Publizisten machen: 30 von ihnen waren für die Kommunistische Partei aktiv. Die anderen verteilen

[7] Paul Winzen (24. November 1911 – 12. Juni 1942) ist dem Dortmunder Widerstand zuzurechnen. Er scharte eine eigene Gruppe um sich, die – als Freier Wanderbund getarnt – Diskussionszirkel veranstaltete und Flugblätter verbreitete. Somit unternahm Paul Winzens Gruppe nicht mehr als das, was damals im allgemeinen an illegaler Aktivität möglich war: Man wandte sich an die Öffentlichkeit und versuchte, möglichst viele Menschen gegen Hitler einzunehmen. Trotzdem unterschied sie sich insofern von anderen (Klein-)Organisationen, als sie sich im Laufe der Zeit eine völlig eigene, neue Ideologie auf der Basis von Paul Winzens Theorie des „Neuen Sozialismus" aneignete, die mit den Jahren reifte und feste Gestalt bekam. In vier Broschüren hat sie der junge Intellektuelle entwickelt, die in Auszügen der Urteilsschrift zu entnehmen sind (Staatsanwaltschaft beim Landgericht Berlin, ohne Signatur).

sich wie folgt: SPD – 10, Schwarze Front – 8, Separatisten – 4, National-Bolschewisten – 3, Umkreis 20. Juli – 3, Rote Kämpfer – 2, SAP – 2, Großösterreichischer Freiheitsbund (GÖFB)[8] – 2, Monarchisten – 1, Bündische Jugend – 1, Trotzkisten – 1, Solf-Kreis – 1[9], Roter Stoßtrupp – 1[10], Sonstige[11] – 3. Zehn Personen

[8] *Großösterreichischer Freiheitsbund* (GÖFB): Nach dem Anschluß Österreichs 1938 bildete sich in Wien unter der Führung von Dr. Jakob Franz Kastelic eine *Großösterreichische Freiheitsbewegung*, die auf einen Sturz Hitlers und ein wieder selbständiges Österreich hinarbeitete. Dieses sollte über die ursprünglichen Grenzen hinaus nach Norden bis zur Mainlinie, nach Süden bis Triest verlaufen. Als Staatsordnung war ein ständisches System mit einem Habsburger Monarchen an der Spitze vorgesehen. Kastelic sprach sich für Waffengewalt zur Erreichung seiner Ziele aus und forderte dazu auf, den Grundstock einer „Kaiserlich-österreichischen Armee" einzurichten. Ferner war Agitation unter den kämpfenden deutschen Truppen geplant. Im Sommer 1940 wurde der GÖFB zerschlagen.

[9] *Solf-Kreis:* Der *Solf-Kreis* war in erster Linie ein Gesprächszirkel, hauptsächlich bestehend aus ehemaligen Diplomaten. Er fand sich als „Teegesellschaft" regelmäßig bei Hanna Solf, der Witwe des deutschen Botschafters in Tokio, Dr. Wilhelm Solf, zusammen und trat in „staatsfeindlichen Reden" gegen die Unterdrückung von Seiten des NS-Regimes und für die Wahrung der Menschenrechte ein. In der späteren (Nachtrags-)Anklageschrift heißt es weiter: „⟨. . .⟩ Die Angeschuldigten ⟨. . .⟩ waren sich über folgende Punkte einig: Unterstellung der deutschen Truppen unter englischen Oberbefehl, Beteiligung der Engländer an der deutschen Industrie, Entgegenkommen in der Kirchen- und Judenfrage, Abkehr von der Autarkie, Rückkehr zur freien Wirtschaft, Angleichung in Verfassungsfragen an englische Verhältnisse, ⟨. . .⟩ technische Vorbereitungen für die Landung der alliierten Truppen." In diesen Kreis schlich sich 1943 ein Spitzel ein, die Teilnehmer wurden verhaftet und teilweise hingerichtet.

[10] *Roter Stoßtrupp*: Noch 1933 gegründete Gruppe, die sich an ehemalige Sozialdemokraten, Reichsbanner- und Gewerkschaftsmitglieder wandte mit der Aufforderung, Diskutierzirkel zu bilden und Perspektiven für eine künftige demokratische Staatsordnung zu erarbeiten. Grundlage war die Zeitschrift *Der Rote Stoßtrupp*, die ca. alle zehn Tage in einer Auflage von zuletzt 1.500 Exemplaren erschien. Es ging also darum, sich *vor* einem Sturz Hitlers zunächst einmal über das Nachfolgesystem klar zu werden; erst dann sollte der aktive Kampf gegen das Regime begonnen werden. Die Führung der Organisation setzte sich vornehmlich aus Intellektuellen/Studenten zusammen.

[11] Unter den „Sonstigen" ist der bereits erwähnte Sektenangehörige Dr. Martin Karpinski subsumiert sowie der wegen angeblicher Verbindungen zur kommunistischen Gruppe *Europäische Union* (Führung: Georg Groscurth und Robert Havemann) angeklagte „Schriftleiter" Helmut Kindler. Dieser wurde der Nichtanzeige eines hochverräterischen Unternehmens beschuldigt, was

gehörten (zusätzlich) für längere oder kürzere Zeit einer NS-Organisation an (wozu hier die Zwangsmitgliedschaft bei der *Deutschen Arbeitsfront* oder einer sonstigen Berufsvereinigung nicht gerechnet wird) – zum Beispiel der Redakteur Helmut Kindler der SS, der Schriftsteller Hermann Meynen ab Mai 1933 der NSDAP, oder der Journalist Gerhard Schulze 1932-35 der SA sowie dem *Reichsluftschutzbund* (RLB) und der *Nationalsozialistischen Volkswohlfahrt* (NSV).

Für Emigration oder Verbleib im Ausland entschieden sich nach 1933 28 der 72 Personen; bis auf die Redakteure Georg Handke (KPD) und Kurt Ernst Liebermann (SAP) sowie den Schriftsteller Günther Loch (ÖFB) alles Personen, die auch im Widerstand publizistisch tätig waren. Am meisten Zeit ließ sich hierbei der Sektenangehörige (*Weißenberg-Sekte*) und Schriftsteller Dr. Martin Karpinski: Er kehrte Deutschland erst 1936 den Rücken und ging in die Niederlande.

13 Personen hatten sich schon einmal wegen eines Pressevergehens hinter Gittern befunden, zwölf davon vor 1933, teils sogar noch während des Kaiserreichs. Der Schriftsteller Dr. Rudolf Pechel, 1945 im Zusammenhang mit dem Attentat vom 20. Juli 1944 wegen Hoch- und Landesverrats angeklagt und freigesprochen, war im April 1942 wegen eines staatsfeindlichen Artikels vorübergehend in „Schutzhaft", also einem Konzentrationslager.[12]

sich jedoch als haltlos herausstellte – nicht zuletzt deshalb, da Kindler bei einem nationalsozialistischen Verlag beschäftigt war und bislang offenbar keinen Zweifel an seiner Loyalität hatte aufkommen lassen. Weiter zählt hier zu den „Sonstigen" der wissenschaftliche Schriftsteller Dr. Alfred Kaufmann, der am 21. Juli 1942 vom VGH als spiritus rector einer parteipolitisch nicht gebundenen Gießener Abhörgemeinschaft von VGH zum Tode verurteilt wurde. Abhörgemeinschaften wurden von den Nationalsozialisten ebenfalls intensiv verfolgt, da man in ihnen einen der Keime für öffentliche Unruhestiftung sowie potentiell aktive Widerstandsgruppen vermutete. Es handelte sich hierbei um Freundes- oder Bekanntenkreise, die zusammen trotz Verbots die Nachrichten ausländischer Sender hörten und anschließend diskutierten. Vgl. IfZ Fa 117/277.

[12] Vgl. BA NS 6/22.

Die durchschnittlichen VGH-Urteile gegen Schriftsteller und Journalisten waren sehr hart. Drei allerdings können hier nicht berücksichtigt werden, da nur die Anklageschrift vorhanden ist; der später noch ausführlich vorzustellende Hermann Meynen starb nach schwerer Krankheit bereits vor der Hauptverhandlung. Bei den restlichen 68 verteilt sich das Strafmaß auf eine Weise, die den Haß und gleichzeitig die Angst des Staates vor Publizisten offenbart; immerhin mußte über die Hälfte entweder das Todesurteil oder eine Zuchthausstrafe zwischen zehn Jahren und lebenslänglich entgegennehmen:

20 Todesurteile (9 – KPD, 5 – SPD, 3 – Separatisten, 2 – Umkreis 20. Juli, 1 – Abhörgemeinschaft);

4 x lebenslänglich Zuchthaus (3 – KPD, 1 – National-Bolschewist);

3 x 15 Jahre Zuchthaus (2 – KPD, 1 – Schwarze Front);

5 x 12 Jahre Zuchthaus (3 – KPD, 1 – SPD, 1 – Bündische Jugend);

5 x 10 Jahre Zuchthaus (1 – KPD, 1 – SPD, 1 – Sektenmitglied, 1 – Roter Stoßtrupp, 1 – unbekannt);

3 x 8 Jahre Zuchthaus (1 – SPD, 1 – Schwarze Front, 1 – Rote Kämpfer);

3 x 6 Jahre Zuchthaus (1 – Schwarze Front, 1 – Trotzkisten, 1 – SAP);

2 x 5 Jahre Zuchthaus (KPD);

4 x 4 Jahre Zuchthaus (1 – KPD, 1 – SPD, 1 – Rote Kämpfer, 1 – Schwarze Front);

9 x 3 Jahre bis 1 1/2 Jahre Zuchthaus (8 – KPD, 1 – Schwarze Front);

5 x 3 Jahre bis neun Monate Gefängnis (1 – SPD, 1 – National-Bolschewist, 1 – Schwarze Front, 1 – SAP, 1 – Monarchist ⟨Österreicher⟩);

5 x Freispruch (1 – KPD, 2 – Nichtanzeige eines hochverräterischen Unternehmens, 1 – Schwarze Front).

Auf die einzelnen Jahre verteilt, schlüsseln sich die Strafen wie folgt auf: 1934: 1 x 10 J., 3 x 3 J., 1 x 1 J 6 M, 2 x 2 J 6 M Zuchthaus, 1 x 3 J Gefängnis;

1935: 1 x 15 J., 1 x 12 J., 1 x 10 J., 1 x 6 J., 1 x 4 J., 2 x 3 J. Zuchthaus, 1 x Freispruch;

1936: 1 x 4 J. Zuchthaus;

1937: 3 x Tod, 1 x lebenslänglich, 1 x 15 J., 1 x 12 J., 1 x 10 J., 1 x 8 J., 2 x 4 J. Zuchthaus, 1 x 1 J. Gefängnis;

1938: 1 x 6 J., 1 x 2 J. Zuchthaus, 1 x 9 Monate Gefängnis;

1939: 1 x lebenslänglich, 1 x 12 J., 1 x 8 J. Zuchthaus, 1 x 2 J. Gefängnis, 1 x Freispruch;

1940: 1 x 10 J. Zuchthaus, 1 x Freispruch;

1941: 1 x lebenslänglich, 1 x 15 J., 2 x 12 J., 1 x 10 J. Zuchthaus;

1942: 6 x Tod, 1 x lebenslänglich, 1 x 6 J. Zuchthaus;

1943: 4 x Tod, 1 x 8 J., 1 x 5 J. Zuchthaus;

1944: 6 x Tod, 1 x 5 J. Zuchthaus, 1 x 2 J. Gefängnis, 1 x Freispruch;

1945: 1 x Tod, 1 x Freispruch.

Diese Tabelle kann im Blick auf die Urteilsentwicklung als durchaus repräsentativ gelten: Sie spiegelt eine deutliche Zunahme von hohen und höchsten Strafen im Laufe der Jahre wider. Auch die Zäsur von Freislers Amtsantritt 1942 ist nachvollziehbar. Hingegen war die bereits 1934 verhängte Zuchthausstrafe von zehn Jahren vergleichsweise unüblich. Doch nimmt man den Fall genauer unter die Lupe, stellt sich heraus, daß der Journalist Dr. Rudolf Küstermeier nicht nur als spiritus rector der oppositionellen Splittergruppe *Roter Stoßtrupp* galt. Auch als Publizist hatte er äußerst rege gearbeitet: So war er ab Juni 1933 für die hauptsächlich aus ausländischen Pressestimmen zusammengestellte Zeitschrift *Blick in die Zeit* tätig, deren Redaktion ein Forum ehemaliger Sozialdemokraten repräsentierte – ein Dorn im Auge der Nationalsozialisten, die das Blatt aber immerhin bis 2. August 1935 duldeten. Obwohl dies strafrechtlich nicht relevant sein konnte, ergänzte es doch das Bild des Oppositionellen, der keine Stromlinienfigur im NS-Staate abgeben wollte. Aber auch was illegale Publizistik anbelangte, hatte sich Küstermeier hervorgetan: durch die Konzeption der Zeitung *Der Rote Stoßtrupp*, des Organs der Widerstandsgruppe.[13]

Auch die Jahre 1935 und 1937 offenbaren laut Tabelle eine schon sehr harte Urteilspraxis; hier bestätigt sich, daß Kommunisten grundsätzlich mit den strengsten Strafen zu rechnen hatten. Sämtliche angeführten Todesurteile sowie alle Strafen zwischen lebenslänglich und 12 Jahren Zuchthaus entfielen allein für diese Zeit auf KPD-Funktionäre.

Die folgenden zehn Biographien präsentieren nun „typische" Fälle unter den 72 systematisch erfaßten Journalisten und Schriftstellern. Ziel ist ein Einblick in die publizistische Widerstandswelt. Als Auswahlkriterium galt die Verknüpfung von Publizistik und Politik, sei es durch die (Mit-)Herausgabe einer eigenen Zeitung oder Zeitschrift (z. B. Ernst Niekisch, Max Sievers, Walter Nettelbeck, Hermann Meynen, Alexander Schwab), sei es durch Mitwirkung an den Publikationen anderer. Ferner wurde darauf geachtet, daß auf dem Widerstandskonto der einzelnen Personen eigenständige Leistung zu verbuchen ist; bloße „Mitläufer", die allenfalls bei illegalen Besprechungen zugegen waren oder auch wegen Nichtanzeige eines anderen angeklagt wurden, sind – da für Publizisten untypisch – nicht vertreten. Zuletzt sollte zwischen emigriertem und innerdeutschem Widerstand eine gewisse Ausgewogenheit bestehen, wobei nicht zufällig die Vertreter der Arbeiterparteien fast alle vom Ausland her agierten, wohingegen die Repräsentanten der „Rechten" zumindest teilweise im Reich tätig waren.

[13] Vgl. Anm. 10. Über die Publikation *Blick in die Zeit* existiert folgender Aufsatz: Peter Lösche/Michael Scholing, In den Nischen des Systems: Der sozialdemokratische Pressespiegel „Blick in die Zeit", in: Jürgen Schmädeke/Peter Steinbach, Der Widerstand gegen den Nationalsozialismus. Die deutsche Gesellschaft und der Widerstand gegen Hitler, München/Zürich 1985, S. 207-224.

2. Sozialisten und Sozialdemokraten

Carl Minster
(25. Dezember 1873 – September 1942)
VGH-Urteil am 27. Juli 1942: Tod

Carl Minster, Grenzgänger zwischen Avantgarde und Anarchie, hatte einen außerordentlich bewegten Lebenslauf – was seinen Grund auch, aber nicht nur in der Tatsache hat, daß er als Journalist ausgesprochen aktiv und vielfältig tätig war. Viermal entschied er sich in seinem 68 Jahre langen Leben für Emigration aus Deutschland – zuerst wanderte er mit 23 Jahren nach Amerika aus, wo er in Philadelphia der *Socialist Party* beitrat, zum Sekretär der *Vereinigten Deutschen Gewerkschaften* bestellt und schließlich auch als Redakteur des dortigen *Tageblatts* tätig wurde. Acht Jahre später erfolgte ein Umzug nach New York, mit nahtlosem Übergang zur Schriftleitung der dortigen *Volkszeitung*.

Einen Besuch in Deutschland 1904 aus Anlaß des sozialdemokratischen Parteitags nutzte er zur Intensivierung seiner Kontakte, und es gelang ihm, zum New Yorker Korrespondent des *Vorwärts*, der *Wiener Arbeiterzeitung*, des *Hamburger Echos*, der *Leipziger Volkszeitung* und der *Dresdener Volkszeitung* zu avancieren[14] – eine journalistische Karriere nach Maß. Demnach hatte er auch nach seiner Rückkehr nach Deutschland im Jahre 1912 keine Schwierigkeiten, an seine bisherige Tätigkeit anzuknüpfen; er übernahm das politische Ressort der *Bergischen Arbeiterstimme* in Solingen und wurde im Januar 1914 Redaktionsmitglied des SPD-Blattes *Niederrheinische Arbeiterzeitung*, der er zum Mißfallen der SPD und ihrer Reichstagsfraktion ein ausgesprochen linkes Gepräge gab.[15] Die Partei sah dem zweieinhalb Jahre zu, rechnete

[14] Vgl. VGH-Anklageschrift gegen Carl Minster vom 23. Mai 1942, S. 2 ff. (Provenienz: Staatsanwaltschaft beim Landgericht Berlin), sowie Kurt Koszyk, Das abenteuerliche Leben des sozialrevolutionären Agitators Carl Minster, in: Archiv für Sozialgeschichte, Bd. V (1965), S. 193-225, hier: S. 199 ff.

[15] Vgl. Koszyk (Anm. 14), S. 195 f.

wohl damit, den „Abweichler“ noch auf Kurs zu bringen – doch am 1. Juli 1916 wurde Minster entlassen. Aber er hatte bereits vorgesorgt und setzte seine journalistische Laufbahn durch die Gründung der Zeitung *Der Kampf. Sozialistisches Propagandaorgan für Rheinland und Westfalen* mit einigen Gesinnungsgenossen in Duisburg fort.

Die Kriegserklärung Amerikas an Deutschland setzte dieser Tätigkeit am 31. Juli 1917 ein Ende. Minster emigrierte, um dem Heeresdienst zu entgehen, erneut. In den Niederlanden gelang es ihm schon ab April 1917, den *Kampf* als Wochenzeitung für Deserteure wieder herauszugeben, unterstützt von der holländischen Sozialdemokratischen Partei. Doch die Gelder flossen offenbar auch aus anderen Kanälen. Was man aus dem Bericht des Kaiserlich Deutschen Generalkonsulats für die Niederlande am 11. Juli 1917 erfährt, liest sich wie ein Agententhriller:

„Sein erster Schritt hierselbst ⟨in Holland⟩ war zur amerikanischen Botschaft ⟨. . .⟩ ⟨Sie⟩ nahm sich Minsters in besonderer Weise an ⟨. . .⟩ Minster setzte der amerikanischen Gesandtschaft ⟨. . .⟩ auseinander, daß seine Gefühle für oder besser gesagt gegen die momentane deutsche Regierung die allerschlechtesten seien und daß er ⟨. . .⟩ sich sogar als Lebensziel gesteckt habe, alles aufzubieten, um die heute am Ruder befindliche Regierung zu stürzen ⟨. . .⟩ Die amerikanische Gesandtschaft lehnte es jedoch ab, sich in irgend einer Form für die Pläne des Minster zu interessieren, versprach Minster jedoch bei befreundeten Regierungen zu hören ⟨. . .⟩ Die englische Gesandtschaft erklärte sich prinzipiell bereit, die Bestrebungen des Minster nach jeder Richtung hin, auch finanziell zu unterstützen. Um jedoch nach außen hin sich keine Blöße zu geben, erklärten die Mitglieder der Gesandtschaft, nicht persönlich mit Minster in Verbindung treten zu wollen ⟨. . .⟩, um ⟨. . .⟩ weitere Nachrichten über politische, ökonomische und militärische Zustände in Deutschland zu erhalten.“

Also erfolgte die Kontaktaufnahme über „Gewährsmänner“. Den Deutschen war es indes gelungen, einen Spitzel auf Minster anzusetzen, von dem er auch das Geld für die weitere Herausgabe seiner Zeitung bekam.

„Um Minster gegen etwaige Angriffe über die Herkunft des Geldes sicherzustellen, wurde vereinbart, daß durch einen Strohmann 9000

Abonnements durch die Post genommen wurden, sodaß Minster jederzeit zu belegen in der Lage war, daß er das Geld für Abonnements durch die holländische Post bekommen hatte ⟨...⟩ Minster beabsichtigt nunmehr nach Erhalt des Geldes seine Zeitung zu vergrößern. Dieselbe, wie er sich ausdrückte, in Schwung zu bringen."[16]

Wie ein späterer Bericht des Wehrkreiskommandos VI vom 15. Juni 1920 zeigt, war Minster durchaus erfolgreich:

„In wüsten Hetzartikeln erging sich Minster in seinen Artikeln ⟨sic!⟩ gegen Deutschland und seiner damaligen Regierung. Insbesondere war es die Person des Kaisers, die in unglaublicher Weise behandelt wurde."[17]

All diese Erkenntnisse waren 1917 auf seiten der deutschen Behörden noch nicht *en détail* vorhanden gewesen; was man wußte, reichte allerdings aus, um Minster in einer abenteuerlichen Aktion am 11. Dezember 1917 durch einen weiblichen Lockvogel – angeblich eine Genossin[18] – zum Grenzübertritt auf deutsches Gebiet zu verleiten und ihn daraufhin festzunehmen. Er saß daraufhin fast ein Jahr im Gefängnis Berlin-Moabit. Zufrieden stellte die Kommandantur Berlin fest:[19]

„Hierdurch ist den immer stärker werdenden Bemühungen des Feindes, von Holland aus die Revolution nach Deutschland hineinzutragen, ein überaus empfindlicher Schlag versetzt worden; denn Minster stand auf Grund seiner besonderen Begabung als revolutionärer Schriftsteller und Redner im Mittelpunkt der gesamten gegen Deutschland gerichteten revolutionär-sozialistischen Bewegung in Holland ⟨...⟩ Besonders wirksam und gefährlich wurde die Tätigkeit Minsters durch die Vielfältigkeit seiner persönlichen Verbindun-

[16] BA Potsdam, 61 Sa 1 Saarbildarchiv, Bd. 72, Carl Minster, Bl. 15-23.

[17] Ebda., Bl. 27-28.

[18] Vgl. den Artikel der nationalsozialistischen *Landes-Zeitung* Nr. 346 vom 28. Dezember 1934, „Darf Herr Minster reden?" Hierin wird Bezug genommen auf das Buch eines Hans Thimme, „Weltkrieg ohne Waffen", das die Behauptung des Verrats Minsters durch eine Genossin aufstellte. Ob dies richtig ist, läßt sich nicht rekonstruieren; auf jeden Fall aber muß wohl eine Frau im Spiel gewesen sein. Vgl. Koszyk (Anm. 14), S. 206.

[19] Abschrift aus den Akten des Kommandantur Berlin, Abt. III (undatiert, jedoch dem Inhalt nach aus dem Jahre 1918 stammend), in: BA Potsdam (Anm. 16), Bl. 37-42.

gen ⟨. . .⟩ Der Fall Minster hat auch die 2. holländische Kammer befasst. Der Abgeordnete van Hameln brachte eine Interpellation über die angebliche Verschleppung Minsters ein, die vom Justizminister dahingehend beantwortet wurde, dass er entsprechende Klarstellung über die Einzelheiten der Festnahme Minsters auf diplomatischem Wege veranlassen werde ⟨. . .⟩ Die geistige Schärfe Minsters und die politische und journalistische Durchbildung, die sich Minster in ⟨. . .⟩ den Vereinigten Staaten und in Deutschland erworben hat, fehlen dann seinen Nachfolgern durchaus ⟨. . .⟩ Nach alledem war Minster tatsächlich der alles zusammenhaltende unbeherrschende ⟨sic!⟩ Führer der einseitig gegen Deutschland gerichteten revolutionären Bewegung. Durch seine Unschädlichmachung wurde diese Bewegung ihrer Stosskraft beraubt und in kleinere weniger gefährliche Einzelströmungen zersplittert."

Offenbar im Verlauf der Novemberrevolution wurde Minster von Freunden befreit. Die Freude währte bis Herbst 1920: Nun wurde ein Hochverratsverfahren gegen ihn angestrengt, infolge dessen er wieder in Haft kam. Zeugen sagten aus, er hätte in Holland für die Entente Spionage betrieben – dies sei unter den Deserteuren, die er dort betreute, „ganz allgemein bekannt"[20] gewesen. Ein anderer gab zu Protokoll, Minster hätte mit Hilfe von Deserteuren Befreiungsaktionen von Kriegsgefangenen vorbereitet.[21] Ferner wurde ihm die Gründung des *Deserteursvereins freier Arbeiter* vorgeworfen sowie der Versuch, 1919 „auf Versammlungen der USPD und KPD mit anderen Genossen Pläne entworfen und durchzuführen versucht zu haben, mit Hilfe Englands eine Westdeutsche Republik zu errichten – eine Hilfe, die durch gewaltsame Abtrennung Ostpreußens, Westpreußens und Posens vom Deutschen Reich und Preußen und Einverleibung mit Rußland bezw. Polen erfolgen sollte."[22] Es existierte also genug Material für eine Verurteilung. Doch das Verfahren wurde aufgrund

[20] Ebda., Zeugenaussage des Heinrich Trebels vom 30. Juli 1920, Bl. 46-47.

[21] Ebda., Zeugenaussage des Karl Kortum vom 6. Juli 1920, Bl. 48-52, hier: Bl. 50.

[22] Bericht des Oberreichsanwalts in der Strafsache gegen Carl Minster vom 17. Juni 1920, in: BA Potsdam, 61 Sa 1 Saarbildarchiv, Bd. 71, Carl Minster, ohne Blattangabe.

zweier Amnestie- Bestimmungen[23] am 18. November 1920 eingestellt.

Dieser Abschnitt von Minsters Vita ist deshalb so ausführlich beschrieben, weil er einen Einblick in die Dimensionen seiner politischen Tätigkeit gibt. Obwohl sich auch in der Weimarer Republik Minsters Lebenslauf recht abwechslungsreich fortsetzte, sei nur eine kurze Skizze wiedergegeben.

Nacheinander war er als politischer Redner und Redakteur in Berlin (1919-22 Pressebüro der USPD), Mülheim/Ruhr (1922-23 *Die Freiheit*), Frankfurt, Köln und Essen (1923 *Weckruf*) zugange, währenddessen (1918-1931) politisch im *Spartakusbund,* der KAPD[24], der USPD und der KPDO[25] aktiv. Das Jahr 1923 war auch für ihn ein Schlaglicht: Im Dezember knüpfte er erste Kontakte zu Separatisten in der Pfalz, um dann bei Jahreswechsel nach Speyer überzusiedeln und wenige Wochen später in die dortige *Autonome Regierung* gewählt zu werden – allerdings nur für kurze Zeit, da sich der Zusammenbruch der *Autonomen* bereits im Februar 1924 vollzog. Wieder schwebte ein Verfahren wegen Hochverrats gegen Minster; wieder wurde er amnestiert. Auch diese Aktivitäten waren für seine spätere Verurteilung vor dem Volksgerichtshof relevant und wogen selbstverständlich zu seinen Ungunsten:

„Der Separatismus gehört zu den verbrecherischsten und gefährlichsten Erscheinungen, die sich infolge und im Verlaufe des politischen Zusammenbruchs des deutschen Volkes ab 9. November 1918 in Deutschland breitgemacht haben. Er entstand und fristete sein Dasein nur, weil die Besatzungsbehörde ihre schützende Hand über ihn

[23] Amnestiegesetz 4. August 1920 (Hochverrat); Amnestieerlaß der Volksbeauftragten 12. November 1918 (Spionage).

[24] Zur KAPD vgl. die Ausführungen zu Alexander Schwab, Kapitel IV.3.

[25] *Kommunistische Partei-Opposition Deutschlands* (KPDO): rechtsoppositionelle kommunistische Gruppierung, die sich 1928 von der KPD in Reaktion auf den befohlenen ultralinken Kurs der *Kommunistischen Internationale* abspaltete. Initiatoren waren Heinrich Brandler, Paul Frölich, August Thalheimer und Jacob Walcher. Die Organisation brachte es bis Anfang der 30er Jahre ca. auf 3.500 Mitglieder. Nach 1933 wurden die Inlands-Aktivitäten von dem *Berliner Komitee* (bestehend aus drei Mitgliedern) gesteuert.

hielt ⟨. . .⟩ Ihr kam es darauf an, am Rhein einen Pufferstaat von Frankreichs Gnaden zu errichten, um so das um wertvolle Gebiete beraubte Reich auf die Dauer niederzuhalten. Die französische Besatzung und das ihr dienstbare lichtscheue Gesindel haben alles daran gesetzt, diesen Plan Wirklichkeit werden zu lassen. Daß er nicht gelungen ist, ist dem deutschen Empfinden und der einhelligen Abwehrbewegung der rheinischen und pfälzischen Bevölkerung zu danken. Die wenigen vaterlandslosen Gesellen, die die Geschäfte des Feindes besorgten, wurden unter den Augen der Besatzungstruppen in einer Aufwallung gerechten Zornes von der Bevölkerung hinweggefegt".[26]

In den nächsten Jahren war Minster zunächst als Firmenbetriebsleiter tätig – politisch trat er währenddessen offenbar nicht hervor –, dann von 1928 bis 1933 wieder als Redakteur. Zu diesem Zeitpunkt wurde er Mitglied der SPD und gründete, nachdem sich ein kleiner Teil von ihr abgespalten und zur SAP formiert hatte, Ortsgruppen dieser Partei in Essen und Duisburg. Mehrere politische Artikel erschienen in den Zeitungen *Welt am Abend* und *Abend*; ferner gab er die *Rhein-Ruhr-Fackel* heraus.

Nach dem 30. Januar 1933 und der schrittweisen Aus- oder Gleichschaltung aller nicht-nationalsozialistischen Organisationen machte ihn die Not erfinderisch: Er erwog, mit Gesinnungsfreunden illegale Gruppen in Form getarnter Gartenbauvereine aufzubauen[27] – eine Idee, die kurzfristig eine Lösung geboten hätte, doch auf lange Sicht zu gefährlich schien. Es blieb Minster, wollte er sich weiter politisch betätigen und vor allem der drohenden „Schutzhaft" entgehen, nur die dritte Emigration – diesmal im Mai 1933 ins Saargebiet. Dort konnte er mit dem Engagement in der *Saarländischen Sozialistischen Partei*[28] (SSP) und der

[26] VGH-Urteilsschrift gegen Carl Minster vom 27. Juli 1942, S. 14 f., IfZ Fa 117/29.

[27] Vgl. Anklageschrift gegen Minster (Anm. 14), S. 7.

[28] *Saarländische Sozialistische Partei* (SSP): Diese am 24. Mai 1933 gegründete Partei war die erste politische Organisation des Saargebietes, die sich offen für ein selbständiges Saargebiet aussprach. Vgl. auch Peter Lempert, „Das Saarland den Saarländern!" Die francophilen Bestrebungen im Saargebiet 1918-1935, Köln 1985, S. 219.

Saarländischen Wirtschaftsvereinigung[29] (SWV) sowie den Redakteursposten beim *Saarlouiser Journal*[30] und beim *Saarländischen Generalanzeiger*[31] ohne Unterbrechung an frühere Zeiten anknüpfen:

„Minster ist der prominenteste Emigrant, der der SSP beitrat; ihn wird sicherlich die Aufgabe gereizt haben, im Saargebiet unbehelligt den Kampf gegen den Nationalsozialismus fortsetzen zu können und den im Reich gescheiterten Versuch einer Einigung der Linksparteien gegen die aus dem Reiche drohende Gefahr wieder aufzunehmen".[32]

Neben theoretischen Experimenten wie der Skizzierung einer künftig einzurichtenden Planwirtschaft und der Forderung nach Abrüstung trat er mit allem Nachdruck gegen die Rückgliederung des Saargebietes und in diesem Zusammenhang für den Status quo als Übergangslösung vor dem (letztlich anzustrebenden) Anschluß an Frankreich ein und spielte als erfahrener Redner und Redakteur innerhalb der frankophilen Bewegung eine herausragende Rolle. So sprach er zu Sylvester 1933 in Dudweiler:

„Wehrt Euch mit aller Macht gegen den Versuch Euch zurückzugliedern in dieses Mutterdeutschland! Denn das bedeutet für Euch die Hölle und nichts anderes. Wer dafür eintritt, der will nichts anderes, als dass seine Brüder in das Konzentrationslager kommen! Es kann sich keiner loskaufen, keiner kann Absolution erhalten für Euch, wenn er heute in die Deutsche Front sich eingliedert! Denkt an die kath. Geistlichen, die man in Deutschland einsperrt. Denkt an den Hirtsiefer, den man mit einem Schild durch die Strassen führte: ‚Ich bin der vollgefressene Hirtsiefer!' Denkt an die kath. Gesellen in

[29] *Saarländische Wirtschaftsvereinigung* (SWV): Eine am 21. Oktober 1933 ins Leben gerufene politische Partei, die aus wirtschaftlichen Erwägungen heraus die Eingliederung des Saargebietes ins Reich verhindern wollte. Sie hatte im Gegensatz zum arbeiterorientierten Programm der SSP zum Ziel, die bürgerlich-mittelständischen Schichten für sich zu gewinnen. Vgl. Lempert (Anm. 28), S. 283 ff.

[30] *Saarlouiser Journal*: Lokalzeitung von ca. 3.000 bis 4.000 Exemplaren Auflage, die auf Seiten der französischen Politik im Saargebiet stand.

[31] *Saarländischer Generalanzeiger*: ähnlich orientierte Zeitung für das ganze Saargebiet, meistgelesene francophile Zeitung (ca. 5.000 Auflage).

[32] Vgl. Lempert (Anm. 28), S. 229.

München, die von der SA niedergeschlagen wurden! ⟨...⟩ 1935 muss Hitler zum ersten Male eins auf das Dach bekommen. Jeder von Euch hat 1935 einen Knüppel in der Hand, den ihr dem Hitler auf den Kopf schlagen müsst."[33]

Minster prägte die Partei SSP, wenn er ihr auch nicht formell vorstand, und erlebte Höhen und Tiefen mit. Ein furchtbarer Schlag war beispielsweise zu verwinden, als im November 1933 ein Wachmann der SSP, August Fröhlich, unter Mitnahme des gesamten Aktenmaterials nach Trier floh und bei der dortigen Stapo-Stelle alles über die Partei preisgab, was er zu wissen meinte; so zum Beispiel, daß durch „Provokationen und Terrorakte die Besetzung des Saargebiets durch französisches Militär" erzwungen und ferner in nächster Zeit „Terrorgruppen" in Kinos entsandt werden sollten, in denen nationale Filme liefen. Ebenso gab Fröhlich an, es existiere ein Plan, den SPD-Führer Max Braun durch ein Attentat zu beseitigen; in der Folge sollten für diese Tat saarländische Nationalsozialisten verantwortlich gemacht werden.[34]

Wenn auch einige Aussagen eher der Phantasie des Wachmannes entsprungen als authentisch sein dürften, so hatte sein Überlaufen doch zur Folge, daß die Gestapo gerade durch das Aktenmaterial etliche wertvolle Hinweise erhielt, z. B. über politische Flüchtlinge. Trotzdem existierte die Partei SSP fort und engagierte sich unbeirrt im Kampf gegen den Nationalsozialismus. Minster indes erweiterte seinen Aktionsbereich auf die SWV, deren Mitgliederzahl im Januar 1934 immerhin 2.500 Personen betrug und die zu diesem Zeitpunkt „für die Rückgliederung wohl die ernsteste Gefahr"[35] darstellte. Er war Mitglied der Propagandaleitung und redigierte das Verbandsorgan *Freie Saar*. Die Gestapo

[33] Zitiert nach einem Gestapa-Bericht an das Reichsinnenministerium vom 12. Februar 1934, in: BA Potsdam, 61 Sa 1 Saarbildarchiv, Bd. 71, ohne Blattangabe.

[34] Vgl. den Bericht Görings an Hitler vom 30. Dezember 1933, in: BA R 43 I/254, Bl. 5-8.

[35] Gestapa-Bericht an die Reichskanzlei (Staatssekretär Lammers) vom 29. Januar 1934, in: BA R 43 I/153, Bl. 32-35, hier: Bl. 34.

beurteilte diese Aktivitäten immerhin so ernst, daß sie ab 24. Januar 1934 die internen *Saarnachrichten* ins Leben rief – „mit Rücksicht darauf, daß der Abstimmungskampf in das entscheidende Stadium getreten ist", wie es in der Vorbemerkung zur Nummer 1 des Informationsblattes hieß. Der Name Minster kam fast in jeder Ausgabe vor. Kein Wunder – schließlich war er einer der wertvollsten Mitarbeiter der Status-quo-Bewegung. Doch für den mittlerweile 60jährigen und Staatenlosen ging es auch darum, sich der französischen Regierung bekanntzumachen, um sich im Falle einer Rückgliederung ohne Probleme nach Frankreich absetzen zu können. Daraus wurde indes nichts – all diese Aktivitäten brachten ihm nur das Wohlwollen, nicht aber die aktive Unterstützung des Quai d'Orsay ein.

„Carl Minster gehörte zu der kleinen Gruppe von Sozialisten, die ⟨...⟩ kompromißlos gegen den Militarismus, die Begleiterscheinungen des Kapitalismus und die autoritäre Staatsgewalt zu kämpfen glaubten. In der Wahl ihrer Mittel waren sie oft naiv und erkannten selten, daß ihr Handeln und ihre Bündnisse sie eigentlich in Konflikt mit ihrer sozialistischen Ethik brachten. Enttäuscht waren sie immer dann, sobald sich herausstellte, daß der Umgang mit der Macht den Sozialismus korrumpierte. Deshalb bevorzugten sie Parteien, die noch nicht in der Bürokratie großer Massenorganisationen erstarrt waren und stets in der Gefahr der Illegalität existierten. Das Sektierertum, das sie zu einem dialektischen Schwanken zwischen Ideal und Wirklichkeit verurteilte, wurde ihr häufig belächeltes Schicksal."[36]

Die Ignoranz der Regierenden in Frankreich, die wohl mit ihrer Überzeugung zu tun hatte, die Saarfrage sei ohnehin zugunsten Deutschlands entschieden[37], wirkte sich auch auf den Erwerb der französischen Staatsbürgerschaft aus. Der staatenlose Minster (die Feststellung seiner Nationalität kostete die NS-Behörden später einige Mühe) setzte alle Hebel in Bewegung und schrieb seitenlange Briefe an die Pariser Regierung:

[36] Vgl. Koszyk (Anm. 14), S. 224.
[37] Vgl. Lempert (Anm. 28), S. 113.

„Ohne gegen die Bescheidenheit zu verstoßen, kann ich behaupten, daß es meiner unermüdlichen Journalisten- und Propagandistentätigkeit in der Saar zu verdanken ist, daß, unter dem Drucke meiner Argumente, die Sozialdemokraten und Kommunisten sich gezwungen sahen, auszutreten aus der Opposition ⟨...⟩ um sich für die Aufrechterhaltung des Status quo zu erklären. Jedoch weise ich darauf hin, daß ⟨...⟩ ich mir bewußt war, daß man einem einseitigen Schlagwort wie ‚Rückkehr ins Reich' nur durch ein gegenseitiges, ebenso kategorisches Schlagwort antworten konnte, nämlich: ⟨...⟩ ‚Niemals ins Reich zurück'. Was ich an der Saar tat, tat ich, ohne etwas Materielles zu bezwecken – denn trotz meiner unmenschlichen Arbeit war ich nicht besser bezahlt als einer Eurer Angestellten – aber in meinen Augen war die Saar das letzte Bollwerk des Rheinlandes. Ich gebe mich der Hoffnung hin, im gelegenen Moment einen neuen Stoß auszuüben, gegen die Pfalz und das Rheinland. Nach dem unglücklichen Ausgange der Volksabstimmung mußte ich die Saar verlassen und nach Frankreich flüchten, um nicht dem gleichen Schicksal zu erliegen wie meine Landsleute aus der Pfalz und Kampfgenossen in Pirmasens, die lebendig verbrannt wurden."[38]

Eine Antwort blieb aus. Lediglich ein vorläufiger Paß der französischen Polizei ermöglichte ihm nach der Saarabstimmung am 13. Januar 1935 die Flucht nach Metz. Wieder versuchte er, seine Loyalität zu den Franzosen unter Beweis zu stellen und schloß sich der *Association Franco Rhénane et Sarroise* an, einer Vereinigung saarländischer Separatisten. Auch dies brachte nicht den erwünschten Erfolg. Schließlich zog Minster seine letzte Trumpfkarte: die jahrelang erprobte journalistische Gewandtheit. Es fehlte zunächst der entsprechende repräsentative Hintergrund, denn als Privatperson wurde Minster trotz seines Bekanntheitsgrades allem Anschein nach nicht beachtet. Er trat demnach Anfang 1937 der *Union des Rhénans Expatriés* bei, wurde bald Vorstandsmitglied und um die Jahreswende 1937/38 sogar Landespräsident – ein Titel, der Aufmerksamkeit verschaffen sollte. In dieser Funktion schrieb er Artikel für das französischsprachige Verbandsorgan *Rhénane*. Zweck der Zeitung war, gegenüber Frankreichs Behörden und Parlamentariern die Lage der geflüchteten

[38] Zitiert nach Urteilsschrift gegen Minster (Anm. 26), S. 8 f.

Rheinländer zu schildern.[39] Die Organisation war mit ihren 40 Mitgliedern jedoch zu klein, um von sich reden machen, geschweige denn, Druck ausüben zu können.

Im Sommer 1938 hatte auch diese Tätigkeit infolge Meinungsverschiedenheiten und des daraus resultierenden Ausschlusses Minsters aus der *Union* ein Ende.[40] Nach dem deutschen Angriff auf Frankreich im Mai 1940 zog er nach Paris und verdiente sich seinen Lebensunterhalt durch Sprachunterricht. Seine Bitte an die Botschaft der USA um Erhalt der amerikanischen Staatsbürgerschaft fand kein Gehör; jedoch machte sie ihm ein Ausreiseangebot, das er aus unerfindlichen Gründen nicht annahm.[41] Im Frühjahr 1942 begann mit Minsters Verhaftung in Paris ein Leidensweg durch deutsche Gefängnisse. Vom Volksgerichtshof mußte er als Separatist, welcher von den Richtern gewöhnlich keine Gnade zu erwarten hatte, das Todesurteil entgegennehmen, mit den abschließenden Worten:

„Der Angeklagte ist eine staatsfeindliche Persönlichkeit von solchen Graden, wie sie selten die Gerichte beschäftigt hat. Seine Tätigkeit seit seiner Rückkehr von Amerika nach Deutschland stellt eine lückenlose Kette von Anschlägen gegen den Bestand und die Sicherheit des Reiches dar ⟨...⟩. Sie zeigen mit untrüglicher Schärfe die abgrundtiefe Verworfenheit und die Gesinnungslosigkeit dieses Menschen, aber auch seine große Gemeingefährlichkeit auf ⟨...⟩. Wer mit einer solchen verbissenen Entschlossenheit dem Deutschen Reiche Schaden zuzufügen und es lange Jahre hindurch wertvollster Gebietsteile zu berauben trachtet, der kann nur in der höchsten Strafe, die das Gesetz kennt, seine gerechte Strafe finden."[42]

Das Urteil wurde Anfang September 1942 vollstreckt – an einem Mann, dessen Leben Opposition war.

[39] Vgl. das Vernehmungsprotokoll des Separatisten Josef de Bie vom 21. Mai 1942, in: BDC, Bestand VGH, Film Nr. 11, Verf. Nr. 2.

[40] Vgl. ebda., vgl. Vernehmungsprotokoll Minsters vom 13. Januar 1942.

[41] Vgl. Koszyk (Anm. 14), S. 223.

[42] Urteilsschrift gegen Minster (Anm. 26), S. 17.

Hans von Zwehl
(17. März 1888 – 29. Oktober 1943)
VGH-Urteil am 29. Oktober 1943: Tod

„Saarland – das ist die Flamme über einer ganzen Stadt ⟨. . .⟩ Saarland – das sind stille Pferde, die müde die Kohle flußabwärts fahren. Saarland – das ist ein Grubendorf ⟨. . .⟩ am Waldrand und die ⟨. . .⟩ Hochöfen sind wie Riesenspielzeuge für Kinder, und Mutter sitzt treu und verhärmt in der Küch' und sagt: ‚Vater hat Frühschicht . . .' "[43]

Der politsatirische Publizist Hans von Zwehl gehörte nach der Machtübernahme zu denjenigen SPD-Mitgliedern, die aus dem Kurs des exilierten Prager Sopade-Vorstands ausscherten und sich in gewissem Sinne selbständig machten. Es war ja für viele nicht nachvollziehbar, daß in einer Zeit des politischen Ausnahmezustands, der in Deutschland seit dem 30. Januar 1933 herrschte, an die letztendlich gescheiterte SPD-Linie der Weimarer Republik angeknüpft wurde: Die neue Lage erfordere revolutionäre Gegenmaßnahmen, stellten gerade die Jüngeren sich vor. Doch die einstigen Führer der legalen Partei, weder von Temperament noch von Berufs wegen revolutionär, gingen an völlig neue Aufgaben mit alten, gewohnten Mitteln.[44]

So war es denn kein Wunder, daß sich – abgesehen von den zahlreichen Übertritten zu sozialistischen Zwischengruppen – innerhalb der SPD eine (allerdings regional begrenzte) Opposition bildete, die zum Sammelbecken für unzufriedene SPD-Anhänger wurde: Max Braun, der bereits im November 1933 eine *Sozialdemokratische Landespartei des Saargebietes* proklamiert hatte, machte es im Saarland vor, wie ungeachtet aller grundsätzlichen Differenzen eine Zusammenarbeit mit der KPD funktionierte. Daß

[43] Hans von Zwehl, „Mit Max Braun ins Saargebiet", in: *Saarbrücker Stadtzeitung*, 23. November 1934, enthalten in BA Berlin, NJ 2936, Bd. 4. Die Auslassungen sind teils durch Unleserlichkeit bedingt.

[44] Vgl. Lewis J. Edinger, Sozialdemokratie und Nationalsozialismus. Der Parteivorstand der SPD im Exil von 1933-1945, Hannover/Frankfurt a. M. 1960, S. 126.

dieser Sonderweg den Widerspruch der Sopade provozieren mußte und das Band zwischen Saarbrücken und Prag bis zum Zerreißen spannte, braucht nicht näher ausgeführt zu werden: Denn ausgerechnet diesen politisch wichtigen Ort, auf den sich ein erheblicher Teil illegaler Aktivitäten zwischen 1933 und 1935 konzentrierte und an dem sich alles wie auf einem Präsentierteller abspielte, konnte die Sopade nicht ignorieren. Vorschriften ließ sich Braun keine machen – der Erfolg gab ihm recht, und in Prag wagte man offenbar nicht, seine Politik zu sabotieren.

Braun zog die *Sozialdemokratische Landespartei* professionell auf und rief eigene Publikationen ins Leben: So existierten zwischen 1933 und 1935 zwei Zeitungen unter seiner Regie (*Deutsche Freiheit, Westland)*, eine unter seiner maßgeblichen Mitbestimmung (*Volksstimme*).[45] Einer der wichtigsten Mitarbeiter Brauns war der Journalist Hans von Zwehl.

Nach einem abgebrochenen Jurastudium hatte sich der damals 22jährige von Zwehl für den Journalistenberuf entschieden. Die *Königsberger Hartung'sche Zeitung* stellte ihn als Volontär, später als Redakteur ein; 1913 wechselte er zu den *Regensburger Neuesten Nachrichten*, noch vor Kriegsausbruch zur *Frankfurter Zeitung*, in deren Redaktion er mit einer dreijährigen Unterbrechung wegen Kriegsdienstes bis 1919 tätig war. Nach zwei Jahren freier Mitarbeit verrichtete er von 1921-27 die Pressearbeit für den *Verband Deutscher Volksbühnen*, arbeitete dann wieder ohne feste Anstellung beim *Berliner Tageblatt*, der *Grünen Post* sowie der *Welt am Abend*. Schwerpunkte seines Interesses waren das Feuilleton – vor allem Theater und Film – sowie die Politik.[46]

Seine Verbundenheit zur Sozialdemokratie – er war 1921-25 und 1932-33 SPD-Mitglied – gebot ihm nach der Machtübernahme Hitlers, sich nicht anzupassen; nach kurzer Schutzhaft im März 1933, die ein zusätzlich auslösendes Moment gewesen sein

[45] An der *Volksstimme* war außerdem noch die Sopade (Exil-SPD) beteiligt.

[46] Vgl. VGH-Anklageschrift gegen Hans von Zwehl vom 30. Juni 1943, in: BA Berlin, NJ 2936, Bd. 1 sowie das Vernehmungsprotokoll vom 3. Mai 1943, Bd. 2.

mag[47], emigrierte von Zwehl nach Frankreich, schließlich im Juli 1934 ins Saargebiet, wo er laut Volksgerichtshof „nichts zu suchen hatte".[48] Seiner Partei blieb er treu, was vor dem Hintergrund der örtlichen Gegebenheiten ein Engagement für den Braun-Kurs bedeutete. Möglicherweise war er nach der dortigen Proklamation der Einheitsfront mit der KPD (2. Juli 1934) an gemeinsamen Kundgebungen und Aktionen beteiligt; sein Hauptinteresse aber lag darin, in den Zeitungen *Volksstimme*, *Westland* und *Neue Saarpost* publizistische Beiträge zur Status-quo-Propaganda zu leisten – und zwar via politischer Satire.

So zeichnete er beispielsweise als Autor einer langen Artikelserie, die mittels beißenden Spotts dem abstimmungsberechtigten Bürger die richtige Wahlentscheidung (also für den Status quo) nahebrachte – ohne ihn indes zu brüskieren. „Hannchen" hieß das Wesen, das in Briefen an seine „liebste Freundin" scheinbar banale Alltagserlebnisse erzählt, zwischen den Zeilen jedoch bissige Kommentare über die saarländischen Nationalsozialisten versteckt:

„Liebe Leni, der Frisör, wo ich das letzte Mal in Saarbrücken war, ist nicht gut, denn das Braun schimmert schon wieder durch das Giftblondoxidierte durch, und ich geh vor Koblenz schnell noch mal zu einem andern. Es ist wichtig, denn nun weiß ich auch, warum wir Hitlermädels die langen Zöpf' nach vorn tragen. Es wird nämlich ein Opferjahr wie 1813 und wir müssen alle das Haar auf den Altar des Reichs legen, damit wir dene Franzosen die Bergwerk' wieder abkaufen können, denn Hermann Göring soll ja das Geld verpulvert haben."[49]

„Liebste Leni, wir haben heut alles schön auf die Leine gehängt, und zum Schluß ist die Gustl aus Wiebelskirchen gekommen und hat uns bischen ⟨sic!⟩ Streußelkuchen mitgebracht, und nach dem Kaffee ha-

[47] Vernehmungsprotokoll Zwehls vom 4. Mai 1943, in: BA Berlin, NJ 2936, Bd. 2. Zwehl begründete seine Emigration damit, „dass ich zunächst einmal Ruhe für meine angegriffene Gesundheit haben wollte."

[48] VGH-Urteilsschrift gegen Hans von Zwehl vom 29. Oktober 1943, in: BA R 60 I/419, S. 2.

[49] Hans von Zwehl, „Hannchen fährt nach Koblenz", in: *Neue Saarpost*, 24. August 1934, enthalten in: BA Berlin NJ 2936, Bd. 2.

ben wir Vattern seine Strümpf auf den Statusquo gebracht, was ihn sehr gefreut hat."[50]
„Liebste Freundin! Gestern hörten wir alle die Saarstunde und hörten die heldische Mahnung ‚Nix wie hemm', und dann kam die Musik und spielte die ‚Diebische Elster' von Rossini ⟨...⟩ Da sagte Vatter: ‚Diese Elster hat es erfaßt.' Dann ging die Tür auf und Czynchowiak, unser heldischer Blockwart von der Deutschen Front kam in voller Kriegsrüstung in Knobelbechern und mit allen Orden und Pausenzeichen und fragte: ‚Vatter, haben Sie nicht noch 'n paar Pfund Gänseschmalz für mich oder ne kalte Keule, ich muß mit'm Auto nach Koblenz.' Tante Anna stellte schnell den Steintopf mit dem Statusquo-Schmalz weg, und Vatter sagte: ‚Nanu, Czynchowiak, wollen Sie in Koblenz einen ums Deutsche Eck bringen?' "[51]

Naivität als Waffe und Kernstück einer ganz eigenwilligen Art von Satire – fast unwillkürlich denkt man bei der Lektüre an die späteren, berühmt gewordenen Filser-Briefe Ludwig Thomas. Den Abschluß von Zwehls Artikelserie bildete ein Aufruf[52]:

„Ans Hakenkreuz zu glauben,
das tut kein deutscher Mann:
mit Haken und mit Schrauben,
da faßt man uns nicht an.
Es soll bei uns so bleiben,
so wie es ist und war:
frei reden und frei schreiben,
und frei die deutsche Saar."

Allein die Überschriften dieser Artikel sprachen Bände über den satirischen Charakter der Beiträge: „Hannchen sammelt für die Winterhilfe", „Hannchen steht Schlange", „Hannchen über die eiserne Disziplin", „Hannchen ändert ‚Mein Kampf' " – daß diese Satire den Zyniker Freisler Jahre später in der Hauptverhandlung zur Weißglut bringen würde, verwunderte nicht:

[50] Hans von Zwehl, „Hannchen hat große Wäsche", in: *Neue Saarpost*, 17. September 1934, enthalten in: Ebda.
[51] Hans von Zwehl, „Hannchen über die eiserne Disziplin", in: *Neue Saarpost*, 3. Januar 1935, enthalten in: Ebda.
[52] Zitiert nach Urteilsschrift gegen von Zwehl (Anm. 48), S. 4.

„Sie alle ⟨die Artikel⟩ zeichnen sich dadurch aus, daß sie ⟨...⟩ in gemeinster Weise alles, was nationalsozialistisch ist, verächtlich machen und zur Stellungnahme gegen Deutschland auffordern."[53]

Auch von Zwehl war wohl klar, daß alle Bemühungen um den Status quo des Saargebietes scheitern mußten. So begab er sich kurz vor der Abstimmung nach Forbach in Lothringen, anschließend nach Paris und wirkte dort offensichtlich noch eine Zeitlang in Max Brauns Beratungsstelle für Saarflüchtlinge mit, die notwendige Papiere beschaffte und den Exilierten eine existentiell wichtige, moralische Stütze bot.[54] Bald jedoch zog er nach Wien – insofern nicht ganz verständlich, als sich in Frankreich inzwischen eine Volksfront-Regierung abzuzeichnen begann, wohingegen in Österreich ein rechtsautoritäres Regime herrschte. Offenbar schienen ihm aber die Arbeitsbedingungen in Wien für Deutschsprechende besser; zumindest setzte Zwehl seine publizistische Tätigkeit durch Kurzgeschichten für das *Neue Wiener Tageblatt* und anti-nationalsozialistische Artikel für die Zeitung *Die Stunde* fort. Nachdem er Verbindung mit der *Neuen Zürcher Zeitung* aufgenommen hatte, kehrte er kurz vor dem Anschluß nach Paris zurück.

Dort hatte sich inzwischen unter Führung Heinrich Manns ein *Ausschuß zur Vorbereitung einer deutschen Volksfront* gebildet, der einen Schlußstrich unter die politisch bedingten Emigrantenquerelen und Grundsatzprobleme ziehen und Hitler in geschlossener Formation entgegentreten wollte. Doch nicht einmal unter den Intellektuellen kam es zu einer Einigung. Als Antwort auf die infolge der Moskauer Schauprozesse zum Scheitern verurteilten Bemühungen einer globalen Integration aller Kräfte gründeten

[53] Ebda., S. 3.

[54] Vgl. Gerhard Paul, Max Braun. Eine politische Biographie, St. Ingbert 1987, S. 107. Die Nachfolgeorganisation war, nachdem die Beratungsstelle im April 1936 ihre Tore schließen mußte, das *Office sarrois*, das von der französischen Volksfrontregierung unterstützt wurde. Wenn in der Urteilsschrift von Freisler behauptet wird, Zwehl sei dem *Office sarrois* schon 1933 beigetreten, ist das sachlich falsch und zeigt nur wieder aufs neue, wie wenig Wert die VGH-Richter zu dieser Zeit auf tatsächliche Tatbestände legten; ihnen ging es vielmehr um die Aburteilung der Gesinnung, weniger der Tat.

im Mai 1937 einige Schriftsteller (unter ihnen Leopold Schwarzschild, Ernst Toller und bald darauf auch Hans von Zwehl) den antikommunistischen *Bund Freie Presse und Literatur.*[55] Daß am Ende sowohl der Untergang der *Volksfront* als auch des *Bundes* stand, ist bezeichnende Folge der schwierigen Rahmenbedingungen, die der organisierte Widerstand im französischen Exil vorfand.

Nach diesen Erfahrungen in Paris zog sich Zwehl von der illegalen Arbeit zurück. In der Folge gab er Sprachunterricht und arbeitete ferner als wissenschaftlicher Mitarbeiter an der katholischen Universität Toulouse. Am 20. Februar 1943 wurde er anläßlich einer Straßenrazzia kontrolliert, acht Tage später verhaftet und der Gestapo übergeben. Im April kam er in einem Sammeltransport über Trier nach Saarbrücken, schließlich nach Berlin vor den Volksgerichtshof. Während der Vernehmungen deckte von Zwehl in der irrigen Annahme, dadurch sein Strafmaß mindern zu können, seine gesamte Widerstandstätigkeit auf und legte ein umfassendes Geständnis ab. Er kennzeichnete – offenbar aus eigener Initiative – alle von ihm geschriebenen Artikel[56] und lieferte seinen Richtern auf diese Weise genug Material für eine genüßliche Dekoration des fadenscheinigen Hoch- bzw. Landesverratsparagraphen. Obwohl Landesverrat offenkundig nicht gelten konnte – von Zwehl hatte weder nach Kriegsbeginn illegal gearbeitet noch Spionage betrieben –, war für Freisler die Sache voll-

[55] Vgl. Walter F. Peterson, Das Dilemma linksliberaler deutscher Journalisten im Exil. Der Fall des Pariser Tageblatts, in: Vierteljahrshefte für Zeitgeschichte 32 (1984), S. 269-288, hier: S. 284. Allerdings spricht Petersen – nicht ganz korrekt – von einer „Liga", ein Begriff, den die Tagebuchaufzeichnungen Klaus Manns mehrfach widerlegen. Richtig muß es *Bund Freie Presse und Literatur* heißen. Vgl. auch Kapitel III.1. in diesem Buch.

[56] Zwehl gab am 5. Mai 1943 folgende Erklärung ab: „Zum Beweise dessen, daß ich meine Handlungsweise offen bereue und dass ich ehrlich bestrebt bin, für alles, was ich gemacht habe, einzutreten und einen endgültigen Schlußstrich unter meine Vergangenheit zu setzen, erkläre ich, dass ich gerne bereit bin, aus den Zeitungen, für die ich im Saarland gearbeitet habe, alle aus meiner Feder stammenden Artikel und Abhandlungen herauszusuchen und anzukreuzen." In: BA Berlin, NJ 2936, Bd. 2.

kommen klar – was zeigt, wie ernst die Nationalsozialisten journalistische Aktivitäten nahmen:

„Solch hochverräterischer Volksverräter 〈...〉 muß mit dem Tode bestraft werden, denn er ist in den entscheidenden Anfangsstunden des nationalsozialistischen Freiheitskampfes dem eigenen Volk in den Rücken gefallen. Es ist also einer der schwersten Fälle des Hochverrats. Das Deutsche Reich hat ihn bereits mit Schimpf und Schande aus der Volksgemeinschaft ausgestoßen, denn er wurde ausgebürgert. Er ist also bereits seitdem für immer ehrlos. Nach seinem Leben und jetzigen Zustand – geistig und körperlich – macht er den Eindruck eines Wracks. Dies zeigt, wohin man kommt, wenn man sich von seinem eigenen Volke loslöst."[57]

Daß der wahre Grund für Zwehls Verfassung in den Vernehmungen der Gestapo zu suchen ist, liegt auf der Hand – zumal er zu diesem Zeitpunkt schon den Aufenthalt in fünf französischen Internierungslagern durchgemacht hatte. Für die Vollstreckung des Todesurteils mußte der VGH nicht einmal einen Scharfrichter bemühen: Hans von Zwehl starb noch am Verhandlungstage (29. Oktober 1943) an Herzschlag.[58]

Helmut Klotz
(30. Oktober 1894 – 3. Februar 1943)
VGH-Urteil am 27. November 1942: Tod

„Die Kultur im neuen Deutschland wird eine Hitlersche Dirne und wird prostituiert. Ekelhaft! Wenn man über die Grenze sieht und am Niveau der ‚Feinde' den Tiefstand deutschen Geistes abzuschätzen imstande ist, dann schämt man sich; vor allem darüber, daß man im Dienste dieser braunen Wüstlinge und Zuhälter steht".[59]

[57] Urteilsschrift gegen von Zwehl (Anm. 48), S. 5.

[58] Auskunft des *Comité International de la Croix Rouge* an Walter Hammer vom 16. Mai 1956, IfZ ED 106/Bd. 61.

[59] Helmut Klotz, in: Berlin Diaries, London 1934, zitiert nach: VGH-Anklageschrift gegen Helmut Klotz vom 8. September 1942, IfZ Fa 117/36, S. 12.

Der Schriftsteller und promovierte Staatswissenschaftler Helmut Klotz war politischer Konvertit. Noch 1923 als NSDAP- und SA-Mitglied am Marsch auf die Feldherrnhalle beteiligt – angeblich redete er Hitler in der anschließenden Haft sogar Selbstmordgedanken aus[60] –, vollzog er nach seiner Entlassung aus dem Gefängnis im März 1924 eine Gesinnungswende um 180 Grad. Aus dem einstmals überzeugten Rechtsextremisten wurde ein ebenso engagierter Gegner; ein zufälliges Gespräch mit dem ehemaligen Reichsminister Wilhelm Sollmann während einer Zugreise soll einen Beitrag hierzu geleistet haben.[61]

Mit dem Beitritt zu SPD und *Reichsbanner* im Jahre 1929 markierte er den ideologischen Rahmen für erneute und umfangreiche politische Tätigkeit. Anders als viele seiner Genossen verfiel er nach den ersten alarmierenden Wahlergebnissen am Ende der Weimarer Republik nicht in Abwartehaltung und Lethargie, sondern wurde bereits 1930 aktiv: Er begann zum einen, belastendes Material gegen Nazi-Größen zu sammeln (es ging vor allem um Morde von Seiten der SA) und es als *Antifaschistische* (später: *Allgemeine) Presse-Korrespondenz* zu veröffentlichen – wobei diese Publikation eher chronologisch-tabellarisch als analysierend-kommentierend aufgebaut war.[62] Zum anderen verfaßte er, offenbar in Reaktion auf den Erdrutschsieg der NSDAP bei den Septemberwahlen 1930, eine Schrift mit dem Titel *Hitlers Sozialismus*, in der er die nationalsozialistische Politik als proletarisch verbrämten, prokapitalistischen Abklatsch großindustrieller Interessen charakterisierte; gleichzeitig versuchte er, anhand von Ereignissen wie dem Konflikt um Otto Straßer und dem Berliner Metallarbeiterstreik (15. Oktober bis 8. November 1930)[63] zu beweisen, daß es Hitler und seinem Gefolge nur darauf ankomme,

[60] Nicht namentlich belegte Zeugenaussage nach 1945, in: NL Hammer, IfZ ED 106, Bd. 52.

[61] Ebda.

[62] Vgl. *A. P.-Korrespondenz*: einige Exemplare liegen im Nachlaß Hammer (Anm. 60).

[63] Vgl. Heinrich A. Winkler, Der Weg in die Katastrophe, Berlin/Bonn 1987, S. 232 ff.

die Masse gutgläubiger Arbeiter als Steigbügel zur Macht zu benutzen, um dann ein Kartell mit dem Großkapital zu schließen.

„*,Für uns ist der Sozialismus nur Mittel zum Zweck!'*, bekennt Goebbels. Und Hitler, der Meister? Bei den beginnenden Kämpfen zwischen Kapital und Arbeit steht er an der Seite der Ausbeuter, deren Hoffnung er ist. Sein Programm lautet: *Herrenmoral!* Nicht das Recht der Massen auf Freiheit und Brot, sondern die Aufrechterhaltung der Diktatur des Kapitals ⟨. . .⟩ *,Gegen den Marxismus?'* Nein! Gegen das Proletariat, gegen die gerechte Entlohnung der Arbeit. *,Für die Volksgemeinschaft?'* Nein! *Für den Klassenkampf des Kapitals gegen die Massen. Für* den Kapitalismus, *für* Ausbeutung, *für* Unterdrückung – *das ist der Sozialismus Hitlers!*"[64]

Kein Wunder, daß auch für Klotz die Machtübernahme Hitlers schnellstmögliche Flucht ins Ausland bedeutete – zumal er im Februar 1933 knapp einem SA-Überfall entgangen war: Er hatte aber davon rechtzeitig genug erfahren, um sich in Sicherheit zu bringen. Seine Wohnung wurde indes völlig demoliert.[65]

Klotz' Weg führte zunächst in die Tschechoslowakei, von wo aus es ihm mit der Gründung eines *Pressedienstes* in wenigen Wochen gelang, mit den Redaktionen etlicher Zeitungen Kontakte zu knüpfen (*Volksstimme* und *Deutsche Freiheit*, Saarbrücken; *Freie Presse*, Straßburg; *Volksrecht*, Zürich; *Sozialdemokrat* und *Pravo Lidù*, Prag). Doch da er offenbar sehr unregelmäßig und bescheiden bezahlt wurde, gab er diesen Pressedienst bald auf und schrieb ab September 1933 für die SPD-Wochenzeitschrift *Die Wahrheit* in Prag Artikel. Seine politischen Aufsätze konzentrierten sich in dieser Zeit auf Warnungen insbesondere an die europäischen Führungsspitzen, den deutschen Rüstungsmaßnahmen nicht untätig zuzusehen.[66]

Im Laufe seiner Emigration, die ihn noch im Mai 1933 nach Frankreich führte, und mit zunehmender Kriegsgefahr verschärf-

[64] Helmut Klotz, Hitlers Sozialismus (Broschüre), Berlin 1931, S. 16. Hervorhebungen im Original.

[65] Vgl. den persönlichen Brief des Zeugen Kurt Regler (ehemals *Reichsbanner*-Mitglied. Das *Reichsbanner* war eine paramilitärische Unterorganisation der SPD) an seinen Bekannten Wiegner, in: NL Hammer (Anm. 60).

[66] Vgl. Anklageschrift gegen Klotz (Anm. 59), S. 5 f.

te sich sein innerer Konflikt mit dem Dritten Reich – wobei Klotz sich in den ersten Jahren seines Exils offenbar auf keine parteipolitische Linie festlegen wollte, sondern eigenständige Widerstandstätigkeit leistete. In der Tat war es, zumal wenn man aus dem Lager der SPD kam, in den Jahren nach der Machtübernahme nicht ganz einfach, sich zu orientieren: Zu sehr beschäftigten sich die sozialdemokratischen Exponenten damit, die innere Zersplitterung der Partei zu überwinden, die nicht zuletzt wegen letzter verzweifelter Versuche der Inlands-SPD entstanden war, ihre Schonfrist durch teilweise Zusammenarbeit mit den Nationalsozialisten zu verlängern.[67] Hinter den versprengten SPD-Flüchtlingen stand somit in dem Sinne kein festgegliederter, auf die Illegalität vorbereiteter Parteikörper; vielmehr lieferten sich der exilierte „alte" Parteivorstand in Prag und die revolutionär gesinnten jungen Sozialisten ein erbittertes Tauziehen.

Da Klotz während der Weimarer Republik nie eine Funktionärsposition bekleidet und schon damals im Rahmen seiner SPD-Mitgliedschaft relativ selbständig gearbeitet hatte, kam er zu Beginn der Illegalität nicht in die Verlegenheit, sich für irgendeinen „Flügel" entscheiden zu müssen; er konnte demnach seine Energie gezielt für oppositionelle Tätigkeit einsetzen, ohne sie in sinnlosen Kraftproben zu verschleißen. So widmete er sich der Herausgabe von Büchern, die sich unter anderem mit innenpolitischen Vorgängen in Deutschland befaßten. Ein Auszug aus den *Berliner Tagebüchern*:

„Den Reichstag haben sie angezündet! Daß sie es soweit treiben würden, hatte nicht einmal ich erwartet! Jetzt haben sie ihre Parole gegen links und gegen die Unzulänglichkeit der Deutschnationalen. Der Weg zur braunen Diktatur ist frei ⟨. . .⟩ Eine Horde berufsmäßiger Gauner regiert über Deutschland".[68]

[67] Vgl. Bärbel Hebel-Kunze, SPD und Faschismus. Zur politischen und organisatorischen Entwicklung der SPD 1932-1935, Frankfurt a. M. 1977, S. 100.

[68] Zitiert nach Anklageschrift gegen Klotz (Anm. 59), S. 11.

Vielen Emigranten schien damals vollkommen klar, daß die Nationalsozialisten den Reichstag in Brand gesteckt hatten – durchaus nachvollziehbar insofern, da dies nicht deren erster (wenngleich spektakulärster) Coup auf dem Weg zur Macht gewesen wäre; SA und SS hatten durch terroristische Aktionen vor allem gegen mißliebige Bürger schon mancherlei Vorarbeit geleistet.

1935 wurde zu einem politisch sehr ereignisreichen Jahr für Klotz: Er knüpfte Kontakte zu Emigranten quer durch die politische Landschaft, die seinen weiteren Weg wesentlich bestimmen sollten – unter anderem zu Otto Straßer, den er bereits vor 1933 persönlich kennengelernt hatte. Ein reger Briefwechsel über Fragen einer zu bildenden *Deutschen Volksfront* setzte ein; darüber hinaus bemühte sich Klotz (allerdings mit nur geringem Erfolg), Straßers Schriften bei französischen Verlegern und Buchhändlern unterzubringen. Die Notwendigkeit, ein möglichst großes Spektrum an Hitler-Gegnern im Abwehrkampf gegen den Nationalsozialismus zu sammeln, überlagerte offenbar ideologische Differenzen zwischen den beiden. Als Straßer ihn im Herbst 1936 allerdings um aktive Mitarbeit in der *Schwarzen Front* bat, war Klotz offenbar doch nicht so wohl bei der Sache und er lehnte ab.[69]

Offenbar unter dem Eindruck der Bekanntschaft mit Max Braun begann Klotz, sich von der damals anlaufenden Welle der Volksfront-Euphorie mittragen zu lassen und sich hierfür zu engagieren. Dies fand seinen Ausdruck beispielsweise im Entwurf von Flugblättern für die Reichswehr, die teils in Klotz' Eigenregie, teils in Gemeinschaftsarbeit auch mit Vertretern der *Schwarzen Front* entstanden. Der Text wurde knapp und allgemein gehalten:

„Der Herr Hitler sucht den Konflikt. Der Herr Hitler braucht den Konflikt. Wenn er vom Frieden redet, dann lügt er. Ob das deutsche Volk blutet, ob die deutsche Waffenehre geschändet wird, ob der deutsche Soldat und der deutsche Seemann zu Henkern degradiert werden, was kümmerts ihn? ⟨. . .⟩ Der Todfeind unseres deutschen Vaterlandes steht nicht draußen vor den Grenzen, er steht im Innern,

[69] Vgl. ebda., S. 17.

er steht in unserer Mitte. Der Todfeind, das ist Hitler, das ist die Hitlerei! Und deshalb: Soldaten der deutschen Wehrmacht! Tritt gefaßt! Das deutsche Volk marschiert mit uns! ⟨...⟩ Sammelt euch in der Front des deutschen Soldaten!"[70]

Tragende Säule der Volksfrontambitionen aber war in diesen Jahren der *Ausschuß zur Vorbereitung einer deutschen Volksfront*. Klotz, der durch Max Braun hinzustieß, nahm an Aussprachen und Diskussionen teil und arbeitete an Brauns Volksfront-Zeitung *Deutsche Mitteilungen* mit, die bald durch eine Wiederauflage der renommierten Zeitung *Deutsche Freiheit* ergänzt wurde. Diese Publikation erwies sich ab 1938, als die *Volksfront* de facto längst passé war und es darum ging, wenigstens die sozialistischen Kräfte zu konzentrieren, offensichtlich als das „bedeutendste Diskussionsforum der Konzentrationsdebatte"[71], das dem mittlerweile nach Paris verzogenen Sopade-Vorstand im Hinblick auf die Käuferzahlen des *Neuen Vorwärts* schwer zu schaffen machte.

Kein Zweifel: Helmut Klotz zählte – ebenso wie Hans von Zwehl – zu Brauns wichtigsten Mitarbeitern. Das mochte neben allgemeiner und parteipolitischer Sympathie daran liegen, daß sich Klotz auf militärischem Gebiet gut auskannte und zudem entsprechende Verbindungen zu Offizierskreisen hatte – nicht nur zu deutschen, sondern auch zu französischen: Denn als die *Deutschen Mitteilungen* bereits im Oktober 1938 detaillierte Meldungen über deutsche Angriffspläne im Westen Europas brachten, konnten diese Informationen nur entweder vom französischen Nachrichtendienst stammen oder über Mittelsmänner aus der deutschen Generalität, die über die Kriegstermine Bescheid wußten, den Weg in die Redaktion der *Deutschen Mitteilungen* gefunden haben.[72]

Aufgrund dieser Kontakte lag es nahe, daß sich Klotz als entschiedener Hitler-Gegner auch auf dem Gebiet der Spionage gegen Deutschland engagierte. Derartige Aktivitäten hatten bereits

[70] Ebda., S. 6 f. Die Flugschrift stammt von Februar 1938.
[71] Paul (Anm. 54), S. 168 f.
[72] Vgl. ebda., S. 187.

1934 mit dem *Tagebuch eines Reichswehrgenerals*, das etliche Details zum Neuaufbau der Reichswehr enthielt, begonnen und setzten sich mit intensiven Verbindungen zu französischen Generälen fort, denen Klotz eine ganze Reihe militärischer Informationen zuspielte. Zudem belieferte er bisweilen den englischen Generalstab, 1938/39 auch den polnischen Nachrichtendienst.[73]

Durch die erwähnten Kontakte zu deutschen Offizieren sowie eigene einschlägige Erfahrungen aus dem Ersten Weltkrieg konnte Klotz über Jahre hinweg Mitteilungen über deutsche Aufrüstung, Waffensysteme, Angriffsziele und Militärstützpunkte weitergeben, mit dem Ziel, den ihm bereits unvermeidlich erscheinenden Krieg abzukürzen. In seinem Buch *Der neue deutsche Krieg* hatte er schon 1937 geschrieben, „er habe nichts Geringeres im Auge gehabt, als dem Projekt durch die vorzeitige Publikation die gefährlichsten Giftzähne auszubrechen."[74]

Das Vertrauen der Franzosen zu gewinnen, war indes nicht leicht: Man erinnerte sich an schlechte Erfahrungen mit deutschen V-Leuten, die sich aus wirtschaftlichen Motiven vom französischen Nachrichtendienst hatten anheuern lassen, aus Furcht vor tatsächlicher Ausspähungstätigkeit im Reich ihre Informationen jedoch weitgehend oder sogar komplett erfunden hatten; zudem mußte man sich mit zahlreichen Gestapo-Spitzeln auf dem eigenen Territorium auseinandersetzen. Die Franzosen waren skeptisch geworden. Klotz und Max Braun hatten demnach von vornherein schlechte Karten, als sie dem Quai d'Orsay bereits erarbeitete Pläne über die Aufstellung einer sogenannten *Deutschen Legion* unterbreiten wollten (danach sollten deutsche und österreichische Emigranten unter französischer Führung im Kriegsfalle gegen das Reich marschieren).[75] Ihr Vorhaben, darüber zu verhandeln, blieb aus eigener Erkenntnis heraus somit ein Luftschloß – auch vor dem Hintergrund der bereits bestehenden Institution der Fremdenlegion, aber ebenso wegen vorauszusehender allge-

73 Vgl. Anklageschrift gegen Klotz (Anm. 59), S. 39.

74 Ebda., S. 34.

75 Vgl. ebda., S. 22. Angeblich wirkte an diesen Plänen auch Willi Münzenberg mit.

meiner Bedenken gegen ein bewaffnetes deutsches Bataillon auf französischem Boden.

Als sich Klotz am 29. August 1939 schließlich der französischen Generalität als Kriegsfreiwilliger anbot, wurde er abgelehnt. Doch immerhin gab man ihm im Frühjahr 1940 mehrere Gutachten über einen potentiellen deutschen Angriff auf Frankreich in Auftrag, ferner die Konzeption eines Flugblattes, das eine Meuterei der Besatzungen der deutschen U-Boote provozieren sollte. Aus dem Inhalt:

„Wie steht's mit dem U-Boot-Krieg? ⟨. . .⟩ Hunderte von Unteroffizieren und Mannschaften sind dem Größenwahn Hitlers geopfert worden. Weitere werden folgen, Tausende und Abertausende, wenn nicht . . .. Diese Opfer haben ihr Leben oder ihre Freiheit nutzlos vertan ⟨. . .⟩ Man lügt Euch vor, bald würden Hunderte und Aberhunderte von deutschen Unterseebooten die ‚Fahrt nach Engelland' antreten. Täuscht Euch nicht, sie werden die Fahrt nicht antreten. Und sollten sie antreten, wäre es ihre letzte Fahrt. Wir achten jeden, der in unserer traurigen Zeit noch Mut und Kraft zum Heldentum hat ⟨. . .⟩ Wer aber um einer schlechten Sache willen Nutzloses tut, wer sein Leben für ein Nichts hinwirft, der ist kein Held. Der ist ein Narr! ⟨. . .⟩".[76]

Klotz wußte nicht, daß er zu diesem Zeitpunkt (März 1940) bereits höchst gefährdet war. Im Büro neben Max Braun und Helmut Klotz hatten sich Gestapo-Agenten eingemietet, die neben der Übermittlung von Mitarbeiternamen auch eine tödliche Mission erfüllen sollten: Braun wie Klotz standen auf der Liste der zu liquidierenden Personen. Im April 1940 gelang es der französischen Polizei, dieses Agentennest auszuheben[77], was Klotz jedoch nur vorläufig das Leben retten sollte. Am 8. Juli wurde er festgenommen, von der Vichy-Regierung abgeschoben und in Deutschland – nach über zweijähriger Untersuchungshaft – vor den Volksgerichtshof gestellt. Es war eines der ersten Verfahren Freislers, der es sich nicht nehmen ließ, in eigener Regie um das offensichtlich bereits von vornherein feststehende Urteil eine

[76] Zitiert nach: Ebda., S. 45 f.
[77] Vgl. Paul (Anm. 54), S. 189 f.

Verhandlung zu konstruieren. Anschließend bekundete er in einem Brief an Justizminister Thierack, er habe sich in sein Amt „inzwischen eingelebt".[78] Eine Augenzeugenaussage nach 1945:

„Selten zeigte sich Freisler so empört wie bei der Verhandlung gegen Dr. Klotz. Er schien es zu bedauern, daß ihm keine Strafe zur Verfügung stand, die noch über die Hinrichtung hinauswies."[79]

Die Diktion in der Urteilsschrift untermauert diese Beobachtung:

„Wer so Mißtrauen zwischen Völkern in Staaten sät, wie das hier Klotz gegen sein eigenes Ursprungsland getan hat, ist damit einer derjenigen berüchtigten Kriegstreiber, die wesentlich mit schuld daran sind, daß die Bemühungen des Führers zum Frieden letztlich mit Erfolg sabotiert wurden."[80]

Die Schuldzuweisungen auf den ersten Seiten gipfeln gegen Ende des Urteils in folgender, symptomatisch irrationaler Charakterisierung von Klotz' Persönlichkeit:

„So hat er ⟨...⟩ verschiedentlich behauptet, daß er unmittelbare Informationen aus Deutschland bekomme. Der Angeklagte hat das zwar in der Hauptverhandlung bestritten und gesagt, in diesen Briefen habe er nur angegeben. Er hat also damit sein Charakterbild durch eine weitere Seite, die des politischen Hochstaplers, ergänzen wollen. Allein: der Angeklagte Klotz kann nicht verlangen, daß ihm geglaubt wird, daß es so viele verschiedene ‚Klötze' gibt, und daß man zwischen diesen verschiedenen ‚Klotzen' hindurchfindet ⟨...⟩ Natürlich bestünde die Möglichkeit, das ganze jahrelange Verhalten des Emigranten Klotz vor dem Kriege und im Kriege in eine Fülle von Einzeltaten, teils hochverräterischen und teils landesverräterischen juristischen Gehaltes aufzuspalten. Aber das wäre keine natürliche Betrachtungsweise. Sein Landesverrat diente seinem hochverräterischen Ziele, und bei der Grenzenlosigkeit seines Hasses gegen Deutschland wurde sein Hochverrat zu Landesverrat. Beides wiederum wurde gekrönt durch seinen Kriegsverrat, der wieder nur ein

[78] Vgl. Hannsjoachim W. Koch, Volksgerichtshof. Politische Justiz im Dritten Reich, München 1988, S. 215.

[79] Nicht namentlich belegte Zeugenaussage nach 1945, in: NL Hammer (Anm. 60).

[80] VGH-Urteilsschrift vom 27. November 1942 gegen Helmut Klotz, IfZ Fa 117/36, S. 7.

Teil des Landesverrats war und dem Hochverrat diente. Und alles, Hoch-, Landes- und Kriegsverrat waren durchtränkt von den Maßlosigkeiten der Beschimpfung und Zersetzung des deutschen Volkes ⟨...⟩ So ist deshalb diese Ephialtes-Natur zum Tode verurteilt worden."[81]

Klotz wurde am 3. Februar 1943 in Berlin hingerichtet – Willy Brandt will sogar die gleichermaßen abenteuerliche wie schaurige Information erhalten haben, daß die Henker den Verurteilten angeblich „bei lebendigem Leibe gevierteilt" hatten.[82]

Max Sievers
(11. Juli 1887 – 17. Januar 1944)
VGH-Urteil am 17. November 1943: Tod

„Optimisten wären wir, wenn wir den Glauben aufbringen könnten, daß Herr Hitler eines Tages von selbst verschwinden würde, oder daß sein Abgang sich wie ein beliebiger Regierungswechsel vollziehen könnte. Bei uns wird man solche Illusionen nicht entdecken. Es wird ein schwerer und wahrscheinlich sehr blutiger Kampf werden, an dessen Ende der Sturz der nazistischen Diktatur stehen wird ... Ob die neue sozialistische Arbeiterbewegung sich aus eigener Kraft und zur Schöpferin eines neuen Deutschland sich entwickeln wird, oder ob sie wieder vor den Karren bürgerlicher Vorherrschaft gespannt werden soll, das ist die einzige Frage, die allen sozialistischen Kräften in Deutschland gestellt ist. Und die wir mit der Parole der sozialen Revolution beantworten."[83]

Das Zugeständnis verpaßter Chancen einerseits und die Pflicht zu politischem Aktionismus andererseits kennzeichnen die Freidenkerbewegung in der Illegalität: Nicht mehr verbandspolitische Sorgen und programmatische Orientierungsversuche, die zeitweise eher Hindernisläufen als einem organischen Entwick-

[81] Ebda., S. 15 sowie S. 23. Ephialtes war ein Grieche, der 480 v. Chr. die griechische Stellung bei den Thermopylen an die Perser verriet.

[82] Vgl. Paul (Anm. 54), S. 191.

[83] Max Sievers, „Und immer wieder: wohin?", in: *Freies Deutschland*, 11. Februar 1937.

lungsprozeß gleichkamen[84], standen nunmehr im Vordergrund, sondern es dominierte allein die Konzentrierung der Kräfte gegen das nationalsozialistische Deutschland.

Die ideologische Festigung der Freidenker hatte spät begonnen und über viele Umwege und Klippen geführt. Vorrangig verantwortlich für Kurs und Konsolidierung der Bewegung war der Sozialdemokrat[85] Max Sievers, der ab 1. Oktober 1922 als hauptamtlicher Geschäftsführer (ab 1930 Vorsitzender) all sein politisches Engagement in den Aufbau des *Vereins der Freidenker für Feuerbestattung* (VfFF) steckte – ein Lebenswerk, Vermächtnis, das er bereits in sehr jungen Jahren erfolgreich zu konstituieren begann (die Freidenker wurden zu einer der stärksten Arbeiterorganisationen der Weimarer Republik).[86]

Die Freidenker ließen sich ursprünglich von zwei Maximen leiten: von der aggressiven Distanz zu Glaube *und* Kirche sowie – daraus resultierend – von der Propagierung profaner Begräbnismodalitäten. War dies lange Zeit eher als festgefügte, mehr oder minder starre Weltanschauung zu betrachten denn als ernstzunehmendes politisches Gegengewicht, erhielt die Bewegung durch Max Sievers eine neue Dimension: zunächst weniger aufgrund inhaltlicher Neuorientierung als vielmehr infolge quantitativen Zuwachses, der in der Veränderung organisatorischer Strukturen zu suchen ist. Im Verein war eine Art Versicherung integriert, die ökonomische Anreize bot. Diese Tatsache und das aufgrund konsolidierter Finanzen seriös wirkende Erscheinungsbild der Organisation, die sich erst im Laufe der Zeit zu einer vorwiegend poli-

[84] Als Beispiel seien nur die ewigen Querelen zwischen dem Freidenkerverband und dessen ab 1931 bestehenden KPD-Konkurrenzorganisation (*Verband proletarischer Freidenker Deutschlands*) genannt; doch Ärger mit subversiver Tätigkeit von Seiten der Kommunisten gab es bereits vor deren Abspaltung von der Sievers-Organisation.

[85] Vor dem Ersten Weltkrieg war Sievers SPD-Mitglied, gegen Kriegsende wechselte er zur USPD. Nach kurzer KPD-Mitgliedschaft kehrte er zu den Unabhängigen Sozialdemokraten zurück und wurde im Zuge der Fusion mit der SPD im Herbst 1922 automatisch wieder deren Mitglied.

[86] Vgl. Jochen-Christoph Kaiser, Max Sievers in der Emigration, in: Internationale wissenschaftliche Korrespondenz zur Geschichte der deutschen Arbeiterbewegung 16 (1980), S. 33-57, hier: S. 33.

tischen Bewegung ausweitete, ließen die Mitgliederzahl von 12.750 (1919) auf 384.326 (1923) steigen.[87]

Unter Sievers dehnte sich die Aktivität des Vereins, der als eine selbständig verwaltete Organisation aus dem sozialdemokratischen Milieu gelten kann, auf schul- und kulturpolitisches Gebiet aus. Das bedeutete konkret: Propaganda gegen die Kirchen, Abmeldung der Kinder vom Religionsunterricht, Werbung für die Weltlichkeit des Wohlfahrtswesens.[88] Ab 1925 wurde kostenlos die Zeitschrift *Der Freidenker* verteilt, die „im Sinne des wissenschaftlichen Sozialismus"[89] auf die Mitglieder einwirken sollte, und bei der Sievers zunehmend federführend tätig war. Journalistische Praxis konnte er bereits vorweisen: 1919/20 hatte er als USPD-Stadtverordneter die Zeitschrift *Der Arbeiterrat* herausgegeben, während eines Intermezzos bei der KPD (Dezember 1920 bis März 1921) als Redakteur bei der *Roten Fahne* gearbeitet.

Das ab 1930 drohende Ende der Weimarer Republik blieb auch Sievers nicht verborgen. So stellte er 1931 in verschiedenen Artikeln die Tolerierung Brünings und dessen Kabinetts in Frage, da diese nur die weitere Zerklüftung der Arbeiterklasse vorantreibe, deren Kampfeswillen mindere und dem Nationalsozialismus neues Terrain einräume.[90] Nichts anderes war der Standpunkt des linken Flügels in der SPD, dem sich Sievers auf diese Art näherte. Eine tatsächlich politische Position innerhalb der Partei war damit eingenommen und der Bogen zur aktuellen Tagespolitik gespannt. Sievers' Ansichten machten in SPD-Kreisen durchaus die Runde; es wurde ihm 1932 sogar eine Landtagskandidatur in Preußen angetragen, die er aber – wohl auf Druck einflußreicher, eher konservativer Kollegen – ablehnte.[91]

[87] Ders., Arbeiterbewegung und organisierte Religionskritik. Proletarische Freidenkerverbände in Kaiserreich und Weimarer Republik, Stuttgart 1981, S. 354.

[88] Vgl. Hartmann Wunderer, Freidenkertum und Arbeiterbewegung, in: Internationale wissenschaftliche Korrespondenz zur Geschichte der deutschen Arbeiterbewegung 16 (1980), S. 1-33, hier: S. 9.

[89] Kaiser (Anm. 87), S. 139.

[90] Vgl. Wunderer (Anm. 88), S. 20.

[91] Vgl. Kaiser (Anm. 86), S. 36 (wichtige Anm. 20)

Bedeuteten diese Schritte nur eine Modifizierung des traditionellen Freidenker-Prinzips, grundsätzliche parteipolitische Enthaltsamkeit zu üben, so trat Sievers in der Illegalität vollständig aus dem Schatten reiner Verbandsarbeit. Im Februar 1935 forderte er eine radikale Politisierung der Freidenker-Internationale, die sich weniger auf freigeistige Agitation als vielmehr auf die Bekämpfung des Faschismus konzentrieren solle.[92] Dies ist umso bemerkenswerter, als er sich noch auf deren Weltkongreß im September 1931 in Berlin über die „Papiersoldaten der Hitlergarden" lustig gemacht hatte, mit denen die Arbeiterbewegung schon fertig werde.[93] Ein Trugschluß, den er relativ schnell erkannt haben muß: Nicht nur unter dem Eindruck schärferer Überwachung von seiten der Politischen Polizei ab 1928 und der Notverordnung der Reichspräsidenten gegen politische Ausschreitungen 1931, sondern auch angesichts der sich stabilisierenden und scharfe Konturen annehmenden NS-Bewegung brachte er 1931/32 (ermächtigt von elf Vorstandsmitgliedern) nach und nach 700.000 Reichsmark, also einen großen Teil des Freidenkervermögens, nach Belgien und in die Schweiz – laut eigener Aussage in seinen Hosentaschen.[94]

Diese Transaktion erwies sich im nachhinein als klug: Zwar wurde die Sievers-Organisation – von der man infolge seiner starken Persönlichkeit wohl sprechen kann – unmittelbar nach der Machtübernahme nicht behelligt, jedoch überfiel am 17. März 1933 ein SA-Trupp die Berliner Zentrale, beschlagnahmte Geld und Inventar und verhaftete führende Mitglieder. Sievers wurde im April drei Wochen lang festgehalten, dann überraschend wieder freigelassen; zu diesem Zeitpunkt hatte den Transfer des Vermögens ins Ausland noch niemand entdeckt. Der noch amtierende Vorsitzende nutzte die Möglichkeit und floh über die Niederlande zunächst in die Schweiz, dann nach Brüssel. Einmal

[92] Vgl. ders. (Anm. 87), S. 229.

[93] Vgl. ebda., S. 224.

[94] Vernehmung Sievers' vom 4. Juni 1943, in: BA Berlin NJ 5031, Bd. 1. Die Reaktion von Seiten der Gestapo und der Nachfolgeorganisation *Neue Deutsche Bestattungskasse* ist beschrieben in: BA R 58/308, Bl. 161-176.

monatlich reiste er ins Saargebiet, um die Herausgabe seiner Zeitung zu regeln.[95]

Es schien für ihn klar, im Exil nicht die Hände in den Schoß zu legen, sondern mit Hilfe des geretteten Vermögens weiterhin politische, nunmehr illegale Arbeit gegen den Nationalsozialismus zu leisten bzw. – wie es im NS-Jargon hieß – „im Ausland ein Zerrbild des wahren Deutschland entstehen zu lassen" und dadurch dessen Ansehen „schwer"[96] zu schädigen. Dazu gehörte zum einen die Leitung der *Internationalen Freidenker-Union* (IFU) bis Juni 1934, in deren Auftrag er Vortragsreisen ins Elsaß, in die Schweiz, nach Frankreich und Spanien unternahm; zum anderen oblag ihm die Wiederherausgabe des *Freidenker*, der ab Juli 1933 in Saarbrücken zweimal wöchentlich mit einer Auflage von rund 3.000 Stück erschien. Zu dessen Inhalt heißt es in der Anklageschrift des VGH:

„Neben der Behandlung von Fragen der Freidenkerbewegung vertrat der Angeschuldigte darin den Standpunkt der Status-quo-Bewegung und trieb außerdem eine Hetz-, Greuel- und Lügenpropaganda gegen das Reich".[97]

Die bislang philosophisch und historisch begründeten ideologischen Ausführungen wurden im *Freidenker* zugunsten plakativer Formeln auf aktionsorientierte Appelle reduziert. Hier fand außer der Diskussion verbandsspezifischer Fragen auch noch die Auseinandersetzung mit beiden christlichen Kirchen statt, die Sievers

[95] Dies behauptete zumindest Rechtsanwalt Dr. Curt Maeder, der mit der Unterschlagungssache gegen Sievers im Auftrag der *Neuen Deutschen Bestattungskasse* tätig war, in einem Brief vom 18. Oktober 1933 an das Gestapa. Vgl. BA R 59/308, Bl. 169-173. Daß Sievers' Wohnsitz Brüssel war, erwähnt auch die Anklageschrift gegen Sievers vom 19. Oktober 1943. Jochen-Christoph Kaiser ist hingegen der Meinung, Sievers' Hauptwohnsitz sei bis 1935 Saarbrücken gewesen. Für die Variante Brüssel spricht jedoch, daß sich die Redaktion der Zeitschrift *Der Freidenker* noch 1933 entschloß, das Organ künftig in Brüssel zu verlegen.

[96] VGH-Anklageschrift gegen Max Sievers vom 19. Oktober 1943, IfZ Fa 117/60, S. 8.

[97] Ebda., S. 4.

für den Sieg des Nationalsozialismus mitverantwortlich machte:

„Es ist für uns Freidenker gewiß nicht ohne pikanten Reiz festzustellen, mit welchem Grad von Demut und Würdelosigkeit das Christentum die von ihm selbst verschuldete katastrophale Situation hinnimmt. Aber weit wichtiger ist die Frage, wie sich aus alle dem heraus, das Verhältnis zwischen Volk und Kirche gestalten wird, und inwieweit das bestehende Verhältnis zwischen beiden die Politik der Kirche überhaupt bestimmt hat. Von jeher hat die Kirche in jeder freiheitlichen Aufwallung, in jeder demokratischen Form des Staatslebens Gefahren für ihre eigene Herrlichkeit erblickt."[98]

Sievers war ebenso wie die meisten anderen Exilführer zunächst fest davon überzeugt, daß der Nationalsozialismus nur eine Sache von kurzer Dauer sei. Noch Monate nach dem „Röhmputsch" schrieb er:

„Eine ganze Führergarnitur wird wieder in das Nichts gestossen werden, aus dem sie vor kurzer Zeit erst ans Tageslicht kam. Damit fallen auch alle Coulissen fort, die eine arbeiterfreundliche Politik vortäuschen und die klaffenden Gegensätze zwischen den Klassen verdecken sollten. Zur lächerlichen Farce wurden die Zukunftsphantastereien eines Adolf Hitler, zerschlagen durch die eherne Logik der Lehre eines Karl Marx ⟨...⟩ Nur die eiserne Faust einer proletarischen Diktatur kann die neue Ordnung schmieden die nach Ueberwindung des Kapitalismus die allein vernünftige und gerecht sozialistische Wirtschaft aufbaut ⟨...⟩ Will die Revolution dem Kriege den Weg versperren, hat sie nicht mehr viel Zeit zu verlieren."[99]

Da Sievers die theoretisch-programmatische Schulung schon im Hinblick auf ein „neues Deutschland" nicht vollkommen vernachlässigen wollte, gab er 1934-39 in vier- bis sechswöchigen Abständen ein Flugblatt namens *Sievers-Korrespondenz* (SiKo) heraus. Es richtete sich vorwiegend an die Leser im Reich und kann aufgrund seiner gänzlich anderen Konzeption nicht, obwohl

[98] Max Sievers, Leitartikel in: *Der Freidenker*, 1. August 1933.

[99] ders., „Die Krise des Nazismus", in: *Der Freidenker*, 1. Dezember 1934.

der *Freidenker* ab 1. Juli 1935 eingestellt worden war[100], als Überbrückungspublikation bis zum Stichtag der Herausgabe einer neuen Zeitschrift angesehen werden. Dieser war am 14. Januar 1937 gekommen: Das Wochenblatt *Freies Deutschland* (Auflage um 3.000)[101] blieb auf die Exilländer beschränkt und hatte als Adressat unmißverständlich die politische Emigration. Freidenkerfragen waren passé. Vielmehr entwickelte Sievers hier Zukunftskonzeptionen für ein sozialistisches Deutschland weiter, betrachtete aber auch als seine Aufgabe, das politische Wirrwarr in der Emigration zu bekämpfen und natürlich keinen Zweifel am verbrecherischen Charakter des Regimes im Reich zu lassen. Beispielsweise stellte der Widerstandskämpfer Sievers in seinem bereits zitierten Artikel „Und immer wieder: Wohin?“ ohne Abstriche klar, daß bislang (Februar 1937) drei Möglichkeiten ungenützt verstrichen waren, Hitler zu stürzen: der „Röhmputsch“, der Einmarsch in die entmilitarisierte Rheinlandzone und schließlich der deutsche Eingriff in Spanien – Vorwürfe, deren beiden letztgenannte sich an die politischen Führungsetagen des Auslands richteten. Seine Informationen entnahm Sievers teils fertigen Mitteilungen von Lesern, die in der Nähe der deutschen Grenze wohnten, teils Presseerklärungen.[102] Die Nationalsozialisten erkannten die mögliche Wirkung der Publikation:

„Mit dieser Zeitschrift, deren Hauptartikel vom Angeschuldigten selbst stammten, führte der Angeschuldigte seinen Kampf gegen Deutschland in erhöhtem Maße weiter. Neben zersetzender Kritik an den Vorgängen und Verhältnissen in Deutschland, Hetzartikeln und Lügenmeldungen verfolgte der Angeschuldigte weiterhin das Ziel, die revolutionären Kräfte der Emigration in einer Einheitsfront zu sammeln und mit ihrer Hilfe zu gegebener Zeit in Deutschland eine sozialistische Republik auf marxistischer Grundlage zu errichten“.[103]

[100] Vgl. Liselotte Maas, Handbuch der Deutschen Exilpresse 1933-1945, Bd. 1, München/Wien 1976, S. 228.
[101] Vernehmung Sievers' vom 29. Juni 1943, in: BA Berlin, NJ 5031, Bd. 1.
[102] Ebda., Vernehmung Sievers' vom 2. Juli 1943.
[103] Anklageschrift gegen Sievers (Anm. 96), S. 5.

Seine Gedanken bündelte Max Sievers 1938 in dem in Stockholm erschienenen Buch *Unser Kampf gegen das Dritte Reich*, das in 2.000 Exemplaren aufgelegt war – gleichermaßen eine zusammenfassende Abrechnung mit dem Nationalsozialismus wie eine utopische Vision eines „reellen" Sozialismus. Nach Kriegsbeginn stellte Sievers seine Schriftenproduktion nicht ein, wenn er sie auch auf die gelegentliche Herausgabe kleiner Broschüren (*Das antifaschistische Kriegsziel, Der sonderbare Krieg*) begrenzte.

Max Sievers war in der Illegalität ein Einzelkämpfer. Das mag damit zu tun haben, daß er als Führer einer nicht zu übersehenden Bewegung bisweilen Arroganz und autokratische Anwandlungen an den Tag zu legen schien[104]; er hatte es sich mit vielen verdorben. Da war zunächst die eigene Partei, die Sopade, die er neben der KPD und den Kirchen für den Sieg Hitlers verantwortlich machte und deren – seiner Meinung nach – reformistische Haltung ihm von Ignoranz und Unwillen zeugte, das eigene Versagen zuzugeben. Umgekehrt mochte der Prager Exil-Vorstand Sievers ein Mitspracherecht bzw. eine *politische* Rolle nicht zugestehen.[105] Hinzu kam, daß er von der sich 1934/35 abzeichnenden Volksfront in dieser Form nichts wissen wollte, vielmehr darin eher taktische Manöver als eine auch programmatisch ernstzunehmende Zukunftsperspektive sah. Er träumte von einer völlig neuen proletarischen Bewegung als Vorbedingung für eine soziale Revolution, die allein Deutschland vor einem drohenden Krieg bewahren würde[106], von einer einheitlichen Front aller sozialistischen Gruppen, die nach dem Sturz Hitlers in einer Partei aufgehen sollte.[107]

Für den „Tag danach" erstellte er 1936 einen programmatischen Sechs-Punkte-Plan, der als *Siko-Manifest* zwar in die Geschichte des politischen Exils einging, jedoch nicht das positive Echo bei den anderen Gruppen fand, das er sich erhofft hatte. Es blieb also einer der zahlreichen Entwürfe, die wieder in der

[104] Vgl. Kaiser (Anm. 86), S. 49.
[105] Vgl. ebda., S. 46.
[106] Vgl. ebda., S. 41.
[107] Vgl. Anklageschrift gegen Sievers (Anm. 96), S. 6.

Schublade verschwanden – obwohl seine Vorstellung eines Rätesystems auch von einem nicht unbeachtlichen Teil der sozialistischen Emigration befürwortet wurde.

Sievers verhandelte im selben Jahr mit Vertretern von SAP und *Neu Beginnen*, ohne indes zu einem Ergebnis zu kommen. Auch hier tauchten Schwierigkeiten auf: Die Gruppen waren nicht bereit, sich zugunsten einer neu zu formierenden Bewegung – Sievers' Forderung – aufzulösen.[108] Somit sah er diese Organisationen in der Tradition der Exil-SPD, zu der er ja ein gänzlich zerrüttetes Verhältnis hatte. Vermittlungsversuche des ehemaligen SPD-Reichstagsabgeordneten und Innenministers Wilhelm Sollmann, die auch ein Treffen mit den Sopade-Vorstandsmitgliedern Hans Vogel und Siegfried Crummenerl zur Folge hatten, schlug Sievers nach einem Diskurs im *Freien Deutschland* 1937 aus. Nicht ohne Grund befürchtete Sievers während seines Exils, von potentiellen Koalitionspartnern finanziell ausgenutzt zu werden. Das Vermögen des ehemaligen Freidenkerverbandes war nach wie vor beträchtlich, ein in der Illegalität besonderer Vorzug; die meisten anderen oppositionellen Gruppen fristeten in dieser Hinsicht eher ein kümmerliches Dasein. Dazu gehörte beispielsweise die *Schwarze Front*, mit der Sievers – möglicherweise, um aus seiner Isolation auszubrechen – 1935 über einen SAP-Mann Kontakt aufnahm. Vorgespräche im Mai 1935 mit dem Kölner SF-Führer über eine Zusammenarbeit verliefen erfolgreich, so daß es am 25. Oktober zu einer Begegnung zwischen Sievers und Otto Straßer in Luxemburg kam, in deren Verlauf Details ausgehandelt werden sollten. Laut Vernehmungsprotokoll allerdings wollte die *Schwarze Front* wohl nur an den Geldmitteln des Freidenkerverbandes partizipieren.[109] Zudem war offensichtlich die politische Kluft doch zu groß:

[108] Vgl. BA R 58/450, Bl. 8-10 (Mitteilungen der *Revolutionären Sozialisten Deutschlands* vom September 1936) sowie das Vernehmungsprotokoll vom 2. Juli 1943 (Anm. 102).

[109] Vgl. Sievers' Aussage bei seiner Vernehmung vom 29. Juni 1943, in: BA Berlin, NJ 5031, Bd. 1. Die Anklageschrift übernahm später diese Darstellung.

„Was sich unter dieser Bezeichnung präsentiert, sind Oppositionssplitter aus dem Bürgertum, deren Marschrichtung noch nicht genau zu erkennen ist. Zweifellos sind in ihnen Tendenzen vorhanden, die nach sozialistischen Lösungen streben, aber nicht weniger Strömungen, die rein faschistische Strömungen aufweisen. Solange diese Tendenzen nebeneinander wohnen, kann von einer zukunftsträchtigen Front nicht gesprochen werden. Sie wird an einem bestimmten Punkt des in ihr wirkenden Gärungsprozesses wieder auseinander fallen. Die einen werden einem Faschismus Mussolinischer Prägung zustreben, die anderen zur sozialistischen Revolution wollen."[110]

Nach dieser ernüchternden Erfahrung blieb Sievers skeptisch. Seine Bedenken, daß nur auf Geld spekuliert werde[111], waren möglicherweise auch ein Grund dafür, weswegen er die Avancen Sollmanns in Sachen Sopade nicht weiter verfolgte.

Der Kriegsbeginn bedeutete auch für ihn den Anfang vom Ende. *Freies Deutschland* war am 24. August eingestellt worden; der Versuch Sievers' im Februar 1940, das Blatt in den USA weiter erscheinen zu lassen, scheiterte – trotz persönlicher Bemühungen in New York. Aus Rücksicht auf seine noch in Belgien weilende Ehefrau kehrte er im April 1940 nach Brüssel zurück, wurde festgenommen, unerkannt wegen seines miserablen Gesundheitszustandes[112] wieder freigelassen und lebte, nachdem er verzweifelt versucht hatte, in der Schweiz Asyl zu bekommen[113], unter falschem Namen bis zum Tag seiner Festnahme (3. Juni 1943) in Nordfrankreich. Illegale Schriften verfaßte er nur mehr für sich selbst: „Es handelte sich für mich lediglich darum, die Zeit zu überwinden."[114] Eine davon (*Lösungsmöglichkeiten*) versuchte er später in der Haft aus dem Gedächtnis heraus zu rekapitulieren: Es ging hierin um eine „konstruktive Lösung" nach dem Ende des Zweiten Weltkrieges, in dem – das war für Sievers völlig klar – Deutschland verbluten werde. Die europäischen Völ-

[110] Max Sievers, „Und immer wieder: wohin?", in: *Freies Deutschland*, 11. Februar 1937.

[111] Vernehmung vom 2. Juli 1943 (Anm. 102).

[112] Ebda.

[113] Vgl. Kaiser (Anm. 86), S. 54.

[114] Vernehmung vom 2. Juli 1943 (Anm. 102).

ker, Sieger wie Besiegte, müßten „mit gleichen Rechten und Pflichten in eine europäische Föderation zusammengeschlossen werden ⟨...⟩, die jeder Nation ihr kulturelles Eigenleben beläßt, aber die Grundlage zu einer Zentralisierung der europäischen Wirtschaft schafft, ohne die der Kontinent nicht mehr lebensfähig sein wird."[115] Kurz gefaßt: Sievers proklamierte in diesem Text die Emanzipation der europäischen Staaten von den beiden Großmächten USA und Sowjetunion; zum einen, damit sie sich endlich vom Status eines Mündels befreien konnten, zum anderen, um europa-intern jegliche Art von Imperialismus für alle Zukunft auszuschließen.

Eine erzwungene Denunziation – die Gestapo hatte einen Kurier, der ihm von der Schweiz aus Geld beschaffen sollte, verhaftet und gefoltert[116] – besiegelte schließlich sein Schicksal. Er wurde noch in Lille von einem SS-Rottenführer verhört und offenbar so gefoltert, daß er zugab, „gegen Deutschland gewühlt und mich dadurch schwerstens strafbar gemacht zu haben" – ein Satz, den er später widerrief.[117] Im Schlußbericht der Gestapo vom 20. August 1943 hieß es:

> „Die Druckschriften stellen ein einziges Hetz- und Lügengewebe über die deutsche Reichsregierung und das deutsche Volk dar. Irgendwelche Strafmilderungsgründe erscheinen nicht angebracht. Sievers haßt den Nationalsozialismus und ist überzeugter Marxist. Er ist felsenfest davon überzeugt, daß das jetzige Deutschland in Kürze zusammenstürzt ⟨...⟩"[118]

Bei der Verhandlung vor dem Volksgerichtshof am 17. November 1943 unter dem Vorsitz Freislers wurde Sievers auch vorgeworfen, gegen den Anschluß des Saarlandes Stellung genommen zu haben: Vorbereitung zum Hochverrat insofern, als er während eines international kontrollierten Abstimmungsvorganges für die Nichteingliederung eines bislang territorial neutralen Gebietes

[115] Zitiert nach dem Vernehmungsprotokoll vom 13. Juli 1943, in: BA Berlin, NJ 5031, Bd. 1.
[116] Vgl. Kaiser (Anm. 86), S. 54.
[117] Vernehmung vom 19. August 1943, in: BA Berlin, NJ 5031, Bd. 1.
[118] BA Berlin, NJ 5031, Bd. 1.

eingetreten war. Daß dieser Paragraph aber von einer Handlung ausging, die die Abtrennung eines bereits zum Reich gehörenden Gebietes zum Ziel hatte, eine Tat also, die Sievers gerade nicht begangen hatte, war für den Volksgerichtshof ohne Belang – ganz abgesehen davon, daß laut internationaler, völkerrechtlich verbindlicher Kontrollabkommen Agitation für und gegen den Status quo erlaubt war. Legal (wenn auch nicht legitim) wäre gewesen, die Agitation für den ab 1936 als hochverräterisch erkannten Freidenkerverband zu verurteilen. Doch auf diese Bestimmung griff Richter Freisler nicht zurück. Nachdem der Pflichtverteidiger ein „gerechtes Urteil"[119] beantragt hatte, hieß es in der Begründung der Todesstrafe:

„Max Sievers ⟨. . .⟩ hat zunächst 700000 RM Arbeitergroschen zu seiner Verfügung ins Ausland verschoben, ist 1933 emigriert und hat dann jahrelang mit Hilfe dieser Arbeitergroschen in eigenen Hetzschriften, Broschüren und Reden gegen unser deutsches Volk und Reich gehetzt, von der Sicherheit des Auslandes aus feige an einer Revolution der Illegalität und der Emigration gegen unsere nationalsozialistische Lebensführung als Volk gearbeitet, zur Zersetzung unserer Armeen aufgefordert, in vielen Veröffentlichungen Deutschland vor aller Welt als Kriegsschürer beschimpft und schließlich im Kriege öffentlich und in Europa und Amerika als Ziel die Niederlage unseres nationalsozialistischen Deutschland proklamiert, und die Meinung verbreitet, Deutschland werde von innen heraus zusammenbrechen. Er hat also, um unserem Volk seine natürliche, nationalsozialistische Lebensart zu rauben, sich sogar zum Kriegspropagandisten unserer Feinde gemacht. Er wird mit dem Tode bestraft".[120]

Mit Sievers wurde am 17. Januar 1944 einer der führenden Vertreter des Widerstands ermordet. Die Familie hatte im Gnadenverfahren den Rechtsanwalt gewechselt. Dieser schrieb noch am 9. Februar 1944 (!) an den Volksgerichtshof und beantragte Sprecherlaubnis. Eine Benachrichtigung blieb aus.[121]

[119] Ebda.

[120] VGH-Urteilsschrift gegen Max Sievers vom 17. November 1943, IfZ Fa 117/60, S. 1.

[121] BA Berlin, NJ 5031, Bd. 2.

Die Freidenker-Bewegung hat Sievers über Jahrzehnte nicht vergessen. In einem Nachruf von Januar 1964 steht zu lesen:

„⟨...⟩ Der glühende Redner und glänzende Journalist war ein Arbeiter. Sein Herz schlug auf der Seite derer, die auf der Schattenseite des Lebens ihre Wohnstatt haben, denn unbestechliche sozialistische Überzeugungstreue hatte in ihm die Erkenntnis reifen lassen, daß der Einzelne nicht frei sein kann, wenn Millionen in Elend und Unterdrückung ihr Dasein fristen ⟨...⟩ Der Revolutionär Max Sievers formte den Deutschen Freidenkerverband zu einer mächtigen, von der katholischen Kirche gefürchteten sozialistischen Kampforganisation. Unter seiner Führung hat diese Organisation eine ganze Generation marxistischer Atheisten geschult und erzogen, wurde der Freidenkerverband zur führenden Kraft des internationalen Freidenkertums".[122]

3. Kommunisten und ihre Absplitterungen

Erich Gentsch
(1. August 1893 – 24. August 1944)
VGH-Urteil am 23. Juni 1944: Tod

Um Erich Gentsch entbrannte in den 60er Jahren eine heftige Auseinandersetzung.[123] Auf nichtkommunistischer Seite führte der Mannheimer Historiker Hermann Weber in seinem Buch *Ulbricht fälscht Geschichte*[124] den Nachweis, Gentsch sei Opfer einer

[122] Nachruf auf Max Sievers, in: *Der Freidenker*, Januar 1964, 23. Jg., Nr. 1.

[123] Vgl. hierzu auch die Positionen von Joseph Scholmer im Vorwärts (18. Juli 1968, 5. September 1968, 10. Oktober 1968) einerseits und Werner Müller im Neuen Deutschland (3. August 1968) sowie Karl Schabrod (Vorsitzender der Landesgeschichtskommission der *Vereinigung der Verfolgten des Naziregimes* (VVN) Nordrhein-Westfalen in einem Leserbrief (Vorwärts 10. Oktober 1968) andererseits. Scholmer hatte sich in seinen Beiträgen kritisch mit DDR-Publikationen der letzten Jahre zum Thema Arbeiterwiderstand auseinandergesetzt, die seiner Meinung nach den KPD-Widerstand dahingehend glorifizieren, als sie die (erzwungene) Preisgabe von Namen von Seiten verhafteter KPD-Mitglieder in Abrede stellten.

[124] Vgl. Hermann Weber, Ulbricht fälscht Geschichte, Köln 1964, v. a. S. 113-115. Das Buch entstand in Reaktion auf eine seit 1963 verbreitete

erpreßten Denunziation geworden, Stimmen jenseits der Mauer wiesen dies aufs schärfste zurück und bemühten sich, den bis dahin unangefochtenen Namen des Verräters nicht in Zweifel ziehen zu lassen: Der Kommunist Wilhelm Knöchel, als dessen Mitarbeiter Gentsch jahrelang gearbeitet hatte, war einer der prominentesten KP-Kämpfer gewesen, hatte im Krieg ein gut funktionierendes illegales Verbindungsnetz zwischen Holland und Deutschland aufgebaut – wobei er sich über Jahre zwischen den teils irrealen Ansprüchen der Komintern und den tatsächlichen Erfordernissen illegaler Arbeit erfolgreich hindurchzulavieren und nicht in Ungnade zu fallen verstand: ein Meisterstück, wenn man bedenkt, welche Lappalie ausreichen konnte, um jemanden aus dem Verkehr zu ziehen (sei es durch Amtsenthebung, sei es durch Exekution, wie die Moskauer „Säuberungen" 1936/37 auf blutige Weise belegt hatten).

Dieser Mann also sollte den Namen Erich Gentschs preisgegeben haben: eine unangenehme Vorstellung für all jene, für die lange Zeit nichts anderes als der KPD-Widerstand existiert hatte und die in dessen Namen „antifaschistische" Tradition lehrten. Doch obgleich in Kommunistenkreisen *Zehn Gebote für Verhaftete* kursierten[125], die Geständnisse strikt untersagten, konnten auch die Überzeugtesten unter ihnen nur Menschen mit begrenztem psychischen und physischen Durchhaltevermögen sein – und so begann das Verhängnis für die illegale Knöchel-Gruppe, der auch Gentsch angehörte, als Anfang Januar 1943 der Instrukteur Alfons Kaps verhaftet worden war. Durch dessen Hinweise konnte die Gestapo wenige Wochen später den Funktionär Willi Seng festnehmen:

„Seng war nach wenigen Tagen (sicherlich nach fürchterlichster Mißhandlung durch die Gestapo) bereit, nicht nur seine Kenntnisse preiszugeben, sondern auch die Polizei zu einem Treff mit Knöchel

SED-Publikation „Grundriß der Geschichte der deutschen Arbeiterbewegung".

[125] Vgl. Beatrix Herlemann, Die Emigration als Kampfposten. Die Anleitung des kommunistischen Widerstandes in Deutschland aus Frankreich, Belgien und den Niederlanden, Königstein/Taunus 1982, S. 211 ff. (Anhang).

zu führen ⟨...⟩ Knöchel konnte festgenommen werden ⟨am 30. Januar 1943⟩, und auch er bot am 17.2. der Gestapo die Zusammenarbeit an. Die Gestapo wollte ihn freilassen und als V-Mann verwenden, das Reichssicherheitshauptamt lehnte das aber ab. Doch im April 1943 wurde Knöchel (bewacht) nach Amsterdam gebracht, wo der Gestapo mit seiner Hilfe die Verhaftung der Abschnittsleitung unter Führung Gentschs ⟨...⟩ und außerdem das Aufrollen eines wichtigen sowjetischen Spionageringes gelang. Trotzdem wurden alle Kommunisten der Gruppe Knöchel zum Tode verurteilt und hingerichtet".[126]

Wie ein Blick in die (bis zur „Wende" in der DDR gesperrten) Akten beweist, waren Hermann Webers Ergebnisse korrekt.[127] Am 22. Februar 1943 sagte Wilhelm Knöchel vor der Gestapo folgendes aus:

„Zweck der Reise ⟨nach Amsterdam⟩ soll sein:
1. Einholen der Information über die jetzige konkrete Situation innerhalb der KPD in Holland. Seit Mitte Oktober 1942 haben wir keinerlei Verbindung mit Holland mehr gehabt ⟨...⟩ Ich muß also nochmals erstens in Amsterdam die Verbindung mit Elli ⟨Knöchels Freundin Cilly Hansmann⟩ aufnehmen, ihre direkte Wohnung oder eine Anschrift von ihr kenne ich nicht, jedoch weiß ich eine Reihe Leute, wo sie verkehrt bzw. zum Essen geht ⟨...⟩
2. Festnahmen einiger deutscher Personen wie Alwin, Kurth, Toni, Anton und der mit ihnen in Verbindung stehenden, mir aber namentlich unbekannten Leute. Alwin ist Erich Gentsch aus Berlin ⟨...⟩ Seine direkte Adresse oder eine Anschrift von ihm habe ich nicht. Jedoch kennt Gerda Stamm ⟨Freundin des Funktionärs Alfred Kowalke⟩ sowie Walter die genaue Wohnadresse von Alwin, denn sie selbst haben Alwin die Wohnung besorgt ⟨...⟩ Außerdem werde ich selbst mit Alwin zusammenkommen. Die Festnahme dürfte dann aber in keinem Fall auf meinem Treff mit ihm erfolgen ⟨...⟩ Umgekehrt würde der ganze Verdacht auf mich werden ⟨sic!⟩, und die weitere Arbeit von mir wäre dadurch in Frage gestellt."[128]

[126] Weber (Anm. 214), S. 114.

[127] Als ehemaliger Student der SED-Parteihochschule Karl Marx und Chefredakteur einer FDJ-Zeitschrift hatte Weber offenbar bis zu seinem Bruch mit dem Regime Gelegenheit, die Akten einzusehen; er beruft sich auf die entsprechenden Dokumente des ehemaligen *Instituts für Marxismus-Leninismus beim ZK der SED*.

[128] Vernehmung Knöchels vom 22. Februar 1943, BA Berlin, NJ 310, Bd. 2.

Knöchel hatte Grund für diese Annahme: Nur er kannte die bestehenden Verbindungen; außerdem war es Usus, daß Treffs hochrangiger Funktionäre durch bewaffnete Mitarbeiter bewacht wurden. Dies sollte eine letzte Sicherung vor einem potentiellen Zugriff der Gestapo sein, da natürlich der KPD nicht entgangen war, daß die Nationalsozialisten hauptsächlich durch verhaftete „Lockvögel" Erfolge erzielen konnten.

Auch das teilte Knöchel der Gestapo mit. Im polizeilichen Schlußbericht vom 24. August 1943[129] ist schließlich von 21 Festnahmen in Holland die Rede: fünf Emigranten und 16 Helfer, die Unterschlupf gewährten. Erich Gentsch, verhaftet am 23. April 1943, war neben Eugen Schwebinghaus einer der wichtigsten Funktionäre, die der Gestapo infolge dieser Aktion ins Netz gingen.

Gentsch hatte seine Parteikarriere auf eine damals nicht unübliche Weise begonnen: Noch vor dem Ersten Weltkrieg Sozialdemokrat, radikalisierte sich seine Position während der Kriegsjahre; er schloß sich 1916 dem Spartakus-Bund an und wurde 1919 KPD-Mitglied. In der Folgezeit engagierte er sich vornehmlich in der Gewerkschaftsarbeit, publizierte ab 1. März 1921 in der *Schlesischen Arbeiterzeitung Breslau* und – nach einer gut halbjährigen Tätigkeit für den Zentralen Pressedienst der KPD – ab März 1923 in der *Roten Fahne*, wobei er 1924/25 wegen eines Pressevergehens (Beleidigung) in Haft saß. Schließlich übernahm er von 1928-30 die Chefredaktion der *Stettiner Volkswacht*. Nachdem er anschließend 1930-32 zum Leiter der *Revolutionären Gewerkschaftsopposition* (RGO) für den Bezirk Berlin-Brandenburg ernannt worden war, erlangte er am 15. Januar 1933 kurz vor der Machtübernahme den Vorsitz des Metallarbeiterverbandes Berlin.[130]

Dies war den Nationalsozialisten genug, um Gentsch von April bis September 1933 in „Schutzhaft" zu nehmen, die bewährte Methode für die damaligen Machthaber, politisch Mißliebige

[129] Ebda., Bd. 8.

[130] Vgl. Fritz Näther, Erich Gentsch – lebte, kämpfte und starb als Kommunist, in: Deutscher Kulturbund (Hrsg.), Heimatgeschichte – Sozialismus, o. O. 1964.

vorläufig mundtot zu machen. Tatsächlich schien sich Gentsch danach eine Zeitlang von der politischen Arbeit ferngehalten zu haben – schließlich entschied er sich aus begründeter Furcht vor erneuter Verhaftung zur Emigration ins Saargebiet. Da die KPD auf allen Schauplätzen europäischer Politik vertreten sein wollte, beteiligte sie sich auch am überwiegend von sozialistischen Parteien organisierten Abstimmungskampf an der Saar, obgleich sie keine der drei Wahlmöglichkeiten[131] befürwortete, vielmehr in symptomatischem Vertrauen auf utopische Lösungen für eine „Rote Saar in einem Sowjetdeutschland“ plädierte. Zahlreiche Funktionäre wurden ins Saargebiet geschickt; im Juni 1934 stieß Gentsch zu ihnen.

Er beschäftigte sich hier hauptsächlich mit gewerkschaftlichen Belangen, mußte aber bald seine Grenzen erkennen, als Ulbricht „den nach seiner Freilassung aus dem KZ zuerst in gesundem Widerspruch zu allem Cliquenwesen stehenden Erich Gentsch wieder in seine frühere Berliner Gefügigkeit zurückpreßte.“[132] Wie unzählige andere auch emigrierte Gentsch nach der Abstimmung am 13. Januar 1935 erneut. Nächste Station war Prag, wo er als Grenzstellenleiter arbeitete und die Aufgabe hatte,

„⟨...⟩ die einzelnen im tschechoslowakischen Grenzgebiet befindlichen Gruppen deutscher kommunistischer Emigranten politisch und gewerkschaftlich zu schulen, die Ergebnisse ihrer Besprechungen mit Besuchern aus dem Reich auszuwerten und in Berichten festzulegen, sowie die Möglichkeiten der illegalen Einfuhr kommunistischen Propagandamaterials ins Reich auszukundschaften und zu verwerten.“[133]

Zu dieser Zeit begannen die Kommunisten ihre Isolation zu überwinden (die Zusammenarbeit mit Max Braun an der Saar war nach dem Einschwenken der KPD auf Status quo-Kurs im Früh-

[131] Die drei Wahlmöglichkeiten waren: Verbleib des Saargebietes unter Völkerbund-Kontrolle, also Status quo-Lösung; Angliederung an Frankreich; Angliederung an das Deutsche Reich.

[132] Herbert Wehner, Zeugnis, Köln 1982, S. 137.

[133] VGH-Anklageschrift gegen Erich Gentsch vom 22. März 1944, BA R 60 II/102, S. 4.

jahr 1934[134] recht konstruktiv verlaufen), und die *Brüsseler Konferenz* des ZK der KPD gab grünes Licht für weitere Versuche dieser Art. So streckte die KPD vorsichtig die Fühler in Richtung sozialistischer Gruppen aus, was im Februar 1936 mit dem *Ausschuß zur Vorbereitung einer deutschen Volksfront* ernsthaftere Formen annahm. Auch Gentsch bekam das ZK-Placet, zusammen mit Vertretern der illegalen Sopade von der CSR aus den *Deutschen Metallarbeiterverband* wieder aufzubauen, was mit dem Weggang des Taktikers und Opportunisten Walter Ulbricht nach Paris sicher neue Impulse bekommen konnte. Letztendlich scheiterte dieses Unternehmen jedoch; ebenso erzielte Gentschs *Informationsdienst der Freien Gewerkschaften*, der nach Deutschland geschmuggelt wurde und unter anderem „eine Fülle kommunistischer, sozialdemokratischer und parteiloser Stimmen aus der Illegalität wie der Emigration"[135] zum Wiederaufbau unabhängiger Gewerkschaften beinhaltete, offenbar nur mäßigen Erfolg.[136]

Um der Gestapo-Strategie zu begegnen, eine Gruppe vor ihrer Verhaftung möglichst lange zu beobachten, wechselte die KPD ihre Funktionäre öfter aus. Gentsch wurde im April 1937 nach Amsterdam versetzt und übernahm dort die Abschnittsleitung West[137], war somit für das Niederrhein- und Ruhrgebiet sowie die angrenzenden Teile des Reichs zuständig. Ihm unterstanden ca. acht geschulte „Instrukteure", die auf allmonatlichen Fahrten nach Deutschland über die dortige Lage der „Metall-, Berg-, Textil- und Verkehrsarbeiter Feststellungen machten und ebenso über die Stimmung ehemaliger Kommunisten und Sozialdemo-

[134] Vgl. Dieter Marc Schneider, Saarpolitik und Exil 1933-1955, in: Vierteljahrshefte für Zeitgeschichte 25 (1977), S. 467-545, hier: S. 479 f.

[135] Detlev Peukert, Ruhrarbeiter gegen den Faschismus, Frankfurt a. M. 1976, S. 212.

[136] Hinweise darauf finden sich in der Anklageschrift gegen Gentsch, S. 4. Hier wird von „nach außen hin geringen Erfolge⟨n⟩" in Prag gesprochen.

[137] Nach der Verhaftung der illegalen KPD-Inlandsleitung im März 1935 wurden Grenzstellen eingerichtet, die die wichtigsten deutschen Gebiete betreuen und anleiten sollten. Ab Januar 1937 wurden diese Grenzstellen zu Kollektiv-Abschnittsleitungen umgebaut, die sich in Amsterdam (West), Kopenhagen/ab 1940 Stockholm (Nord), Prag/ab 1940 Stockholm (Zentrum), Zürich (Süd), Brüssel (Südwest) und Forbach (Saar) befanden.

kraten wie der kirchlich gebundenen Kreise und der Nationalsozialisten. Weiter sollte die Arbeit der DAF ⟨...⟩ beobachtet werden."[138] Bis zur Einsetzung eines eigenen „Literatur-Obmannes" schmuggelten die Instrukteure auch illegale Publikationen über die Grenze. Ihr „höherer Auftrag" freilich, sich im Reich um günstige Voraussetzungen für eine effektive Volksfront weiterhin zu bemühen[139], mußte unerledigt bleiben – die Stimmung war dort alles andere als revolutionär. Gentsch aber achtete auf die Sicherheit seiner Mitarbeiter und wechselte sie mehrfach aus, so daß keiner von ihnen länger als maximal zwei Jahre die gleichen Orte in Deutschland anlief.[140] Rund 200 Kontaktpersonen in Westdeutschland sollen die Bilanz der Arbeit der Abschnittsleitung West gewesen sein.[141]

Mitten in die Vorbereitungen auf die sogenannte *Berner Konferenz* der KPD, die neue Richtlinien illegaler Arbeit bestimmen sollte und an der auch Gentsch teilnahm, platzte ein Aufstand der Emigranten in Amsterdam: Der auf Drängen Gentschs[142] eingesetzte Emigrantenleiter erfüllte seine Aufgabe offenbar nicht zur Zufriedenheit der Exilierten – was jedoch nicht an diesem Mann gelegen haben muß, sondern vermutlich auf den psychischen Druck durch die Versorgungsschwierigkeiten und die gleichzeitige Kenntnisnahme von relativ hohen Einkommen der Funktionäre zurückzuführen war. Tatsächlich wählten die Opponenten eine neue Leitung und organisierten sogar ein eigenes Kassiersystem[143] – Aktionen, die Gentsch nicht hinnehmen konnte. Erst nach monatelangen Verhandlungen gelang es, die Widerspenstigen zu zähmen und wieder auf Parteilinie zu bringen.

[138] IfGA/ZPA, NL Erich Gentsch, Bd. 2. Vgl. Vernehmungsprotokoll (Auszug) vom 20. Mai 1943, zitiert in: Brief von Hermann Dünow, Pressestelle im Polizeipräsidium, an das ZK der KPD, vom 17. November 1945.

[139] Vgl. Herlemann (Anm. 125), S. 148.

[140] Vgl. ebda., S. 144.

[141] Vgl. Detlev Peukert, Die KPD im Widerstand. Verfolgung und Untergrundarbeit an Rhein und Ruhr 1933 bis 1945, Wuppertal 1980, S. 262.

[142] Vgl. Herlemann (Anm. 125), S. 153.

[143] Vgl. ebda., S. 154; vgl. auch Peukert (Anm. 141), S. 257.

Gentschs Aktionsradius war groß – über all dies hinaus hatte er noch die für ranghöhere KPD-Emigranten obligatorische Schriftenproduktion zu organisieren, die er zum einen durch die unregelmäßige Herstellung der zielgruppenorientierten Zeitschriften *Der Friedenskämpfer* und *Der patriotische SA-Mann* besorgte, zum anderen durch Konzeption und Herausgabe der holländischen Exil-Broschüre *Die Freiheit*. Das Heft (Umfang: 16 Seiten)[144] erschien vierteljährlich in einer Auflage von 500 bis 800 Stück und brachte

„allgemeinpolitische Berichte, Artikel zur marxistischen Theorie, Nachrichten und Analysen aus dem rheinisch-westfälischen Industriegebiet, besonders über die Entwicklung der Profite und die gesteigerte Ausbeutung in den Großkonzernen, sowie Berichte und Beispiele aus dem Widerstandskampf ⟨...⟩ Die Verbreitung der Berichte ⟨...⟩ hatte große Bedeutung für die Widerstandsgruppen. Sie fanden sich selbst in ihrer Zeitung wieder, sahen ihre Aktionen und Erfahrungen ausgewertet und verallgemeinert, erfuhren aber auch von ähnlichen Aktionen anderer Gruppen, nahmen an der Diskussion ihrer Probleme teil".[145]

Später witterte der Volksgerichtshof auch hier wieder folgenrei che Manipulation:

„Durch diese Zeitschrift und seine ganze Wühlarbeit suchte er nicht nur in unser deutsches Volk, im Rheinland und Westfalen einen Spaltpilz einzupflanzen und uns zu zersetzen, sondern darüber hinaus schuf er damit in der Welt draußen daran mit, die Stimmung zu erzeugen, die den Kriegshetzern ihre Arbeit sehr erleichterte: man glaubte draußen nämlich, unser Volk sei uneinig und werde in den ersten Kriegswochen zusammenbrechen; und er trug dazu bei, unter Hinweis auf die vielen Greuelgerüchte, die u. a. auch die ‚Freiheit' brachte, der Kriegshetze unserer Feinde ein moralisches Mäntelchen umzuhängen".[146]

Zur Erledigung seines umfangreichen Aufgabengebiets stand Gentsch vor allem in Gewerkschaftsfragen der langjährige

[144] Vgl. Näther (Anm. 130), S. 17.
[145] Vgl. Peukert (Anm. 135), S. 177.
[146] VGH-Urteilsschrift gegen Erich Gentsch vom 23. Juni 1944, IfZ Fa 117/41, S. 4.

KPD-Spitzenfunktionär Wilhelm Knöchel zur Seite, zu seinen Instrukteuren gehörten Willi Seng und Alfons Kaps – also jene Personen, die ihn später in einer unglücklichen, erzwungenen „Kettenreaktion" ans Messer liefern sollten. Nach kriegsbedingter Auflösung der Abschnittsleitungen und ansatzweiser Reorganisierung der Funktionärsarbeit im Reich, wie auf der *Berner Konferenz* 1939 beschlossen worden war, fungierte Gentsch über Kuriere (u. a. Rheinschiffer)[147] als Verbindungsmann zwischen holländischen und deutschen Kommunisten und als Mitarbeiter des neuen ZK-Beauftragten für die Inlandsarbeit, Wilhelm Knöchel: Dieser korrespondierte auf schriftlichem und funktechnischem Wege mit Moskau, übersandte Lageberichte und stand zudem mit dem Leiter des technischen Apparats der Komintern, dem Niederländer Daniel Goulooze (Deckname: der Große), in Verbindung, der wiederum einen Spionagering unterhielt.

Die Verhaftung von Kaps war, wie eingangs dargelegt, der Anfang vom Ende. Seng, Knöchel, Gentsch folgten – wobei Gentsch die Warnung durch Knöchels Freundin Cilly Hansmann, die die Katastrophe bei einer illegalen Reise nach Deutschland gerade noch rechtzeitig bemerken konnte, nicht ernst genug genommen hatte.[148] Während der Vernehmungen der Gestapo, die fast ein Jahr dauerten, schien Gentsch zumindest in den ersten vier Monaten standhaft geblieben zu sein und keine weiteren Angaben gemacht zu haben. Denn im bereits erwähnten polizeilichen Bericht vom 24. August 1943 hieß es: „Bei Gentsch handelt es sich um einen fanatischen Anhänger kommunistischer Ideen, der zu keinem Geständnis zu bewegen ist."[149]

„Nieder mit Hitler"[150] waren die letzten Worte des damals 51jährigen Widerstandskämpfers, nachdem er am 23. Juni 1944 zum Tode verurteilt worden war. Der VGH hatte befunden:

147 Vgl. Horst Duhnke, Die KPD von 1933-1945, Köln 1972, S. 462.

148 Vgl. Peukert (Anm. 141), S. 379.

149 Gestapo-Schlußbericht zu den Ermittlungen gegen Knöchel, BA Berlin NJ 310, Bd. 8.

150 Zitiert nach Hermann Weber, Die Wandlung des deutschen Kommunismus, Bd. 2, Frankfurt a. M. 1969, S. 133.

„Als das deutsche Volk anfing, geschlossen dem Führer treu sein Schicksal zu meistern, emigrierte der Spitzenfunktionär des Berliner kommunistischen Metallarbeiterverbandes Erich Gentsch, wühlte im Saargebiet gegen das Reich, leitete dann von Prag aus den kommunistischen Volksverrat als Grenzstellenleiter, suchte danach Jahre lang als Abschnittsleiter von Amsterdam aus das Rheinland und Westfalen bolschewistisch zu verseuchen und hetzte zugleich im Ausland gegen unsere nationalsozialistische Lebensart. Dadurch untergrub er die Freiheit unseres Volkes in seinem inneren Gemeinschaftsleben und schwächte unsere Kampfkraft in einem drohenden schweren Krieg. Er wird dafür mit dem Tode bestraft".[151]

Gentsch wurde keine Gelegenheit gegeben, zu einzelnen Punkten der Anklage Stellung zu nehmen; dies entspricht voll und ganz den zu dieser Zeit längst geltenden VGH-Methoden. Auch der Rechtsanwalt brach den Kontakt zu ihm einige Wochen nach dem Todesurteil offenbar ab; der Verurteilte wußte also zu diesem Zeitpunkt nichts über den Fortgang in seiner Gnadensache. Drei Tage, nachdem er dies in einem traurigen Brief an seine Familie erwähnt hatte[152], sollte er furchtbare Gewißheit haben: Die Vollstreckung wurde angeordnet und am 24. August 1944 vollzogen.

Alexander Schwab
(5. Juli 1887 – 12. November 1943)
VGH-Urteil am 23. Oktober 1937: 8 Jahre Zuchthaus

„Gewiß wollten wir kämpfen. Ja, wir fühlten uns schon im Kampfe stehend – und doch lebten auch wir in einem gewissen Sinne in Sicherheit und Frieden. Dieser uns unbewußte Widerspruch hatte Folgen, die ebenso eigentümlich waren und die erst jetzt, am Kontrast zur Gegenwart, deutlich und bewußt werden. Er ließ nämlich in uns den Glauben an zwei Kräfte groß werden: an die Kraft des Geistes und an die Kraft der Freundschaft. Wir glaubten an die Kraft des Geistes als die zuletzt siegreiche Macht – denn wir sahen noch kaum die Methoden der sozialen Vernichtung und überhaupt nicht die der

[151] Urteilsschrift gegen Gentsch (Anm. 146), S. 1.
[152] IfGA/ZPA, NL Gentsch, Bd. 16, Brief vom 20. August 1944.

physischen Auslöschung des Gegners. Erst der Weltkrieg und was ihm folgte, machte uns mit diesen Methoden als Massenerscheinung vertraut."[153]

Zuchthaus Sonneburg, geschrieben irgendwann im Jahre 1942. Oft waren Papier und Bleistift der einzige Rückhalt, den Häftlinge in der NS-Zeit hatten, um brennende Gedanken und Fragen mangels Möglichkeit offener Diskussion niederzuschreiben und somit wenigstens zeitweise die katastrophalen Zustände um sich herum zu verdrängen. Alexander Schwab tat das unter anderem in zahlreichen Briefen an seine beiden Kinder, aus denen verklausuliert seine schlechte Behandlung in der Haft und die verheerenden Lebensbedingungen („ein bitterer Vormittag, aber ein alter Moorsoldat weiß sich zu helfen")[154] hervorgehen. Dunkle Ahnungen befielen ihn nach einem Jahr Untersuchungs- und Polizeigefängnis, in dem er zum Teil in Einzelhaft gehalten wurde[155]: Es sei Tatsache, „daß ich gute Gründe habe, die Prognose nicht gerade für rosig zu halten."[156]

Dr. Schwab wußte, wovon er sprach; seine Stellung als Reichsleiter innerhalb der illegalen Organisation der *Roten Kämpfer* war viel zu exponiert, um eine milde Strafe oder sogar Freispruch erwarten zu können. Ein Leben lang hatte er sich der Politik gewidmet: „Der Enthusiasmus, eine neue Welt bauen zu wollen"[157], ließ ihn als Student ungewöhnliche, zeitkritische Positionen gegen korporationsstudentische Jugendeuphorie und Kriegsbegeisterung einnehmen. Im Vordergrund stand für Schwab das Ziel, sich innerhalb der freistudentischen Bewegung mit konservativen Korps und Burschenschaften ideologisch zu duellieren, ihnen den Anspruch auf alleinige Repräsentanz an deutschen Hochschulen streitig zu machen. Freiburg war damals eine der Hochburgen

[153] Niederschrift ohne Titel, in: NL Schwab (Privatbesitz). Das Zitat bezieht sich auf Schwabs Einstellungen im Ersten Weltkrieg.

[154] Brief vom 4. Februar 1940 an seine Tochter Franziska Violet, NL Schwab.

[155] Ebda., Brief vom 11. Februar 1937 an seine Tochter.

[156] Ebda., Brief vom 12. März 1937 an seine Tochter.

[157] Annedore Leber, Das Gewissen steht auf. Lebensbilder aus dem deutschen Widerstand 1933-1945, Mainz 1984, S. 305.

freistudentischen Querdenkertums. Doch mit solchen Standpunkten war in der Zeit des Ersten Weltkrieges kein Staat zu machen – man lief gegen Wände, anfängliches Interesse der Kommilitonen an Außergewöhnlichem ebbte schnell ab. Dennoch: Schwab wirkte allen Widrigkeiten zum Trotz an der Gründung der *Allgemeinen Studentenausschüsse* mit, wollte im Rahmen der Bewegung bewußt „neue wissenschafts-, erziehungs- und organisationspolitische Konzepte“[158] mit radikal-reformerischem Ansatz verwirklichen.

Diese Spirale setzte er in den nächsten Jahren fort. Als er 1919 der KPD beitrat, engagierte er sich im besonderen auf dem Gebiet der proletarischen Erwachsenenbildung: Nachdem seine und seiner Mitstreiter Mission an deutschen Hochschulen ins Leere gelaufen war, hoffte er nunmehr auf die Belehrbarkeit der Massen. Die *Freie Reichskonferenz für sozialistisches Bildungswesen* vom 18. bis 22. September 1919 setzte Zeichen mit einer Resolution, die auch die Unterschrift Schwabs trug:

„Wir brauchen nicht Schulreform, sondern ⟨...⟩ Schulrevolution! Schulrevolution ist aber nur möglich auf dem Boden der wirtschaftlichen, der sozialen Revolution. Man kann uns nicht länger abspeisen mit Reformen, mit Flickwerk, mit Revision und Kompromissen ⟨...⟩ Da studiert es emsig an den hohen Schulen, ein ganzes Volk im Volke, und bringt doch nicht einmal Wohlstand für alle zustande, guckt in die Sterne, glotzt in Mikroskope, schnüffelt in Altertümern, treibt Historie von Raubgesindel und seziert, was die Skribenten aller Zeiten von sich gegeben haben. Philosophen erzeugt es, deren Geschwätz die Ordnung der Herrschenden glorifizieren soll. Priester bildet es aus, die noch heute die Hölle predigen für unbotmäßige Proletarier, und ganze Scharen übler Rechtsverdreher leben nur davon, den Diebstahl am Volksgute, das private Eigentum, die Machenschaften des Kapitals zu verteidigen. Dieses Geschmeiß raubt dem Volke den Glauben an die Kultur ⟨...⟩, läßt geistig verhungern, was in der Profitwirtschaft nicht körperlich zugrunde gegangen ist. Und

[158] Irmtraud und Albrecht Götz vom Olenhusen, Walter Benjamin, Gustav Wyneken und die Freistudenten vor dem Ersten Weltkrieg, in: Jahrbuch des Archivs der deutschen Jugendbewegung 13 (1981), S. 99-128, hier: S. 100.

alles im Namen der Kultur, der Zivilisation, der Menschlichkeit – fort damit!"[159]

Unter dem Eindruck des Weltkrieges und der Russischen Revolution hatte sich Schwabs Standpunkt radikalisiert. Sein Interesse an der Mittlerfunktion zwischen Führung und Volk, die er als Leiter der ersten Berliner *Räte-Schule* zu verwirklichen beanspruchte[160], spricht für die Erkenntnis, an der Wurzel dessen, was man beseitigen wollte, anpacken zu müssen. Dabei ließ Schwab allerdings nie Zweifel an der eigenen Denkweise, die es trotz der durch die Moskauer Zentrale starr vorgegebenen kommunistischen Dogmen zu bewahren galt.

Infolge der Spaltung der KPD schloß er sich 1920 der kleinen, stets im Sektiererghetto verbliebenen *Kommunistischen Arbeiterpartei Deutschlands* (KAPD) an, „jenen Extremisten, die bedingungslos den Sieg der proletarischen Weltrevolution erkämpfen wollten und sich von der KPD lösten, als diese die Beteiligung an Parlamentswahlen und gewerkschaftlicher Arbeit beschlossen hatte"[161]: Ein streitbares Häuflein, das Sorgenkind und Zankapfel der *Kommunistischen Internationale* wurde und sich nicht scheute, auf dem Dritten Komintern-Kongreß vom 22. Juni bis 12. Juli 1921 den offenen Disput mit Genossen wie Lenin, Bucharin und Sinowjew zu suchen. Schwab, Leiter der KAPD-Delegation, wurde damals sehr deutlich:

„Wir sagen, eine solche Massenpartei, die geschaffen wird nach dem Prinzip, möglichst viel hereinholen, wir werden sie dann schon zusammenprügeln, damit sie unter dem Prügeln und dem Druck der Zentrale ordentlich revolutionär wird, ⟨...⟩ trägt in sich, in ihrer gesamten Struktur, die größte Wahrscheinlichkeit, daß sie versagen wird ⟨...⟩ Eine Partei so zu bauen, daß sie von der Zentrale aus mit dem Korporalstock in der Hand dirigiert und militärisch komman-

159 Alexander Schwab, „Freie Hochschule für Proletarier", in: *Der Arbeiter-Rat*, 1. Jg. 1919, Nr. 35, S. 14 f.

160 Vgl. Fritz Ficke, 10 Jahre gewerkschaftliche Bildungsarbeit in Berlin. Die Berliner Gewerkschaftsschule, Berlin 1932, S. 85 ff.

161 Leber (Anm. 157), S. 305.

diert wird, und daß die Mitglieder als Nasen oder tote Zahlen rechnen, ⟨...⟩ ist ⟨...⟩ heute nicht mehr möglich."[162]

Die Strafe folgte auf dem Fuße: Der KAPD-Plan, als „sympathisierende Organisation"[163] der Kommunisten anerkannt zu werden, scheiterte. Der Kongreß endete mit der ultimativen Forderung an Schwabs Delegation, sich binnen weniger Monate wieder mit der KPD zu vereinigen.

Bald darauf verzichtete Schwab auf eine weitere Mitarbeit in der KAPD, in der er sich zunehmender „Intellektuellenhetze"[164] ausgesetzt sah; sein Wunsch eines völlig neuen Anfangs nach dem Kriege hatte sich für ihn nicht erfüllt. Kommunismus war für ihn damals eine Sache der Gerechtigkeit gewesen, der revolutionäre Anspruch Ausdruck einer Euphorie, da Schwab die Massen bereit und reif zu sein glaubte. Dies wurde hinfällig, was er etwa ab dem Jahr 1923 erkannte und vorläufig die Konsequenzen zog.[165] So verschwammen allmählich die Spuren des Prinzips Hoffnung und nahmen mit Schwabs fortschreitendem Alter die Konturen des Prinzips Verantwortung an. Er konzentrierte sich in den folgenden Jahren auf eine parteiunabhängige Existenz als Journalist und Wirtschaftsredakteur in einem Nachrichtenbüro, was 1929 das Sprungbrett für eine Beschäftigung als Pressechef der Reichsanstalt für Arbeitsvermittlung und Arbeitslosenunterstützung sein sollte.

Im Jahre 1926 arrangierte er gewissermaßen sein politisches Comeback – und zwar auf Basis der SPD-Nebenorganisation *Sozialwissenschaftliche Vereinigung* (SWV), die auf seines Freundes Dr. Karl Schröder und seine Initiative hin im Endstadium der „goldenen 20er" zum Entsetzen der Sozialdemokraten als Platt-

[162] Protokoll des III. Kongresses der *Kommunistischen Internationale* (Moskau, 22. Juni – 12. Juli 1921), Hamburg 1921, S. 619, in: NL Schwab.

[163] Ebda., S. 413.

[164] Vgl. Olaf Ihlau, Die Roten Kämpfer. Ein Beitrag zur Geschichte der Arbeiterbewegung in der Weimarer Republik und im Dritten Reich, Meisenheim 1969, S. 181.

[165] Vgl. den selbstverfaßten „politischen Lebenslauf" des *Roten Kämpfers* Bernhard Reichenbach (September 1964), in: NL Schwab.

form für eine kleine Kader-Organisation verwandt und ausgebaut wurde[166]: Hier wollte man unter dem Eindruck der Weltwirtschaftskrise für möglicherweise bevorstehende diktatorische Zeiten den Grundstein für eine illegale Organisation legen. Das war die Geburtsstunde der späteren *Roten Kämpfer* (RK).

Ihre Arbeit war von Anfang an konspirativ: Neben der beobachtenden Teilnahme an SPD- und KPD-Versammlungen wurden Flugblätter verteilt und ab 1930 *Der Rote Kämpfer – Marxistische Arbeiterzeitung* (ab 1934 in *Der Arbeiterkommunist* umbenannt) publiziert, wovon zeitweise bis zu 4.000 Stück kursierten.[167] Die SPD sah mittlerweile nicht mehr tatenlos zu und bedrohte jegliche Mitarbeit an dieser Schrift mit Parteiausschluß. Es war auch nicht mehr ihr politisches Credo: Zu deutlich formulierten Schwab und seine Fraktion alte, sozialistische Formeln – „Sturz des Kapitalismus"; Unterdrückung der „ehedem besitzenden konterrevolutionären Klassen und Schichten"[168] –, die vor dem Hintergrund der späten Weimarer Republik als fehl am Platze galten; nicht nur bei den „Bürgerlichen", sondern auch bei den gratwandernden Sozialdemokraten. Ihre geistige Radikalität sollten Schwab und seine Mit-Kämpfer in der Illegalität beibehalten.

Im Vergleich zu den Sozialdemokraten zeigten sich die RK auf die Zeit nach dem 30. Januar 1933 besser vorbereitet. Die Umorganisation auf zunächst zwölf Gruppen á 15 Mitgliedern, dann auf Fünfer-Zellen war ebenso abgeschlossen wie die Einrichtung eines Deckadressennetzes und geheimer Anlaufstellen. Man bediente sich konsequenter Abschirmmethoden.[169] In Teilen des Reiches existierte ein Stützpunktsystem von Vertrauensleuten als Mittler zwischen Zentrale und Basis. Ziel war, „ohne Bevormundung durch bürokratische Parteiapparate eigene ideologische Vorstellungen und praktische Verhaltensweisen im Kampf gegen

[166] Vgl. Ihlau (Anm. 164), S. 35 ff.

[167] Vgl. Dokumentation (ohne Verfasserangabe), Die Roten Kämpfer, in: Vierteljahrshefte für Zeitgeschichte 7 (1959), S. 439.

[168] Vgl. Ihlau (Anm. 164), S. 87 ff.

[169] Vgl. ebda., S. 76.

den Faschismus zu entwickeln"[170] – denn SPD und KPD hätten auf der ganzen Linie versagt und könnten somit auch nicht auf das Recht pochen, die Arbeiterklasse zu repräsentieren. Neue, frische, unverbrauchte Definitionen sozialistischer Ideologie und deren Ausgestaltung sollten gefunden werden. Anhaltspunkte hierzu gab Alexander Schwab:

„Als erste Aufgabe der neuen Arbeiterbewegung, die sich heute in vielen Erscheinungen ankündigt, sehe ich die Herausbildung einer Klassenführung, d. h. einer Führung, die nicht wirtschaftlich außer und über der Arbeiterschaft steht. Dies ist eine langwierige Aufgabe, deren Erfolg unter anderem davon abhängt, wie schnell und gründlich die Irrtümer der *alten* Bewegung aus den Köpfen geräumt werden. Die Idee der Klassenführung begreift auch in sich, daß nicht mehr eine Parteidiktatur sich als die ‚Diktatur des Proletariats' ausgeben kann ⟨. . .⟩ Was den Personenkreis angeht, so war die Tätigkeit grundsätzlich beschränkt auf Arbeiter und Angestellte, die auf marxistischem Boden standen, ohne auf eine bestimmte Parteidoktrin eingeschworen zu sein ⟨. . .⟩ Insbesondere wurde verlangt: Freiheit von der Rußlandillusion, Klarheit über das objektiv erreichte historische Ende der alten Arbeiterbewegung."[171]

Sozialismus in Reinkultur – zu verwirklichen war er, der von autokratischen Tendenzen befreit sein sollte, auf zwei Ebenen: Zum einen setzte man auf revolutionäre Erwerbslosenausschüsse, zum anderen auf betriebliche Kader als die berechtigten Entscheidungsträger schlechthin. Qualität statt Masse, so hieß das Stichwort.[172] „Die natürliche Zusammenballung aller Glieder der Klasse, deren Bewußtsein auf gleicher Ebene liegt und deren Wille in gleicher Richtung drängt"[173], rechnete man sich in bewußter Distanz zum herkömmlichen Begriff der „Partei" als Konstellation der Zukunft aus, eine Konzeption, an deren Ausarbeitung Alexander Schwab als RK-Reichsleiter erheblichen Anteil hatte.

[170] Vgl. Thomas Meyer (Hrsg.), Lexikon des Sozialismus, Köln 1986, S. 536.
[171] Zitiert nach VGH-Anklageschrift gegen Alexander Schwab u. a. vom 28. August 1937, BA Berlin NJ 12914, S. 10 f.
[172] Vgl. ebda., S. 21.
[173] Ebda., S. 15.

Das Rätesystem lebte im fiktiven Staat der *Roten Kämpfer* wieder auf.

Ging es jedoch um die politische Realität, so erwiesen sich auch die *Roten Kämpfer* eher zu programmatischen Konstruktionen als zu nüchterner Analyse fähig. Hitler galt für sie als ein vom herrschenden Monopolkapital dirigierter nationalsozialistischer Kettenhund.[174] Man erkannte dessen Partei als gespalten in einen legalen und einen putschistischen Flügel, zwischen denen Hitler vermitteln und auf die er seine Politik ausrichten würde – wieder einmal eine Fehleinschätzung des Nationalsozialismus. Doch man war selbstbewußt genug, Trotzkis Warnung vor den Nazis als „Fünf-Minuten-vor-zwölf- Geschrei"[175] abzutun. Doch gerade Alexander Schwab dürfte sich schnell eines Besseren besonnen haben: Acht Wochen „Schutzhaft" vor dem Hintergrund eines (mangels Beweisen eingestellten) Ermittlungsverfahrens wegen Hochverrats ließen ihn rasch erkennen, daß es für Gegner des Regimes kein Pardon geben werde. Wenige Wochen später verlor Schwab seinen Arbeitsplatz aufgrund des *Gesetzes zur Wiederherstellung des Berufsbeamtentums* – daß dies ein Glücksfall für seine spätere illegale Tätigkeit war, konnte er zu diesem Zeitpunkt noch nicht wissen. Er trat schon im August 1933 (im Herbst erhielt er, wohl wider Erwarten, vom *Reichsverband der Deutschen Presse* die Konzession zur Schriftleiter-Tätigkeit)[176] eine neue Stelle in einem Pressebüro an (*Gärtner & Schäfer*), das Tageszeitungen – darunter den *Völkischen Beobachter* – mit wirtschaftspolitischem Material belieferte:

„Der Dienst war völlig farblos. Er brachte die sachlichen Informationen, die von den zuständigen Vertretungen in der Wirtschaft oder den Gesellschaften entweder bereits früher veröffentlicht worden waren oder noch später in den offiziellen Kommentaren erschienen, ohne jede selbständige Beurteilung und ohne direkte Beziehungen der Vorgänge in der Inlandswirtschaft zum Ausland; dagegen etwas

[174] Vgl. Ihlau (Anm. 164), S. 116.

[175] Vgl. Wolfgang Alles, Zur Politik und Geschichte der deutschen Trotzkisten ab 1930, Dipl. arb. Universität Mannheim 1978, S. 138.

[176] BA R 58/448, Bl. 90.

mehr regelmäßige Wirtschaftsberichte aus dem Ausland. Fast jede deutsche Tageszeitung mit einem eigenen Handelsteil gehörte zu den Beziehern, und selbstverständlich die größeren Fachblätter. Wer zwischen den Zeilen zu lesen verstand, wird einige Informationen bekommen haben, aber der äußere Erfolg des Dienstes entsprang wahrscheinlich mehr einem stillschweigendem Protest der größeren Presse gegen das System amtlicher Verlautbarungen, obwohl wir selbst nach außen auch nichts anderes anzubieten hatten."[177]

Doch hinter den Kulissen spielte sich anderes, Abenteuerliches ab. Nach Einbruch der Dunkelheit wurde das Büro zum Verbindungszentrum der im Reich agierenden RK-Gruppen umfunktioniert[178], in dem als Ersatz für die seit Februar 1933 eingestellte Zeitung ein internes Mitteilungsblatt gefertigt und aus Pressematerial Schulungsbroschüren hergestellt wurden. In unregelmäßigen Abständen gab es auf diese Weise für die Mitglieder Informationen in Form von Grundsatzartikeln, Pressestimmen und einem Wochen- oder Monatsbericht – genug Stoff also für politische Diskussionsrunden, die regional und überregional stattfanden und die im Reich verstreuten *Roten Kämpfer* halbwegs unter dem Dach der Organisation zusammenhielten. Was Kontakte zu anderen Gruppen anbelangte, war man äußerst vorsichtig; wer neu in die RK-Gemeinschaft aufgenommen werden wollte, brauchte zwei Bürgen.[179] Ins Ausland führten einige dünne Stränge über ehemalige Mitglieder, die nunmehr im Exil lebten – aber insgesamt waren die *Roten Kämpfer* international eher schwach vertreten, was einerseits an ihrer ohnehin geringen Mitgliederzahl lag, andererseits aber auch an der Skepsis der Reichsleitung gegenüber Emigration: Der SPD hatte man deshalb bittere Vorwürfe gemacht.[180] Demzufolge firmieren die *Roten Kämpfer* in der Litera-

[177] Franz Jung, Der Torpedokäfer, Neuwied/Berlin 1972, S. 420.
[178] Vgl. ebda., S. 426.
[179] Vgl. Dokumentation (Anm. 167), S. 439.
[180] Vgl. Ihlau (Anm. 164), S. 115 f.: Die *Roten Kämpfer* bezeichneten die Emigration des Parteivorstands als ein „Ersticken in Schmutz und Schande".

tur des öfteren als „geheimer Debattierzirkel"[181], dem das Zeug zu organisatorisch großflächigem Widerstand und Einfluß auf die Massen fehlte.

Die hohe Anspannung, unter der gerade die führenden Mitglieder einer illegalen Gruppe damals standen, belastete auch die *Roten Kämpfer* – bei Schwab kamen neben der Sorge um seine krebskranke Frau (sie starb 1934) noch schwere finanzielle Sorgen hinzu.[182] Ab Ende 1935 gab es einzelne Streitigkeiten in Ortsgruppen, schließlich auch in der Reichsleitung. Bislang hatte das System des Vertrauensleiter-Netzes, das immer wieder die Entsendung regionaler Leiter zu Schwab betreffs Berichterstattung, Abgabe von Mitgliedsbeiträgen und Versorgung mit neuen Materialien zur organisatorischen Grundlage hatte, offenbar einwandfrei funktioniert – doch nun forderten die Mitglieder mehr Partizipation und Mitspracherecht, ein Ansinnen, das Schwab mit dem Hinweis auf „eine nicht tragbare Schwächung des Einflusses der Reichsleitung"[183] aus Sicherheitsgründen nicht zuließ. Zwei Reichskonferenzen wurden 1936 zu diesem Thema abgehalten, jedoch blieb eine Einigung aus. Es kam zum Bruch, mehrere Mitglieder mußten die Gruppe verlassen.

Trotz der hohen Vorsichtsmaßnahmen fand ab November 1936 eine reichsweite Gestapo-Fahndung statt. Etliche Mitarbeiter, darunter Schwab, wurden von einem Massenaufgebot an Beamten[184] verhaftet – ein Roter Kämpfer aus Wattenscheid hatte vor einem Spitzel geplaudert, war noch in derselben Nacht festgenommen und gefoltert worden.[185] Dadurch fielen Namen, die die Gestapo schließlich auch zu Schröder und Schwab führten. Schwerste Mißhandlungen gerade von Alexander Schwab erpreßten Angaben zu Struktur, Funktion und Führung der Grup-

[181] Z. B. Jan Foitzik, Zwischen den Fronten. Zur Politik, Organisation und Funktion linker politischer Kleinorganisationen im Widerstand 1933 bis 1939/40, Bonn 1986, S. 91.

[182] Erinnerungen eines Jugendfreundes von Franziska Violet, in: NL Schwab.

[183] Vgl. Anklageschrift (Anm. 171), S. 29.

[184] Vgl. Jung (Anm. 177), S. 426.

[185] Vgl. Ihlau (Anm. 164), S. 134.

pen im Reich. Es half nichts, daß er die volle Verantwortung für die Leitung der Organisation übernommen hatte: Bis Mai 1937 waren fast alle Mitglieder verhaftet. Alexander Schwab trat indessen eine Odyssee durch diverse Polizei- und Untersuchungsgefängnisse an – bis am 30. Oktober 1937 sein Prozeß stattfand, der „nach Ton wie Inhalt“ erschreckend war: „Der Präsident (Hartmann) war offensichtlich nicht in der Lage, den Ausführungen der Angeklagten zu folgen“[186], schrieb 1959 eine, die dabei war.

Mit dem Urteil von acht Jahren Zuchthaus entließ der Volksgerichtshof den ehemaligen Reichsleiter der *Roten Kämpfer*, obwohl Schwabs Rechtsanwalt mit allen Kräften versucht hatte, die Anklage auf Vorbereitung zum Hochverrat zu erschüttern. Seine Argumentation: Da die *Roten Kämpfer* ja nicht auf den gewaltsamen Umsturz des Reiches hingearbeitet hätten, wozu die „idealistischen Grübler“ und „zaghaften, immer zweifelnden Gelehrtennaturen“[187] letztendlich nicht fähig gewesen wären, sei nur auf eine Strafe gegen das *Gesetz zur Neubildung von Parteien* zu erkennen. Doch er kam mit dieser Auffassung bei Gericht nicht durch:

„Dem Volksgerichtshof ist in seiner gesamten Praxis noch keine marxistische Organisation bekannt geworden, die nicht letzten Endes auf den gewaltsamen Sturz des Staates hinarbeitet.“[188]

Alexander Schwab wurde daraufhin zunächst ins Zuchthaus Brandenburg, von dort aus in die Konzentrationslager Börgermoor und Papenburg eingeliefert. Seine geistige Elastizität hatte er trotz seiner sich stets verschlechternden physischen und psychischen Verfassung nicht verloren. Ein ehemaliger Mitkämpfer berichtete nach 1945, Schwab sei im Mai 1938 vor dem Oberlandesgericht Hamburg als Zeuge vernommen worden: „Er sagte

[186] Dokumentation (Anm. 167), S. 456.

[187] Eingabe von Rechtsanwalt Paul Ahlsdorf vom 23. Oktober 1937, Anlage zu Anklage- und Urteilsschrift (Anm. 171), S. 6.

[188] VGH-Urteilsschrift gegen Alexander Schwab u. a. vom 30. Oktober 1937, BA Berlin NJ 7693, S. 39.

sehr klug und geschickt aus, so daß wir drei Angeklagten kaum belastet wurden".[189]

1943 kam der mittlerweile 56jährige völlig abgemagert (56 kg)[190] und seelisch entkräftet („Nervosität, Melancholie, Selbstquälerei")[191] ins Zuchthaus Zwickau. Dort verstarb er am 12. November 1943 ein halbes Jahr vor Haftentlassung an Lungenentzündung – so zumindest der telegraphische Bescheid der Haftanstalt an die Tochter.

Walter Nettelbeck
(29. November 1901 – 24. Juni 1975)
VGH-Urteil am 14. Oktober 1942: 6 Jahre Zuchthaus

„Daß es ihnen in Wirklichkeit nicht auf das ‚Selbstbestimmungsrecht der Völker' ankommt – fordern sie doch selbst Unterdrückung anderer Völker –, sondern nur auf imperialistische Expansion, darüber sind sich auch die Nationalsozialisten – soweit es sich um die Führer handelt – vollkommen klar."[192]

Zehn Jahre später – 1942 – hatte Hitler Österreich und die Tschechoslowakei überfallen, Polen und Frankreich besiegt und den See- und Luftkrieg gegen Großbritannien initiiert, war in Norwegen einmarschiert, ließ die deutschen Armeen am Mittelmeer und in Afrika kämpfen, hatte den Balkanfeldzug und die Invasion in die Sowjetunion begonnen; der Höhepunkt seiner militärischen Erfolge war zu diesem Zeitpunkt aber bereits überschritten. Die politische Opposition hatte sich, soweit sie mit dem Machtantritt Hitlers die Gefahr eines Zweiten Weltkrieges erkannte, nicht getäuscht. Zehn Jahre nach der Niederschrift dieser Prophezeiung stand vor dem Volksgerichtshof ihr Verfasser,

[189] Brief Hermann Lücke an Walter Hammer vom 2. März 1955, IfZ NL Hammer, ED 106, Bd. 57.
[190] Brief vom 18. Oktober 1942 an seine Tochter.
[191] Brief vom 14. Juni 1942 an seine Tochter.
[192] Walter Nettelbeck, „Hitlers Verrat an Südtirol", in: *Der Rote Aufbau*, Dezember 1932, S. 6 f.

Walter Nettelbeck, einer der führenden Trotzkisten Deutschlands. Das Urteil lautete auf sechs Jahre Zuchthaus – erstaunlich milde unter Berücksichtigung dessen, daß davor bereits weit weniger Radikale wie Sozialdemokraten und auch sogenannte „Wehrkraftzersetzer" die Todesstrafe entgegennehmen mußten, und der Volksgerichtshof während des Krieges ohnehin dazu übergegangen war, immer kompromißloser zu entscheiden. Was also bewog den leitenden Richter Dr. Albrecht zu solch vergleichsweise gnädigem Urteil? Die Anklageschrift gibt einen Anhaltspunkt:

„Zur inneren Tatseite hat der Angeschuldigte angegeben, er sei Trotzkist geworden, weil er an den kommunistischen Idealen gehangen habe und die Trotzkisten an der III. Internationalen scharfe Kritik geübt hätten. Später habe er den Glauben an die kommunistischen Ideen verloren. Jetzt habe er mit seiner früheren Weltanschauung restlos gebrochen und sei von der Notwendigkeit, diese zu bekämpfen, überzeugt. Er habe zu Deutschland zurückgefunden und bejahe den Nationalsozialismus. Daß seine Wandlung ernst sei, möchte er durch den vollen Einsatz seiner Person zur Wiedergutmachung seiner Verfehlungen beweisen".[193]

Filmdokumente legen offen, wie es Häftlingen vor dem Volksgerichtshof ergangen ist. Sie wurden in ihrer Rede unterbrochen, teils niedergeschrien; infolge barbarischer Haftbedingungen befanden sie sich zum Zeitpunkt des Prozesses oft am Rande des Zusammenbruchs, so daß die Richter leichtes Spiel mit ihnen hatten. Manche besaßen die Standfestigkeit, sich weiter zu ihren Zielen zu bekennen, manche verleugneten in Todesangst ihre Ideale. Allem Anschein nach gehörte Nettelbeck zu letztgenannter Gruppe. Denn sein politischer Werdegang kennzeichnet alles andere als bloßes Mitläufertum; er hatte also viel zu befürchten.

1922 stieg er nach kurzer Mitgliedschaft zum Vorsitzenden des *Kommunistischen Jugendverbandes Deutschlands* (KJVD) in Krefeld auf, übernahm im Anschluß an seinen Umzug nach Stuttgart 1926 die Propagandaleitung der *Internationalen Arbeiterhilfe* (IAH)

193 VGH-Anklageschrift gegen Walter Nettelbeck vom 7. Juni 1942, IfZ Fa 117/202, S. 12.

in Württemberg und stellte sich, nachdem er ein Jahr später nach Berlin übergesiedelt war, der dortigen Arbeiterhochschule als Referent und Lehrer zur Verfügung. Seine Journalistenlaufbahn begann 1928 mit einer Stelle als Pressephotograph bei der *Arbeiter-Illustrierten-Zeitung* (AIZ), die ihm 1930 einen halbjährigen Aufenthalt in Rußland ermöglichte; nach seiner Rückkehr schrieb er Aufsätze für die Münzenberg-Zeitung *Der Rote Aufbau*, später (1932–33) arbeitete er als Redakteur für die *Neue Montags-Zeitung*. Seine Tätigkeiten gingen einher mit der Mitgliedschaft beim *Arbeiter-Photographen-Verband*[194] sowie kurzfristig beim *Volksfilmverband* – eine lückenlose Laufbahn im Sinne kommunistischer Politik.

Mit der Machtübernahme der Nationalsozialisten kam jedoch auch für Nettelbeck ein Wendepunkt. Im März 1933 schloß ihn, der des öfteren eigene Interpretationen kommunistischer Ideen kundtat, die KPD aus. Nettelbecks Weg führte im Herbst 1933 zu den Trotzkisten, womit er es sich nicht unbedingt leichter machte: Die *Links-Opposition* (LO)[195] war insgesamt schwach und lief innerhalb der KPD und ihrer Unterorganisationen gegen Mauern, hatte also einen schweren Stand – obwohl die deutschen Anhänger Trotzkis gleich der KPD das Ziel einer Diktatur des Proletariats und die Errichtung einer deutschen Räterepublik nach russischem Muster via Revolution verfolgten. Die Gründe hierfür liegen in der alten Feindschaft zwischen Trotzki und Stalin, die sich nach dem Tode Lenins einen erbitterten Machtkampf um dessen Nachfolge geliefert hatten. Trotzki war bekanntlich unterlegen, konnte jedoch einen Teil seiner Anhänger halten – auch in Deutschland.[196] Erfolg blieb ihnen nicht zuletzt infolge interner Richtungskämpfe jedoch versagt:

[194] Vgl. ebda., S. 2 f.

[195] Die *Linksopposition* (LO) wurde im November 1933 in *Internationale Kommunisten Deutschlands* (IKD) umbenannt.

[196] In Deutschland bildete sich im April 1928 unter Führung von Hugo Urbahns der *Leninbund* – jedoch hatte dieser in etlichen Fragen andere Vorstellungen linker kommunistischer Politik als Trotzki, der sich von der Gruppe zunehmend distanzierte. Schließlich wurden dezidierte Trotzki-Anhänger im Februar 1930 aus dem *Leninbund* ausgeschlossen, am 30. März 1930 erfolgte

„Zwar gelang es den deutschen Anhängern Trotzkis immer wieder, KP-Mitglieder für ihre Ideen zu gewinnen, aber auch diese Neuzugänge konnten nicht darüber hinwegtäuschen, daß sich eine derart schwache *Linke Opposition* innerhalb der bürokratischen stalinistischen KPD keinen Platz erobern konnte."[197]

Da half es nichts, daß Trotzkis Analyse des Nationalsozialismus die plausibelste und realitätsnächste[198] innerhalb kommunistischer Positionen war: Seine hartnäckig formulierte Forderung nach einer Einheitsfront zwischen Sozialdemokraten und Kommunisten wurde auch vor dem Hintergrund des seit 1928 eingeschlagenen „ultralinken" Kurses selbstverständlich verteufelt (wie alles, was aus der trotzkistischen Ecke kam), als „Theorie eines völlig verlorenen und konterrevolutionären Faschisten" desavouiert.[199] Allerdings hätte bezweifelt werden dürfen, ob die unterschiedliche Haltung in Fragen der Organisation und Taktik überwindbar gewesen wäre: Zum einen sollte die Partei der Trotzkisten infolge begrenzter Mitgliederzahl den Charakter einer Kaderpartei haben, zum anderen jeder einzelne kraft dieser Minimierung besonderes Gewicht erhalten, was sich im Recht auf Mitbestimmung niederschlagen sollte: Basisdemokratie für eine Elite. Eine einmalige Erscheinung in diesem Zusammenhang war, jüngere Gruppenmitglieder zum Studium ins Ausland zu schicken; quasi legalisiert konnten diese Kader in unmittelbaren Kontakt zur Bewegung des Nachbarlandes treten und bei Semesterferien im Inland relativ ungehindert politisch arbeiten, da sich

auf Initiative Trotzkis hin die Gründung der *Vereinigten Linken Opposition der KPD (Bolschewiki-Leninisten).*

197 Alles (Anm. 175), S. 32.

198 Trotzki erkannte schon 1922, daß die Gefahr eines „deutschen Mussolini" drohe. Darüber hinaus prognostizierte er später, der Nationalsozialismus werde alle proletarischen Organisationen vernichten. Jedoch würden die Nationalsozialisten ihr Vernichtungswerk, das auch die physische Ausrottung der Arbeiterschaft zur Folge habe, nicht allein auf Deutschland beschränken. Denn: „Hitlers Sieg bedeutet Krieg gegen (die) USSR". Zitiert nach Alles (Anm. 175), S. 38 ff.

199 Ebda., S. 91.

niemand über den möglichen Hintersinn ihres sporadischen Auftauchens Gedanken machte.[200]

Der damals 32jährige Nettelbeck konnte in dieser Bewegung schnell Fuß fassen und war am Aufbau der Berliner „Zellen“ beteiligt. Die Gruppe in Berlin fungierte bald als *primus inter pares*: Obwohl es eine offizielle Reichsleitung nicht gab, hielten diese Trotzkisten den engsten Kontakt zum Pariser *Auslandskomitee* und sind in der Organisation als die reichsweit Rührigsten anzusehen. In einem Artikel in der parteieigenen Zeitung *Unser Wort*[201] vom März 1934 formulierte Nettelbeck die notwendige Strategie. Während er die verdeckte Arbeit in nationalsozialistischen Organen ablehnte, sah er als

„⟨...⟩ erste und unmittelbare Aufgabe, einen weiteren Rückzug der Arbeiter durch Kaderarbeit zu verhindern: dies solle aber keine Diskussionen nur in isolierten Zirkeln bedeuten. Der Übergang zur Massenarbeit müsse jederzeit möglich sein. Also sei die ‚wichtigste und unaufschiebbare Aufgabe‘ die ‚Schaffung von Kaders in den Betrieben‘, wozu ‚hundertprozentige Konspiration‘ und ‚militärische Disziplin‘ notwendig seien.“[202]

Immerhin brachte es die *Links-Opposition* 1934/35 auf rund 200 Kader reichsweit.[203] Nach der Spaltung der Organisation[204] erhielt Nettelbeck als Angehöriger des Trotzki-Flügels mit drei anderen Mitgliedern den Vorsitz in der damaligen Reichshauptstadt. Seine Aufgabe bestand zunächst einmal in der Koordination illegaler Tätigkeit, die er aus der Erkenntnis eines hohen Risikos für alle Beteiligten nur sporadisch öffentlichkeitswirksam gestaltete; so wurden nur ausnahmsweise Flugblätter verteilt oder

[200] Vgl. Foitzik (Anm. 181), S. 129.

[201] Die Zeitung erschien ab Mitte März 1933 in Prag, ab September 1933 in Paris, ab Anfang 1937 in Antwerpen, ab Januar 1940 in New York.

[202] Zitiert nach Alles (Anm. 175), S. 193 f.

[203] Vgl. Foitzik (Anm. 181), S. 68.

[204] Im Sommer 1934 wurde die sogenannte *Entrismus*-Debatte entfacht, da Trotzki die französischen Anhänger dazu überredete, in die Sozialistische Partei Frankreichs einzutreten. Ein Teil der Trotzkisten lehnte dies ab; Trotzki aber versprach sich dadurch eine stärkere Fühlungnahme mit den Massen. Es kam zur Spaltung. Vgl. Alles (Anm. 175), S. 207.

Widerstands-Parolen an Häuserwände gemalt – ganz abgesehen davon kam diese Taktik den knappen finanziellen Möglichkeiten und technischen Ressourcen der Trotzkisten entgegen. Darüber hinaus hatte Nettelbeck die spärlichen Gelder zu verwalten, Diskussionszirkel zu veranstalten, die Verbindung zu weiteren Zellen in Deutschland aufrechtzuerhalten[205] sowie auch andere Widerstandsgruppen zu kontaktieren. Eine Reichskonferenz in Zürich um Weihnachten 1934 unterstützte diese Absicht der Zusammenarbeit einzelner illegaler Gruppen, eine wirkliche Kooperation indes unterblieb.[206]

Über die Stimmung in Deutschland und die Arbeit der Kader sowie Festnahmen und Gerichtsurteile informierte Nettelbeck regelmäßig das Pariser *Auslandskomitee* der Trotzkisten. Daneben schrieb er weiterhin Aufsätze für die Parteizeitung *Unser Wort*. Ein anderes, nicht wörtlich überliefertes Beispiel:

„Das deutsche Kleinbürgertum fühle sich von Hitler betrogen und stehe gegen ihn im Kampf. Dieser kleinbürgerliche Kampf gegen den Faschismus in Deutschland biete die reale Basis für eine Massenbewegung. Der Aufbau einer neuen, wirklich leninistischen Partei sei eine unaufschiebbare Aufgabe. Das Ziel sei: das rebellierende Kleinbürgertum in seinem Kampf gegen die faschistische Diktatur zu unterstützen, voranzutreiben, seine Halbheiten in diesem Kampf zu entlarven. Man müsse dem Kleinbürgertum zeigen, daß der Marxismus nicht allein eine Angelegenheit für Proletarier sei, sondern daß ihm eine gesellschaftliche Konzeption zugrunde liege, in der auch das Kleinbürgertum einen Platz habe. Denn erst innerhalb der sozialistischen Gesellschaft werde dem Kleinbürgertum der Platz zuteil werden, der ihm auf Grund seiner geistigen Leistungen zukomme, weil dann endlich diese Leistungen nicht mehr im Dienst einer Ausbeuterklasse ständen, sondern tatsächlich im Dienst der ganzen Gesellschaft".[207]

205 Es bestanden 1935 in Deutschland trotzkistische Gruppen in folgenden Städten Deutschlands: Berlin, Danzig, Dresden, Frankfurt a. M., Gelsenkirchen, Hamburg, Köln, Leipzig, Magdeburg, Mainz, Neuss, Solingen. Vgl. IfGA/ZPA I 2/3/164, Bl. 203, Aufstellung über die Struktur der Trotzki-Bewegung im Jahre 1935.

206 Vgl. Alles (Anm. 175), S. 220.

207 Vgl. Anklageschrift gegen Nettelbeck (Anm. 193), S. 10.

Nach den ersten Verhaftungen von Trotzkisten in Deutschland emigrierte Nettelbeck im September 1935 und wurde ins Pariser *Auslandskomitee* aufgenommen; seitdem waren die *Links-Oppositionellen* im wesentlichen eine Emigrantenorganisation.[208] Die oben erwähnte Zeitung *Unser Wort* gab ab diesem Zeitpunkt er heraus. Seine finanzielle Lage zwang ihn jedoch bald, Paris im Frühjahr 1936 für einige Zeit zu verlassen, um zusätzliches Geld für seinen Lebensunterhalt zu verdienen. Demnach mußte er im Gegenzug notwendigerweise die illegale Arbeit etwas einschränken. Ein Parteiausschluß drohte. Nettelbeck engagierte sich noch einmal, belebte den Briefwechsel zu Trotzkisten in anderen Ländern und organisierte Veranstaltungen. Im August 1937 gab er laut Gerichtsakten seine politische Tätigkeit auf[209]: Es war zum Eklat innerhalb des Vorstands gekommen, da sich eine Opposition gegen Nettelbeck gebildet hatte, die schließlich seinen Abgang erzwang. Was die VGH-Juristen aber nicht wußten, war die Tatsache, daß er nach diesen Ereignissen mit ein paar Personen unabhängig von der offiziellen Partei weiterarbeitete. Die dazugehörige Zeitschrift *Das freie Wort* erschien jedoch nur einmal: im Januar 1938. Die Hoffnung dieser Gruppe, in anderen trotzkistischen Vereinigungen Verbündete zu finden und ein starkes Gegengewicht gegen sterile Tendenzen zu bilden, erfüllte sich nicht.

Bei Kriegsausbruch wurde Nettelbeck interniert. Seine Rückkehr nach Deutschland erfolgte angeblich freiwillig[210] – in diesem Falle ein Pokerspiel für ihn. Er schien auf Strafmilderung zu spekulieren. Seine Rechnung ging auf. Hätte ihn die Gestapo hingegen in Frankreich aufgespürt, wäre das Urteil mit Sicherheit schärfer ausgefallen. Bei anderen, wie zum Beispiel dem oppositionellen Schriftsteller Prinz Max von Hohenlohe-Langenburg, dessen Nerven nach etlichen Jahren illegaler Arbeit der Internierung in Nordafrika völlig überlastet waren und der sich den deutschen Behörden stellte, wurde dies wenig später schon nicht

[208] Vgl. Alles (Anm. 175), S. 244.
[209] Vgl. Anklageschrift gegen Nettelbeck (Anm. 193), S. 12.
[210] Vgl. VGH-Urteilsschrift gegen Walter Nettelbeck vom 14. Oktober 1942, IfZ Fa 117/202, S. 9.

mehr strafmildernd berücksichtigt: Das Urteil lautete auf Tod.[211]

Bleibt die Frage, ob die triumphale Feststellung des Gerichts, hier sei einer bekehrt worden, auf Wahrheit oder Wehrlosigkeit des Angeklagten beruhte; es ist zumindest zweifelhaft, ob sich 15 Jahre Engagement für kommunistische Politik binnen fünf Jahren, die Nettelbeck teilweise in Untersuchungshaft verbracht hat, ad acta legen lassen bzw. ins andere Extrem umschlagen können. Nach 1945 jedenfalls band sich Nettelbeck bald in den demokratischen Aufbauprozeß Deutschlands mit ein: Schon im Frühjahr 1946 wurde er zum Beigeordneten der Stadt Krefeld gewählt und fungierte als Sozialdezernent: „Was das in einer Zeit bedeutete, als die Bevölkerung hungerte, fror und kein Dach über dem Kopf hatte, ist heute tatsächlich nicht mehr vorstellbar", schrieb die *Rheinische Post* in ihrem Nachruf am 26. Juni 1975. Walter Nettelbeck hatte trotz Zuchthaus und Konzentrationslager das Kriegsende 30 Jahre überlebt.

4. Nationalrevolutionäre und Bündische Jugend

Hermann Meynen

(7. Mai 1895 – 5. April 1944)
VGH-Anklage am 22. März 1944, kein Urteil.

„(Presse-)Anweisung vom 12.12.⟨1935⟩: Es wird gebeten, in den Haushaltsbeilagen nicht solche Weihnachtsrezepte zu empfehlen, bei denen viel Butter erforderlich ist, vielmehr solche Rezepte zu empfehlen in umgekehrter Richtung. Anmerkung der Herausgeber: z. B. ‚Führerschmarrn': Man nehme eine noch gut erhaltene Nummer des V. B., durchtränke sie reichlich mit Parteispeichel (bei jedem Kreisleiter erhältlich), bestreue sie dick mit feingemahlener Baum-

[211] Hohenlohe-Langenburg ist, obwohl parteipolitisch nicht genau festzulegen, dem sozialistischen Lager zuzurechnen. Er hatte Kontakte zum Volksfront-Ausschuß und unterschrieb den entsprechenden ersten Aufruf Heinrich Manns. Außerdem war er für einige Emigrantenzeitungen tätig. Er wurde am 12. Dezember 1942 vom VGH zum Tode verurteilt. Vgl. IfZ Fa 117/145.

rinde (am besten deutsche Eiche) und lasse sie dann im Ofen schön braun braten".[212]

Der Gegner von rechts benutzte nicht minder scharfe Waffen als der Feind von links – beide hatten jedoch in ihrer Offensive gegen den Nationalsozialismus einen unterschiedlichen Ansatz. Während die sogenannten *Nationalrevolutionäre* wie *Schwarze Front, Jungdeutscher Orden* oder auch Niekischs Widerstandskreis als ideologisch dem Nationalsozialismus verwandt oder zumindest benachbart angesehen werden können und programmatisch partiell übereinstimmten, lagen NSDAP und die klassischen Arbeiterparteien SPD bzw. KPD Welten auseinander: Hier ging es nicht mehr um Kritik am Mißbrauch einer an sich anerkennenswerten Ideologie, sondern vielmehr um den qualitativen Sprung zu einer gänzlich anderen Ordnung. Es gehört ins Reich der Legende, daß Hitler diese „linken Leute von rechts" (Schüddekopf) ebenso unnachsichtig verfolgte wie die ihm verhaßten „Marxisten" und „Bolschewisten"; vielmehr lag ihm daran, sie in die „nationale Pflicht" zu nehmen und sie von einer Mitarbeit im System zu überzeugen. Kleine und mittlere Mitläufer durften demnach im allgemeinen auf gewisse Gnade rechnen, zumal, wenn sie sich im Ersten Weltkrieg bewährt und Orden vorzuzeigen hatten, oder auf eine Teilnahme an der Spartakisten- oder Separatistenbekämpfung verweisen konnten. Aber auch hier galt: Sobald Landesverrat im Spiel war, gab es – unabhängig von der Couleur der Angeklagten – kein Pardon mehr.

Hermann Meynen war einer von denen, die in der Weimarer Republik die Fundamente für ein wachsendes völkisch-nationales Lager legten. Aus dem bürgerlichen Mittelstand stammend, absolvierte er nach Teilnahme am Weltkrieg und Entlassung als Offiziersaspirant eine kaufmännische Lehre und engagierte sich in Revolten gegen „Rote": 1919/20 in Mülheim (Spartakisten),

[212] Hermann Meynen u. a. in: *Frontberichte vom Kriegsschauplatz des Dritten Reiches*, zitiert nach VGH-Anklageschrift gegen Meynen vom 22. März 1944, IfZ Fa 117/190, S. 11 f.

1923/24 in Duisburg (Separatisten).[213] Die Mitgliedschaft im *Jungdeutschen Orden* ab 1923 war demnach nur weiterer Baustein eines konservativ ausgerichteten Lebens: Diese 1919 gegründete Vereinigung, allein deren Name schon den Anspruch höherer Weihen erhob, bekannte sich zum autoritären Neuaufbau Deutschlands auf der Basis frontsoldatischer Kameradschaft und Einigkeit im Volke. Daß der *Jungdeutsche Orden* trotz seines formalen Bekenntnisses zur Weimarer Verfassung zumindest bis 1929/30, als er sich zur Fusion mit der DDP zur *Deutschen Staatspartei* entschloß[214], weit davon entfernt war, seine kämpferischen Energien für diese Demokratie einzusetzen, war aufgrund *Jungdo*-Führer Arthur Mahrauns klarer Anti-Haltung zum „Parteiismus" indes kein Geheimnis.[215]

Hermann Meynen reihte sich darüberhinaus in die Zahl derer ein, die noch in der ersten Hälfte des Jahres 1933 der NSDAP beitraten, da sie um Arbeitsplatz und Ansehen fürchteten. Die Firma seiner Eltern schrieb längst rote Zahlen; er erhoffte über die Gauwirtschaftsleitung einen Kredit, bekam ihn jedoch nicht. Ein jüdisches Unternehmen war „arisiert" worden; er bemühte sich um den Direktorposten – und scheiterte auch da. Die von vornherein manifestierte Skepsis gegenüber dem Nationalsozialismus sowie vor allem die persönliche Enttäuschung, wirtschaftlich nicht wieder auf die Beine gekommen zu sein, ließen ihn allmählich handfeste Gegnerschaft beziehen; dazu kam, daß er in jahrelangen Amateurversuchen am eigenen Körper Gegengifte für den Gelbkreuzkampfstoff erprobt hatte, womit er nicht nur seine Gesundheit aufs Spiel gesetzt, sondern auch seine Finanzen ruiniert hatte. Ob er das nun aus frontsoldatischer Perspektive als vaterländische Pflicht empfunden oder auf Lob, Lorbeeren und Geld gehofft hat-

[213] Vgl. Anklageschrift gegen Meynen (Anm. 212), S. 3.

[214] Die Gründung der *Deutschen Staatspartei* fand am 27. Juli 1930 statt; das Experiment war jedoch schon am 7. Oktober 1930 mit dem Austritt des *Jungdo* gescheitert.

[215] Vgl. zum Thema *Jungdeutscher Orden* das allerdings schon etwas veraltete und vor allem unkritische Buch von Klaus Hornung, Der Jungdeutsche Orden, Düsseldorf 1958.

te, sei dahingestellt; auf alle Fälle wurden seine Präparate zum Entsetzen Meynens bei der Heeressanitätsinspektion abgelehnt. Auch der Versuch, über die Partei Interesse zu wecken, schlug fehl.[216]

Seine antinationalsozialistische Einstellung änderte sich auch nicht, als ihn im Oktober 1934 sein Cousin als Werbeleiter bei der Wochenschrift *Der deutsche Volkswirt* einstellte. Im Gegenteil: Meynen verstand es, seine Kontakte zu Redakteuren bzw. Industriellen zu aktivieren, ließ sich Klatsch und Tratsch aus der NS-Society berichten und sammelte zudem im Verborgenen vertrauliche Presseanweisungen aus Goebbels' Propagandaministerium[217], um sie bei günstiger Gelegenheit verwerten zu können. Die bot sich, als auf einem der zahlreichen Stammtisch-Treffen früherer *Jungdo*-Anhänger der Plan gefaßt wurde, Meynens Informationen in einer Schrift zu publizieren. Man gab ihr den Namen *Frontberichte vom Kriegsschauplatz des Dritten Reiches*; als Herausgeber zeichneten „die drei Musketiere" alias Hermann Meynen, dessen früherer Ordensbruder Paul Müller sowie das einstige *Stahlhelm*mitglied Walter Junge.

Ziel war laut Meynen, daß „die von uns geübte Kritik durch irgendwelche Kanäle den maßgebenden Regierungskreisen zur Kenntnis gelangen, und daß dadurch Mißstände, die wir als solche zu erkennen glaubten, abgestellt würden"[218] – eine Aussage, die während einer Vernehmung fiel und daher quellenkritischen Maßstäben unterworfen werden muß; denn weswegen wandte er sich mit möglichen Beschwerden nicht offiziell an die entsprechenden Stellen? Vermutlich, weil keine große Motivation bestand, der eigenen Unzufriedenheit und Enttäuschung durch wohlgesetzte Worte Ausdruck zu verleihen und aller Voraussicht nach auf Ignoranz zu stoßen; zudem hoffte man natürlich auf die Multiplikatorwirkung der Schriften und somit oppositionellen Gedankenguts. Die Artikel hatten Persiflagen auf nationalsoziali-

[216] Vgl. Vernehmung Meynens vom 21. Dezember 1942, BA Berlin NJ 14549, Bd. 3.
[217] Vgl. Anklageschrift gegen Meynen (Anm. 212), S. 7 ff.
[218] Vernehmung Meynens vom 19. Januar 1943, in: Vgl. Anm. 216.

stische Funktionäre zum Inhalt, ebenso Berichte über Abhörmethoden der Gestapo und Übergriffe gegen die Kirche. Noch ein Beispiel:

„Wer ⟨. . .⟩ glaubt, daß durch Mitmachen es möglich wäre, auch nur einen winzigen Bruchteil dessen zu verhindern, was der Nazismus vorhat, den schlägt man zweckmäßigerweise tot, denn er ist schlimmer und gefährlicher als der bestialischste Sadist der ‚Mordgruppe Heidrich' ⟨sic!⟩ des ‚Chefs des Sicherheitswesens in der SS', jener Gruppe, auf deren Konto der Massenmord vom 30. Juni 1934 kommt".[219]

Ein Aufsatz mit der Überschrift „Die Regierung läßt bitten", der mutmaßlich von Meynen stammt, enthielt ausschließlich Presseanweisungen:

„Offen und frei, wie alles in Deutschland, ist auch die Pressekonferenz. Ein Schriftleiter, der es wagt, das, was hier gesagt, ‚angeregt' oder ‚erbeten' wird, auch nur im Schlaf seiner Frau zuzuflüstern, verschwindet für mehr oder weniger lange Zeit mit unbekanntem Aufenthalt, wird aus der Berufsliste gestrichen, weil ‚unwürdig' des hohen, hehren und verantwortungsvollen Amtes, das deutsche Volk zu be. . .‚lehren' und im Sinne des Nationalsozialismus zu erziehen. Wer Gelegenheit hat, dieser ‚Konferenz' ständig beizuwohnen oder zu erfahren, was hier für ‚Richtlinien' an die Presse gegeben werden ⟨. . .⟩, der weiß, daß das deutsche Volk von seinem ‚Führer' und seiner Regierung belogen und beschissen wird wie nie ein Volk seit Bestehen der Welt."[220]

Die Auflage dieser Schrift betrug 50 Stück – viel zu wenig, um auch nur im geringsten bekannt zu werden. Für den Volksgerichtshof jedoch waren diese „ungewöhnlich gehässigen und hetzerischen Ausführungen" geeignet, einen „schwerwiegend⟨en⟩" „Angriff" gegen NS-Deutschland zu starten und zwar „zu einer Zeit, in der es darauf ankam, alle Kräfte hinter der Führung zu sammeln, um keinen Zweifel an der unbedingten inneren Ge-

[219] Zitiert nach Anklageschrift gegen Meynen (Anm. 212), S. 9 f.
[220] Zitiert nach VGH-Urteilsschrift vom 8. Juli 1938 gegen Paul Müller, Heinrich Seegers und Walter Junge, BA Potsdam, ORA/VGH 8 J 5/37g., S. 20 f.

schlossenheit des deutschen Volkes aufkommen zu lassen"[221] – gemeint ist die Besetzung der entmilitarisierten Rheinlandzone.

Einmal und nie wieder – Februar 1936 blieb der einzige Erscheinungstermin der *Frontberichte*. Maßgeblich hierfür war sicher die Verhaftung der zwei Mitherausgeber Müller und Junge. Sie erfolgte, nachdem einer, der die Schrift empfangen hatte, in einen Autounfall verwickelt wurde, den beschädigten Wagen samt persönlichen Unterlagen zurückließ und die Polizei daraufhin das Exemplar der *Frontberichte* fand.[222] Es sollte sich zeigen, daß Hermann Meynen seine Mitstreiter nicht im Stich ließ: Er setzte sich um die Jahreswende 1936/37 nach Tirol, wenige Wochen später nach Wien ab und schickte von dort aus am 4. März 1937 ein Selbstbezichtigungsschreiben nach Berlin, in dem er die beiden durch Vorgabe alleiniger Autorenschaft der *Frontberichte* entlasten wollte.[223] Daraufhin war endgültig klar: Nach Deutschland konnte er nicht mehr ungefährdet zurückkehren. Er blieb in Österreich und nahm Kontakte mit Emigranten auf: Peter Bultmann (ehemaliger Zentrums-Funktionär), Hermann Rauschning (ehemaliger Danziger Senatspräsident), Rolf Möller-Dostali (Schriftsteller; früher Kommunist, inzwischen Katholik), Klaus Dohrn (Herausgeber der Zeitschrift *Christlicher Ständestaat*) und später auch Otto Straßer und dessen Mitarbeiter Otto Gruschwitz und Friedrich Beer (Deckname „Heinrich Grunov").[224] Um entsprechende Beachtung zu finden, gab sich Meynen als Auslandsvertreter des *Jungdeutschen Ordens* aus, was jedoch nicht der Wahrheit entsprach. Die Möglichkeit, sich auf journalistischem Wege einen Namen zu machen, nutzte er nur selten; und wenn etwas von ihm veröffentlicht wurde, dann nur in eher unbekannten Publikationen.[225] Sein beruflicher Mißerfolg ließ ihn ziemlich kärglich leben – sogar Kleidungsstücke, die ihm seine Frau ab und zu

221 Anklageschrift gegen Meynen (Anm. 212), S. 12.

222 Vgl. Urteilsschrift gegen Müller (Anm. 220), S. 29.

223 Vgl. Anklageschrift gegen Meynen (Anm. 212), S. 13.

224 Vgl. hier insbesondere die Vernehmungen Meynens vom 25. sowie 29. Januar 1943, in: Vgl. Anm. 216.

225 Vgl. Anklageschrift gegen Meynen (Anm. 212), S. 17.

sandte, mußte er wegen chronischen Geldmangels versetzen.[226] Zu dieser Zeit formierte sich in Preßburg kurzfristig eine Gruppe, die wieder einmal einen der kläglich gescheiterten Versuche einer übergreifenden anti-nationalsozialistischen Bewegung darstellte. Unter dem Namen *Deutsche Front gegen den Nationalsozialismus*, an deren Gründung (25. April 1937) auch Hermann Meynen mitwirkte, taten sich Vertreter der *Schwarzen Front*, der *Volkssozialistischen Partei* Prag, des *Jungdeutschen Ordens* und der *Katholischen Aktion* zusammen:

„Als eine Arbeitsgemeinschaft verschiedener politischer Gruppen sollte diese Organisation nicht nur die deutschfeindlichen Auslandsorganisationen, sondern auch die innerdeutschen Oppositionsgruppen propagandistisch erfassen und für den Kampf gegen den Nationalsozialismus stärken".[227]

Das Gelingen dieser Idee hatte Otto Straßer als einen der Bausteine deutscher Widerstandsaktivität zeit seiner illegalen Tätigkeit angestrebt. Wie zu erwarten, ging dieses Experiment nicht gut. Es fing schon damit an, daß sich Straßer und Bultmann nicht auf gemeinsame Zukunftsperspektiven einigen konnten.

„Bultmann vertrat die Idee einer Zerschlagung der preussischen Vormachtstellung unter Stärkung des Eigenlebens der anderen kleineren deutschen Staaten. Bei der Forderung dieses Zieles des Bultmann dürfte seine katholische Einstellung maßgebend gewesen sein. Während Bultmann sich weiter die Lösung eines europäischen Staatenbundes auf demokratischer Grundlage vorstellte, propagierte Strasser die Schaffung eines europäischen Staatenbundes unter deutscher Führung, an deren Spitze er nach Beseitigung des Nationalsozialismus stehen würde."[228]

Straßer war zu diesem Zeitpunkt tatsächlich noch der Meinung, Hitler ablösen zu können – eine ebenso unrealistische wie beklemmende Vorstellung, die jeden Versuch anderer Kräfte, mit ihm zusammenzuarbeiten, von vornherein zum Scheitern verur-

[226] Vgl. Vernehmung Meynens vom 24. Februar 1943, in: Vgl. Anm. 216.

[227] Anklageschrift gegen Meynen (Anm. 212), S. 19 f.

[228] Vernehmung Meynens vom 25. Januar 1943, in: Vgl. Anm. 216.

teilte. Doch das war nicht der einzige Grund, warum es nur beim Gründungsbeschluß der *Front* blieb: Noch dazu konnten die erforderlichen Finanzen nicht beschafft werden. Einer der Vertreter der *Volkssozialistischen Partei* Prag, Cahén, lieferte entgegen ursprünglicher Abmachungen die Honorare seiner extra zu diesem Zweck veranstalteten Vortragsreise in die USA nicht ab, sondern verwandte sie für sich.[229] Damit kam die einzige potentielle Geldquelle erst gar nicht zum Sprudeln. Meynen entschloß sich damals zunächst, die Verbindung zu Otto Straßer aufrecht zu erhalten – vom wirtschaftlichen Aspekt her nicht unklug, da Straßer kraft seiner exponierten Stellung als Chef der *Schwarzen Front* ihm half, in nahestehenden Zeitungen und natürlich auch seiner *Deutschen Revolution* Artikel unterzubringen. Damals trug sich Meynen auch mit dem Gedanken, ausländische Pressekommentare zu sammeln und Zeitungen als Dossier anzubieten. Aus Geldmangel unterblieb diese Aktion jedoch. Ebenfalls im Herbst 1937 plante er, mittels kleiner Luftballons illegale Schriften nach Deutschland zu befördern. Auch dies scheiterte an den erforderlichen Finanzen.[230]

Der Draht zu Straßer riß wenige Wochen nach dem Anschluß ab. Meynen durchquerte auf der Flucht vor der Gestapo zunächst die CSR, dann Ungarn und schließlich Bulgarien. In diesen wenigen Monaten schrieb er Aufsätze beim *Ostkurier* und dem Wirtschaftsblatt *Archiv* – wiederum weitgehend unbekannte Zeitungen. Aufgrund der verschärften Immigrationsbedingungen von Österreichs Nachbarländern jedoch war die Ausweisung Meynens aus Bulgarien programmiert. Im August 1938 emigrierte er schließlich nach Frankreich. Durch Vermittlung eines ihm aus der Wiener Zeit bekannten jüdischen Bürgers gelang es ihm, an eine Aufenthaltsbewilligung zu kommen. Geld war knapp; doch durch Schreibarbeiten sowie den Vertrieb von Münzenbergs Zei-

229 Vgl. Vernehmung Meynens vom 29. Januar 1943, in: Ebda.
230 Vgl. Vernehmung Meynens vom 15. Februar 1943, in: Ebda.

tung *Die Zukunft* verdiente sich Meynen ein paar Groschen für seinen Lebensunterhalt.[231]

Als weitere Bekannte aus Wien auftauchten (Bultmann, Gruschwitz, Beer, Rauschning), wurde die Verbindung zur *Schwarzen Front* wieder belebt. Die illegale Tätigkeit nahm jedoch ab Sommer 1939 andere Formen an: Spionage für den französischen Nachrichtendienst. Vermittelt wurde Meynen wahrscheinlich durch Alexander Treviranus, einen Bruder des ehemaligen Ministers der Weimarer Republik. Er hatte sich beim französischen Beamten Rudolf Lemoine um eine Aufenthaltsgenehmigung bemüht und zur Antwort bekommen, er müsse als Gegenleistung entweder selbst für den Nachrichtendienst tätig werden oder ihm geeignete Personen zuführen.[232]

Meynens Aufgabenfeld entsprach dem üblichen Rahmen: Anwerbung von weiteren Mitarbeitern, Herstellung von Flugblättern, Analyse deutscher Propagandaarbeit in Sachen Kriegsführung, Überprüfung aller Möglichkeiten von Sabotage. Ferner existierte auf Anregung des von Meynen mittlerweile geworbenen Friedrich Beer die Idee eines Attentats auf Hitler, ein Gedanke, der in unmittelbarem Zusammenhang mit dem erfolglosen Anschlag durch Georg Elser am 9. November 1939 im Münchner Bürgerbräukeller stand, von der Führung des französischen Nachrichtendienstes aber abgelehnt wurde.[233] Konkretere Überlegungen gab es zum Thema Sprengung einer Rheinbrücke oder eines Eisenbahntunnels, um den deutschen Nachschub nach dem Westen zu unterbinden, sofern der Krieg mit Frankreich oder den Beneluxländern Realität werden sollte. Friedrich Beer wurde mit 30.000 Francs und einem holländischen Paß am 23. Dezember 1939 auf Reisen geschickt, um die Lage zu erkunden – doch nach seiner Rückkehr von den französischen Behörden verhaftet: Die Informationen, die er ihnen weitergegeben hatte, waren teilweise falsch.

[231] Vgl. Anklageschrift gegen Meynen (Anm. 212), S. 26.

[232] Vgl. Vernehmung Rudolf Lemoines vom 1. Dezember 1943, in: BA Berlin, NJ 14549, Bd. 3.

[233] Vgl. Anklageschrift gegen Meynen (Anm. 212), S. 36.

Diese Vorkommnisse sowie Meynens Internierung am 14. Mai 1940 ließen den Kontakt abreißen. Er trat eine Odyssee durch verschiedene französische Lager an. Am 26. November 1942 griff die Gestapo in Chambons sur Lignon zu. Während seiner Vernehmungen betonte Meynen immer wieder, er habe Nationalsozialismus und Deutschland nicht als zusammengehörig betrachtet, wollte vielmehr seinem Volke dienen, indem er das Hitler-System bekämpfte. Die Polizei brachte ihn soweit, auszusagen, dies sei ein „Denkfehler“[234] gewesen.

In der Untersuchungshaft ging es ihm überaus schlecht, wie aus einem ärztlichen Gutachten vom 22. Oktober 1943 hervorgeht:

„Der Untersuchungsgefangene Hermann Meynen leidet seit seiner Aufnahme in die hiesige Anstalt an einer schweren Nierenentzündung mit starken Ödemen im Gesicht und an den Beinen, besonders an den Oberschenkeln ⟨...⟩ Es besteht Lebensgefahr durch Harnvergiftung. M. ist z. Zeit nicht haftfähig.“[235]

Versuche von Familie und Rechtsanwalt, ihn aus dem Gefängnis zu holen, scheiterten; nicht einmal die Bürgschaft eines SS-Sturmbannführers konnte etwas ausrichten. Am 3. März 1944 schrieb seine Frau Annie an den Oberreichsanwalt beim Volksgerichtshof:

„Mein Wunsch wäre halt nur wenn ich in seiner letzten Zeit einige Stunden am Tag bei ihm sein könnte, nur ich alleine für meine Tochter ist es nicht mehr gut das mitanzusehn. Zuhause bei uns dürfen wir ihn ja nicht mehr haben, ich bitte Sie desshalb ⟨sic!⟩ vielmals, sollte alles zu Ende sein dass Sie mir die Erlaubnis geben wenn es geht meinen Mann überführen zu lassen in meine Heimat, wenn es nicht geht ist es nicht schlimm denn mein Leid ist so gross dass ich am liebsten mitsterben möchte. Ich werde ja so gut behandelt von den Herrn in der Anstalt auch mein Mann hat seine Pflege so gut es geht er klagt über gar nichts nur sagte er die Tage kann er jetzt zählen wie lange er noch lebt, ich habe meinen Mann sehr gern und die Kinder lieben ihren Vater sehr wenn ich nur nah bei ihm sein dürfte!“[236]

[234] Vernehmung Meynens vom 15. März 1943, in: Vgl. Anm. 216.
[235] In: BA Berlin NJ 14549, Bd. 2.
[236] Ebda.

Erschütterndes Zeugnis einer menschlichen Tragödie, die sich hier abspielte. Die Antwort des Oberreichsanwalts war die Anklageschrift vom 22. März 1944, in der er befand:

„Die Triebfeder für das Verhalten des Angeschuldigten war sein Haß gegen das nationalsozialistische Deutschland, der umso hemmungsloser wurde, je mehr sich der Angeschuldigte von seinem Volke trennte. Zur Beseitigung der nationalsozialistischen Staatsform war dem Angeschuldigten jedes, auch das verwerflichste Mittel recht. Daß der Angeschuldigte bereit war, den Nationalsozialismus nicht nur durch propagandistische Mittel, sondern gegebenenfalls auch durch unmittelbare Anwendung von Gewalt zu beseitigen, hat er zwar anfänglich bestritten, dann aber unter dem Druck der Beweistatsachen zugegeben“.[237]

Zu einem Urteilsspruch ist es nicht mehr gekommen. Meynen starb am 5. April 1944 im Anstaltsspital des Zuchthauses Amberg „an Herzlähmung“.[238]

Alfred Broghammer
(9. Juni 1911 – 27. Juli 1943)
VGH-Urteil am 8. August 1941: 12 Jahre Zuchthaus

„Lebe gefährlich! Heldentum ist nicht dazu da, daß es als Museumsstück begafft wird, sondern daß es würdige Nachfolger findet. Ein Feind, der heroisch sich zeigt, ist uns lieber, als ein Freund, der eine Memme ist.“[239]

Die *Bündische Jugend* war nicht eine Bewegung des Wortes, sondern der Tat. Teile ihrer Anhängerschaft bildeten in ihrer Anti-Haltung zum Nationalsozialismus militant ausgerichtete Trupps in bewußtem Gegensatz zu pazifistisch orientierten Intellektuellenzirkeln, da es nicht galt, eine Ideologie oder das Interesse einer Partei zu verteidigen, sondern eine jahrzehntelang be-

[237] Anklageschrift gegen Meynen (Anm. 212), S. 38 f.
[238] Mitteilung des „Vorstandes“ des Zuchthauses Amberg vom 6. April 1944, in: BA Berlin NJ 14549, Bd. 2.
[239] *Wehrbrief* Nr. 6, Hrsg. Alfred Broghammer, in: IfZ Fa 117/101.

wahrte Lebensphilosophie. Sie bestand seit jeher im Anspruch auf Autonomie und Entwicklung einer Art Subkultur innerhalb des legalen Rahmens, doch abseits der als bürokratisch-institutionalisiert empfundenen Welt.

Die Aktivitäten dieser Jugendlichen waren der Anknüpfungspunkt für die *Hitlerjugend*, in die „heile Welt" einzubrechen, das „Erfolgsrezept" bündischen Lebensstils in großen Teilen zu kopieren und zu versuchen, die jungen Leute gleichsam lautlos in ihre Reihen zu überführen. Tatsächlich schwenkten viele über – immerhin war es verlockend, sich den „Siegern" zugehörig zu fühlen, zumal diese den Traum eines neuen, besseren Deutschland zu verwirklichen vorgaben. Auch wurde der Übergang wegen der Adaption vieler bündischer Eigenheiten nicht unbedingt als „Bruch" empfunden. Doch trotz allem Idealismus ließ sich der Pragmatismus der Massenerfassung sowie des verstärkten Gruppenzwangs nicht leugnen. Einer, der das nicht mitmachen wollte, war der frühere CJVM-Angehörige und freie Journalist Alfred Broghammer, der als wohl engster Ansprechpartner des 1935 exilierten Jugendführer Karl Otto Paetel im Reich anzusehen ist.

Broghammer hatte nach einer freudlosen Jugend[240] das Kunstgewerbehandwerk erlernt, gab diesen Beruf jedoch infolge Arbeitslosigkeit ab 1930 auf und versuchte den Quereinstieg in den Journalismus. Er schrieb für das *Stuttgarter Tageblatt* und andere kleinere Zeitungen historische und volkskundliche Artikel; ferner wurde er für Karl Otto Paetels bündische Zeitschrift *Die Kommenden* tätig. Blut und Boden, Volk und Raum, Wille und Wehrhaftigkeit finden sich als Schlüsselbegriffe in seinen Beiträgen[241] und umreißen grob, aber griffig sein Bild vom „neuen deutschen Reich"; Details zu dessen Aufbau sucht man allerdings vergeblich.

[240] Vgl. VGH-Anklageschrift gegen Alfred Broghammer u. a. vom 17. April 1941, in: Ebda., S. 3.

[241] Vgl. z. B. Alfred Broghammer, „Vom Wachsen der Dorfgemeinschaft", in: *Die Kommenden*, 1. August 1931.

Daneben gab er von 1932–33 die sogenannten *Schwert-Briefe* heraus, die in einer Auflage von ca. 50 Stück hektographiert erschienen und ein überbündisches Organ darstellen sollten. Die 1936 verbotene Nachfolgepublikation *Wehrbriefe* erreichte kaum einen größeren Bezieherkreis; sie setzte sich aus Aufsätzen, Appellen und Gedichten zusammen, die laut Broghammers Aussage „der wehrgeistigen Erziehung“[242] dienen sollten und nicht viel mehr als eine Blütenlese von Zitaten von Friedrich dem Großen bis hin zu Ernst Jünger präsentierten. Die Affinitäten zu nationalsozialistischem Gedankengut jedoch sind unübersehbar, gerade was die völkische Komponente betrifft; wer beispielsweise den *Wehrbrief* Nummer 5 (wohl von 1934) etwas genauer unter die Lupe nimmt, sieht den Eugenik-Gedanken auf eine Art und Weise ausgeführt, der in der Theorie eines der scheußlichsten späteren Gewaltverbrechen der Nationalsozialisten vorwegnimmt:

„Nation und Sozialismus sind erster und letzter Wert ⟨. . .⟩ Der Mensch hat nur dann eine Leensberechtigung ⟨sic!⟩, wenn er für die Nation kämpft und arbeitet! Stellt er sich ausserhalb der Ntion ⟨sic!⟩, dann ist er von der Nation ausgeschlossen. Ist der Mensch unheibar ⟨sic!⟩ krank und kann in der Krankheit seiner Nation nicht mehr dienen nichts mehr produktives ⟨sic!⟩ hervorbringen, dann verliert er die Daseinsberechtigung innerhalb der Nation. Er verliert sie aber auch dann wenn er der Nation schon viel geleistet hat. Die Nation muss eine Kampftruppe sein und bleiben! Sie darf nicht zum Krankenhaus der Degenerierten herabsinken! Von diesem Gesichtspunkt aus sind auch die Geisteskranken, die Schwachsinnigen und Krüppel für das gesunde Nationleben unhaltbar. Im Interesse des Gegenwartskampfes und der Zukunft sind sie zu beseitigen. Die medizinische Wissenschaft ist heute so weit voran geschritten, dass die Beseitigung ziemlich ruhig und einfach vorsich ⟨sic!⟩ gehen könnte. Ein altes Völkergesetz ist: Nichtsnutzig die Nation, die das Kranke und Schwächliche und Entartende schützt und leben läßt! ⟨. . .⟩“[243]

[242] Vgl. Vernehmung Broghammers vom 15. Februar 1940, in: IfZ Fa 300/135.

[243] *Wehrbrief* Nr. 5, Hrsg. Broghammer, in: Vgl. Anm. 239.

Um der „Nation" nicht noch zusätzliche Arbeit aufzubürden, wird Selbstmord empfohlen. Der Artikel ist im Gegensatz zu den meisten anderen Beiträgen ungezeichnet, und es liegt der Verdacht nahe, daß ihn Broghammer selbst verfaßt hat; zumindest aber billigte er als Herausgeber derartige Ausfälle. Aus heutiger Sicht ist dies eine moralische Bankrotterklärung; doch damals, 1934, zu einer Zeit, da „Euthanasie" und Auschwitz möglich wurden, waren solche Gedanken durchaus hoffähig. Bezeichnend ist, daß Broghammer – bevor er 1937 Artikellieferant für nationalsozialistische Zeitungen wurde – auch als politischer Schulungsreferent beim *Bund Deutscher Mädel* (BDM) im „Obergau Württemberg" tätig war.[244]

Die Fäden bündischer Widerstandstätigkeit zog, wie bereits erwähnt, unter anderem Karl Otto Paetel, langjähriges Mitglied der *Deutschen Freischar* und ehemaliger Berliner Leiter der 1930 gegründeten Gruppe *Sozialrevolutionäre Nationalisten*, die die Bildung einer großdeutschen Räterepublik angestrebt hatte. Er hoffte auf eine neue deutsche Revolution mit Hilfe der Jugend und hatte sich schon zu Zeiten der Weimarer Republik einen recht beachtlichen Sympathisantenkreis geschaffen. Ca. 1931 nahm er erstmals Notiz von Broghammer, als dieser ihm Artikel für die Zeitschrift *Die Kommenden* (ab 1933 *Wille zum Reich*) zusandte. Eine rege Korrespondenz setzte ein – persönlich lernten sich die beiden jedoch nie kennen.

Der Kontakt riß auch nach Paetels Emigration nicht ab. Im Gegenteil: Die Zusammenarbeit wurde intensiver, als Paetel Broghammer einen regelrechten Aufgabenkatalog zusandte, was dieser alles im Reich zu organisieren hatte: Fühlungnahme mit der *Schwarzen Front* zum Zwecke der Werbung „brauchbarer" Mitglieder (ansonsten wollte weder Paetel noch Broghammer etwas mit Straßer zu tun haben); Übersendung illegaler Literatur an Paetel; Anfertigung von Stimmungsberichten; verstärkte Kontaktaufnahme zu Bündischen in Österreich; Herstellung der Verbindung zwischen dem weitverzweigten Kreis in Deutschland

[244] Vgl. Anklageschrift gegen Broghammer (Anm. 240), S. 5.

und Paetel in Frankreich; Schulung jugendlicher Anhänger; Aufbau von Gruppen im Reich. Auf Propaganda in den Reihen der Arbeiterschaft verzichtete Paetel bewußt mit dem Argument, diese sei kein bedrohlicher Faktor mehr im Kampf gegen Hitler. Vielmehr war sein Anliegen, in die Front der (kleinbürgerlichen) NSDAP-Mitglieder einzubrechen.[245]

Broghammer hatte Paetel wissen lassen, daß er ihm jegliche Unterstützung gewähren wolle; dies bezog sich sowohl auf finanzielle Zuwendungen, da es Paetel in Paris nicht besonders gut zu gehen schien (obwohl Broghammer seinerseits als bedürftig galt und und von einem Bekannten Geld empfing[246]), als auch auf illegale Arbeit. Das Risiko, das Broghammer damit auf sich nahm, resultierte aus seiner starken Bindung zu Paetel und dessen Gedankenwelt; wie schon die Gestapo feststellte, war es diesem „auf Grund seiner geistigen Fähigkeiten ⟨...⟩ tatsächlich gelungen, über die Jugendlichen einen solchen Einfluss zu gewinnen, dass sie schliesslich seine Ansichten fast unumschränkt anerkannten und für ihn tätig wurden."[247] Paetel erblickte in Broghammer einen äußerst wichtigen Mitarbeiter, wie ein Brief vom 6. Juli 1939 zeigt:

„Ich erwarte viel von Dir, mein Fred, und von Deiner Fähigkeit, Bindungen zu festigen und sicher zu machen. Ich kann das oft nicht, die Umstände verbieten es. Du kannst es. Versäume nichts, Fred, wir wissen ja, worum es geht."[248]

Im übrigen waren die Korrespondenzen, sofern sie subversiven Charakter hatten, getarnt; politisches Vokabular wurde in unver-

[245] Vgl. Ermittlungsakten, in: IfZ Fa 117/101, S. 18.

[246] Hier handelt es sich um Peter-Harro Levsen, der primär wegen Verbindungen zum Widerstands-Kreis Ernst Niekischs verhaftet worden war und sich vor dem Oberlandesgericht Stuttgart verantworten mußte, jedoch am 28. April 1941 freigesprochen wurde. Levsen unterstützte Broghammer; irgendwelche Verbindungen Broghammers zum Niekisch-Kreis scheinen jedoch nicht bestanden zu haben. Vgl. OLG-Urteilsschrift gegen Levsen, BA Berlin NJ 11435, S. 3.

[247] Ermittlungsakten (Anm. 245), S. 20.

[248] Zitiert nach VGH-Urteilsschrift gegen Broghammer u. a. vom 8. August 1941, IfZ Fa 117/101, S. 20.

fänglich klingende Wörter übersetzt (zum Beispiel NSDAP = Verwandtschaft, Flugblätter = Briefpapier).[249] Diese Vorsichtsmaßnahmen hatte man nicht immer so konsequent durchgehalten; gerade in den ersten Jahren nach 1933 wurden konspirative Vorkehrungen wenig beachtet, weil die bündischen Gruppen ja ursprünglich nicht als Widerstands-, sondern als Freundeskreise weiterexistieren wollten.[250]

Es wurde Broghammer zum Verhängnis, daß er einen großen Teil des Briefwechsels mit Paetel aufbewahrt hatte – so konnte die Gestapo nach seiner Festnahme am 18. Oktober 1939 trotz der „äußerst schwierigen"[251] Vernehmungen ein lückenloses Bild der illegalen Tätigkeit rekonstruieren.

Diese scheint soweit recht erfolgreich gewesen zu sein – etliche in den Ermittlungsakten verzeichneten Namen weisen darauf hin, daß es Broghammer wohl gelungen war, die im ganzen Reich versprengten Anhänger so gut wie möglich beisammenzuhalten und auch ihre Verbindung zu Paetel herzustellen. Was die Verbreitung von dessen Ideen betrifft, hatte Broghammer neben der Schulung und Literaturverteilung noch einen anderen Weg gefunden. Er ließ sich Paetels Artikel schicken und veröffentlichte diese unter seinem Namen in der deutschen Presse – was angesichts der strengen Zensur zum einen ein gewisses Geschick beweist, zum anderen aber auch offenlegt, daß nicht auf allen Gebieten eklatante Widersprüche zwischen bündischen und nationalsozialistischen Ideen herrschten. Wohl hat sich dies nach der Machtübernahme relativiert, wohl distanzierten sich die Bündischen von der NSDAP infolge deren Entwicklung zur Massenpartei mit zwangsläufig festgefügten organisatorischen Strukturen immer mehr, wohl brachte die zunehmende Integration von Arbeiterjugend und Mädchen[252] neue Perspektiven; dennoch waren die

[249] Vgl. ebda., S. 16 f.

[250] Vgl. Matthias von Hellfeld, Bündische Jugend und Hitlerjugend. Zur Geschichte von Anpassung und Widerstand 1930-1939, Köln 1987, S. 220.

[251] Ermittlungsakten (Anm. 245), S. 74.

[252] Vgl. Arno Klönne, Bündische Jugend, Nationalsozialismus und NS-Staat, in: Argument 27 (1985), S. 237.

geistigen Berührungspunkte zwischen Bündischen und Nationalsozialisten offensichtlich.

Alfred Broghammer wurde vor dem Volksgerichtshof zu zwölf Jahren Zuchthaus verurteilt. Seine Angabe, er habe sich bei einer Durchsetzung von Paetels Zielen Vorteile für seinen Schriftstellerberuf erhofft und sei primär davon zu illegaler Tätigkeit motiviert worden, ließ das Gericht natürlich nicht gelten, zumal er fünf Monate nach seiner Festnahme ⟨!⟩ ein volles Geständnis abgelegt hatte.[253] Allerdings wies er bei der Verhandlung darauf hin, keine Gelegenheit erhalten zu haben, die Sachlage richtig darzustellen[254] – möglicherweise eine Anspielung auf den starken psychischen Druck, der auf Untersuchungshäftlingen angesichts drohender Folterungen lastete.

Die Nationalsozialisten hatten die für sie gefährliche Attraktivität der illegalen *Bündischen Jugend* erkannt und bekämpft. Ihre Begründung:

„Die nationalsozialistische Weltanschauung ist die Grundlage und zugleich der Kraftquell der deutschen Volksgemeinschaft. Nur dadurch, daß die heranwachsende Jugend mit dem nationalsozialistischen Ideengut vertraut gemacht, in seinem Geist erzogen wird und sich selbst von ihm in ihrem gesamten Tun leiten läßt, ist der Fortbestand des Reiches gesichert ⟨...⟩ Würde es gelingen, dieses Erziehungswerk zu stören und die Jugend mit bolschewistischen oder ähnlichen Ideen zu vergiften, so wäre der Zusammenbruch des Reichs in absehbarer Zeit die unausbleibliche Folge."[255]

Broghammer kam am 27. Juli 1943 im Zuchthaus Ludwigsburg um[256]; auf welche Weise, ist nicht geklärt.

[253] Vgl. Vernehmung Alfred Broghammers vom 16. Februar 1940, in: Vgl. Anm. 245.

[254] Vgl. Anklageschrift gegen Broghammer (Anm. 240), S. 56.

[255] Urteilsschrift gegen Broghammer (Anm. 248), S. 40.

[256] Über Broghammers Todesdatum existieren zwei Angaben: Die eine stammt von der VVN, wonach Broghammer schon am 21. August 1941, also nicht einmal zwei Wochen nach seiner Verurteilung, im Zuchthaus Ludwigsburg-Hohenasperg umgekommen sein soll (vgl. hierzu IfGA/ZPA V 280/37). In den Akten aber eben dieser Landesstrafanstalt ist das Datum 27. Juli 1943 verzeichnet (vgl. IfGA/ZPA V 279/82). Diese Angabe dürfte, da gewissermaßen aus „erster Hand", die authentische sein.

Die Verfolgung der Bündischen steigerte sich während des Krieges noch dahingehend, daß viele unter dem willkürlichen Verdacht der Homosexualität verhaftet und in Jugend-Konzentrationslager eingeliefert wurden.[257]

Ernst Niekisch
(23. Mai 1889 – 23. Mai 1967)
VGH-Urteil am 10. Januar 1939: lebenslänglich Zuchthaus

„Soviel ist gewiß: daß ich den festen Willen habe, noch eine politische Rolle zu spielen und daß ich zielbewußt mich ans Werk mache, sie mir anzueignen ⟨...⟩“[258]

Er war immer schwer einzuordnen im politischen Koordinatensystem: In jungen Jahren wandelte der Schriftsteller Ernst Niekisch rastlos zwischen Parteien und Programmen, ließ sich nie politisch festlegen; wer dachte, er könne ihn für sich nutzbar machen, sah sich schnell getäuscht. Doch der Schein des ewig Suchenden trog: Bald begann sich eine eigene Ideologie herauszukristallisieren, bald bekamen eigene Ideen Konturen, die letzten Endes eine Strömung des Weimarer Staates mitprägten, deren zwei tragenden Elemente miteinander unvereinbar scheinen: den National-Bolschewismus.[259] Diese Bewegung, die sich aus mehreren Gruppen und Grüppchen konstituierte, blieb relativ klein – zu groß war der geistige Spagat, den man ihretwillen hätte vollziehen müssen: Nationalismus und Kommunismus als gleichberechtigte, einander ergänzende Größen zu erkennen, erforderte ein gewisses Maß an ideologischer Eigenwilligkeit. Ernst Niekisch besaß sie – von Jugend an.

[257] Vgl. Hellfeld (Anm. 250), S. 207.

[258] Eintrag in Niekischs Tagebuch vom 4. November 1917, zitiert nach VGH-Urteilsschrift gegen Niekisch u. a. vom 10. Januar 1939, IfZ Fa 300/204.

[259] Vgl. zum Thema „Nationalbolschewismus“ das ausgezeichnete Buch von Louis Dupeux, „Nationalbolschewismus“ in Deutschland 1919-1933, München 1985.

Er wuchs in einer schlesischen Arbeiterfamilie auf, die nach Bayern übergesiedelt war. Die ersten Feuerproben heranreifenden Widerstands kamen auf ihn zu, als sich der Schüler gegen die geschlossene Gemeinschaft seiner – höheren Schichten entstammenden – Klassenkameraden durchsetzen mußte und zum Entsetzen seiner Lehrer schon in jugendlichem Alter dichterische Gehversuche unternahm, schließlich gegen den Willen seiner Eltern den goldenen Boden des Handwerks mit Füßen trat und den Beruf des Pädagogen wählte: ein wenig paradox insofern, als er sich in seinen Memoiren erinnert, Lehrern und Pfarrern sei er stets skeptisch begegnet.[260] Wahr ist wohl, daß er schon damals eine kleine geistige Subkultur zu verkörpern beanspruchte.

Aus der russischen Oktoberrevolution von 1917 ließ sich für Niekisch der Stoff weben, aus dem bis zum Ende seines Lebens die Träume waren. Die Lektüre von Marx' Schriften hatte ihm genug Verständnis für diese Vorgänge vermittelt. Seinem Wunsch, die Welle roter Rebellion würde auch über Deutschland hereinbrechen, meinte er (ausgerechnet!) mit dem Beitritt zur SPD noch im selben Jahr Ausdruck verleihen zu können. Immerhin: Sein Engagement führte ihn zum Vorsitz des Zentralrats der Arbeiter-, Bauern- und Soldatenräte Bayerns ab 21. Februar 1919. Niekisch bezahlte diese Tätigkeit mit zwei Jahren Festungshaft, zu denen er in einem Hochverratsverfahren am 22. Juni 1919 verurteilt worden war. Er teilte dieses Los unter anderem mit Ernst Toller und Erich Mühsam.

Auf dem Wege zum Gefängnis hatte Niekisch seinen Austritt aus der SPD erklärt[261], um sich nunmehr der USPD anzuschließen. Ein kurzes Intermezzo – zwar übte er nach seiner Haftentlassung noch einige Zeit das Amt des USP-Landtags-Fraktionsvorsitzenden aus und gab darüber hinaus ein sozialistisches Wochenblättchen namens *Umschau* heraus (es machte trotz seiner geringen Auflage von 1.000 Stück soviel Furore, daß die Regierung

[260] Vgl. Ernst Niekisch, Erinnerungen eines deutschen Revolutionärs. Gewagtes Leben, Bd. 1, Köln 1974, S. 24.
[261] Ebda., S. 83.

von Schwaben zu einem zeitweisen Verbot schritt[262]), kehrte aber nach der Verschmelzung von USPD und SPD zu dieser zurück. Er verließ Bayern – dies hatte er bereits in Briefen aus dem Gefängnis angekündigt[263] – und stellte sich als Leiter des Jugendsekretariats in die Dienste des Textilarbeiterverbandes Berlin. Gleichzeitig übernahm er einen Redakteursposten bei der Zeitschrift *Der Firn*.

Niekisch sollte sich bald als *enfant terrible* seiner Partei entpuppen: Unter dem Eindruck des Krisenjahrs 1923, das die Separatistenkämpfe an Rhein und Ruhr hervorbrachte und dem deutschen Kleinbürgertum durch das Inflationsfiasko den Boden entzog, griff Niekisch zum zweiten Grundbaustein seiner künftigen politischen Orientierung: dem Nationalismus, da er offenbar der Meinung war, dies könne ein Ventil fürs frustrierte und nervlich überlastete Volk sein, damit ließen sich gerade Kleinbürger gewinnen. Die SPD machte seiner Meinung nach alles falsch, da sie sich in Richtung der Entente bewegte. Niekischs Zauberwort hieß längst Rußland . . .

Sein Entschluß, vorläufig dennoch bei dieser Partei zu bleiben, war nur dem Umstand zu verdanken, daß sich in ihr seit einiger Zeit eine Gruppe vorwiegend Jugendlicher herauskristallisiert hatte, die sich an der Quadratur des Kreises versuchte: Der Hofgeismarkreis setzte auf Wehrhaftigkeit statt Pazifismus, auf die nationale Komponente statt auf Internationalismus. Niekisch erkannte eine Chance, verpaßte aber infolge zunehmender Radikalisierung[264] die Möglichkeit, durch subtile Führung eine ernstzunehmende Sektion innerhalb der SPD aufzubauen. 1926 wurde diese Opposition von der SPD ausgeschaltet.

[262] Verfügung der Regierung von Schwaben und Neuburg vom 19. August 1922. Niekisch legte dagegen Beschwerde ein; der Staatsgerichtshof zum Schutze der Republik gab ihr am 8. März 1923 statt und hob das Verbot auf. BA, NL Niekisch, Karton 1.

[263] Dies geht aus einem Brief des Reichstagsabgeordneten Hans Unterleitner an Niekisch vom 16. Dezember 1920 hervor, in dem er ihn bittet, von diesen Plänen Abstand zu nehmen. BA, NL Niekisch, Karton 1.

[264] Vgl. Uwe Sauermann, Ernst Niekisch und der revolutionäre Nationalismus, München 1985, S. 23.

Der nächste Meilenstein auf seinem Weg war die *Alte Sozialdemokratische Partei Sachsens* (ASPS), die sich im Frühjahr 1926 in einem aufsehenerregenden Akt mit 23 Abgeordneten von der sächsischen SPD abgespalten hatte; deren rechter Flügel hatte sich also selbständig gemacht. Schon im Juli 1926 war Niekisch zur Stelle, trat in die Redaktion des ASPS-Organs *Der Volksstaat* ein und versuchte nun, diesen sozialistischen Flügel der Sozialdemokratie nach seinem Bilde zu formen. Er sollte auch hier stranden: Seine Auffassung, man müsse sich Staatsgesinnung auf die Fahnen schreiben, um den Staat innenpolitisch im Griff zu haben[265], setzte sich nicht durch. Die Partei bröckelte – woran sich auch nichts änderte, als sie die regionale Begrenzung per Parteitagsbeschluß am 10. Juli 1927 aufgab und sich in *Altsozialdemokratische Partei*[266] umtaufte, um nunmehr auch bei Reichstagswahlen antreten zu können. Niekisch hatte auf einer Kundgebung Ende März 1928 noch gewarnt, sich nicht zu verzetteln und die „Stoßkraft" der Partei vorläufig auf Sachsen zu konzentrieren, da sich die Spaltung der SPD im Reich von selbst vollziehen werde.[267] Man mag sich über diese Prognose und ihren Realitätsgehalt streiten – Niekisch behielt jedoch recht in seiner Annahme, daß die nächsten Reichstagswahlen am 20. Mai 1928 die ASP zurückwarfen. Schlimmer noch: Sie wurden zum Debakel. Kein einziges Mandat fiel für die Altsozialdemokraten ab. Das mußte Niekisch umso mehr schmerzen, als er sich zu einem Zeitpunkt für sie zu engagieren begonnen hatte, der durchaus noch rosige Zeiten versprach: Was hatte die SPD 1925/26 von der Bezirks- bis zur Reichsebene nicht alles an Vermittlungsversuchen gestartet, um einen Kompromiß zu finden, mit dem sie die Abweichler zufriedenstellen konnte.[268] Immerhin galt es, 23 Abgeordnete zu-

[265] Vgl. Meldung des *Berliner Tageblatts* vom 11. Juli 1927 zum ASP-Parteitag und dem Referat Niekischs.

[266] Vgl. Meldung der *Vossischen Zeitung* vom 16. Juli 1927.

[267] Vgl. Meldung der Zeitung *Der Deutsche* vom 1. April 1928.

[268] Vgl. den ungezeichneten und undatierten Bericht über die ASP in: BA Potsdam, St. 12/102, Bestand Reichskommissar zur Überwachung der öffentlichen Ordnung, Bl. 3-5.

rückzugewinnen. Doch deren Antwort war eben die Gründung der ASPS gewesen.

Die Schuld am Scheitern dieser Partei ist keinesfalls allein Niekisch zuzuschreiben, da sie ihre erste Niederlage im Herbst 1926 bei den sächsischen Landtagswahlen empfangen hatte (von den 23 Abgeordneten blieben nur vier) – also zu einer Zeit, die für Niekisch zu kurz war, um schon die entscheidenden Fäden zu knüpfen. Doch in seinem Anspruch, aus diesem sozialistischen Splitter eine (national-)revolutionäre Partei zu formen, hatte er mit noch ungebrochenem Idealismus wieder einmal nach den Sternen gegriffen und sie prompt erneut verfehlt. Er erkannte nunmehr, daß ihm Erfolg allenfalls mit einer von Grund auf eigenen Organisation beschieden sein konnte. Das Konzept, sich in ein bereits „gemachtes Nest" zu setzen, ging nicht auf; ganz einfach deshalb, weil es über kurz oder lang aufgrund Niekischs unkonventioneller Vorstellungen immer zu einer Zerreißprobe kommen mußte. Das Projekt ASP mußte nicht zuletzt deshalb scheitern, da Niekisch den sozialistischen Konsens bald mit nationalistischem Gedankengut überdeckte; nicht zufällig hatte der *Völkische Beobachter* am 16. September 1927 einen mißtrauischen, aber durchaus nicht unfreundlichen *Offenen Brief* an Niekisch veröffentlicht, in dem dieser um der „Sache" willen zur Lösung von den „Todfeinde⟨n⟩" Sozialismus und Marxismus aufgefordert wurde. Ebensowenig war es Zufall, daß ab Anfang 1928 an Stelle der Zeitschrift *Der Führer* des Bundes Oberland, die neben dessen Bundesorgan *Das Dritte Reich* erschienen war, Niekischs Monatspublikation *Widerstand* trat[269], nachdem er schon in etlichen nationalen Blättern wie *Die Kommenden* oder *Deutsches Volkstum* und das Periodikum *Das Dritte Reich* geschrieben hatte.[270] Der Unvereinbarkeitsbeschluß der sozialdemokratischen Wehrorganisation *Reichsbanner Schwarz-Rot-Gold*, die ihren Mitgliedern (angeblich

[269] Vgl. Meldung des *Vorwärts* vom 4. Januar 1928.

[270] Vgl. Harald Isermeyer, Ein politischer Künstler aus der Jugendbewegung. A. Paul Weber (1893-1980), in: Jahrbuch des Archivs der deutschen Jugendbewegung 14/1982/83, Burg Ludwigstein, S. 263-276, hier: S. 273.

insbesondere wegen Niekisch[271]) ab Anfang 1928 die Mitgliedschaft bei der ASP verbot, mag der Partei noch vor den Mai-Wahlen das Genick gebrochen haben.

Niekisch aber hatte längst vorgesorgt und die Fundamente für eine eigene parteipolitische Idee gelegt: Sie formierte sich zunächst in der Herausgabe der erwähnten Zeitschrift *Widerstand* ab Juli 1926 – dem gleichen Monat, als Niekisch den *Volksstaat* übernahm! Es war dies ein Begriff, den er Clausewitz' Buch *Vom Kriege* entnommen hatte. Dort hieß es: „Widerstand ist eine Tätigkeit, durch die soviele von des Feinden Kräften zerstört werden, daß er seine Absichten aufgeben muß."[272] Die Publikation *Widerstand* erfüllte in der Tat intellektuellen Anspruch:

„Niekisch, der es in seinen Beiträgen im allgemeinen verstand, politische Überlegungen nicht mit den Kategorien der Moral zu betrachten, beeindruckte durch einleuchtende Formulierungen, treffende Bilder und geschliffene Sätze ⟨. . .⟩"[273]

Im Januar 1928 erfolgte die Gründung eines gleichnamigen Buchverlages auf den Namen seiner Frau Anna; bald begann sich eine politische Gruppe um ihn zu sammeln. Dennoch war die Phase bis 1929/30 von Turbulenzen und mehreren Versuchen politischer Standortbestimmung geprägt; Niekisch startete im Zuge der Agitation gegen den *Young-Plan* das Experiment eines *Führerrings der nationalen Bünde*[274], also einer globalen, korporativen Integration anderer nationalrevolutionärer Stimmen wie des *Bundes Oberland*, des Wehrverbandes *Wehrwolf* sowie des *Stahlhelms* und des *Jungdeutschen Ordens* – jedoch erlitt dieses Unterfangen trotz vieler Berührungspunkte Schiffbruch. Gleichwohl gab Niekisch es nie ganz auf. Er wollte die Jugend gewinnen und mußte zu sei-

[271] Vgl. Meldung der *Vossischen Zeitung* vom 1. Februar 1928.

[272] Vgl. Urteilsschrift gegen Niekisch (Anm. 258), S. 7.

[273] Sauermann (Anm. 264), S. 73.

[274] Vgl. Otto Ernst Schüddekopf, Linke Leute von rechts. Die nationalrevolutionären Minderheiten und der Kommunismus in der Weimarer Republik, Stuttgart 1960, S. 211.

nem Entsetzen erkennen, daß sie in Scharen den Nationalsozialisten zulief.[275]

Einen Triumph feierte Niekisch dennoch, als im Februar 1931 Hunderte von Mitgliedern des *Bundes Oberland* nach dessen Spaltung[276] zu ihm übertraten. Seine Gruppierung erhielt nun, da die sozialistischen Elemente stark in den Hintergrund getreten waren, den Charakter einer wirklichen Bewegung, wozu auch die Zeitschrift *Widerstand*, die mittlerweile prominente Mitarbeiter wie Ernst Jünger und den Karikaturisten A. Paul Weber gewonnen hatte, wesentlich beitrug. Auch politisch hatte sich Niekischs Standpunkt stabilisiert. Sein grundsätzliches politisches Verständnis fußte nunmehr auf drei Säulen:
1) absolute Gegenposition zu den „Versailler Mächten“ und dem „Westen“, der Deutschlands Ausverkauf initiiert habe und den er als „müde, verrottet, abgelebt“[277] empfand. Ihn sah er im Bunde sowohl mit dem ebenso zu verachtenden „Romanismus“ der katholischen Kirche als auch dem Kapitalismus.[278]
2) unbedingte Hinwendung zum Osten; Niekisch träumte von einem „vom großen Ozean bis zum Rhein reichenden Staatenblock“, einem „Ostblock“[279], der Deutschland wieder eine Identität verschaffen und es in die Lage versetzen sollte, imperiale Po-

[275] Vgl. Sauermann (Anm. 264), S. 116.

[276] Im Jahre 1929 ging es für den *Bund Oberland* darum, ob er sich in Himmlers SS überführen lassen solle. Es fanden entsprechende Verhandlungen mit Himmler statt; schließlich sollte der Antrag zu Auflösung und Überführung des Bundes auf einer Generalversammlung im Dezember 1929 beschlossen werden. Doch die österreichischen Gruppen sperrten sich dagegen, und die ganze Aktion scheiterte. Ein Jahr später stand das Problem wiederum an – aber: Durch die Wahl des österreichischen Fürsten von Starhemberg zum Vorsitzenden wurde der *Bund Oberland* wieder nicht aufgelöst. Daraufhin trat ein Teil aus und schloß sich den Nationalsozialisten an; ein anderer, der ca. 400-500 Mitglieder umfaßte, formierte sich zu „Oberlandkameradschaften“, die letztlich in der Niekisch-Bewegung aufgingen.

[277] Vgl. Karl Korn, „Michael Kohlhaas 1964“, in: Frankfurter Allgemeine Zeitung vom 16. Juni 1964.

[278] Vgl. die Werbeschrift „Politik deutschen Widerstands“, hier: Punkt 15, Abschnitt „l“, zitiert nach Urteilsschrift gegen Niekisch (Anm. 258), S. 30.

[279] Vgl. hierzu auch Ernst Niekisch, „Pakte – und ihre Hintergründe“, in: *Widerstand, Zeitschrift für nationalrevolutionäre Politik*, Ausgabe 8/1933.

litik zu betreiben. Deutschlands Beteiligung am „Kreuzzug" gegen die Sowjetunion bedeute Selbstmord.[280]

3) Vision eines „preußischen Bolschewismus"[281], der seiner Meinung nach die Ideensynthese der Zukunft verkörperte: die Disziplin der russischen Arbeiter und die militärische Tapferkeit des preußischen Soldaten. Hier klingt wiederum, wenn man noch dazu sein „Bekenntnis zur ländlichen Werthaltung" addiert, die Affinität zu einem Arbeiter-, Bauern- und Soldatenstaat an. Niekisch kreierte gleichsam die Idee eines neuen Menschen, der seine Weltordnung tragen sollte. Daß Preußentum gleichzeitig eine aristokratische Wertordnung assoziierte, die wiederum dem Bolschewismus total entgegenlief, blieb bei derartigen Vorstellungen außer acht. Die Bolschewisten sollten vielmehr Anarchie herbeiführen, die Preußen den neuen Staat darauf aufbauen – eine reichlich verwegene Konzeption.

Niekischs Politikverständnis war stark emotional geprägt und offenbarte daher irrationale Züge. Flexibel zeigte er sich nur in der Bewertung des Nationalsozialismus, dessen Einordnung in ein Raster er wegen des erfolgsbedingten Wandlungsprozesses dieser Partei scheute. Immerhin aber befaßte nicht nur er sich mit dem Nationalsozialismus, sondern auch umgekehrt: Die NS-Presse versuchte des öfteren, einen publizistischen Dialog mit Niekisch aufzubauen, was dieser jedoch völlig ignorierte.[282] Bis 1930 behielten die Nazis ihre Taktik der vorsichtigen Annäherungsversuche bei, während Niekisch sich bereits eifrig in aller Form von ihnen zu distanzieren begann: Er gönne Hitler den ganz großen Erfolg, denn dann könne dieser sich nicht mehr hinter pseudo-revolutionären Parolen verstecken, sondern müsse Farbe bekennen.

„Nationalsozialismus und Sozialdemokratie sind in einer überkommenen Ordnung die faschistischen Flügelparteien ⟨!⟩. Beide tragen

[280] „Politik deutschen Widerstands" (Anm. 269), hier: Punkt 14; in dieser Schrift sind auch die „Grundsätze" der Widerstandsbewegung enthalten. Zitiert nach Urteilsschrift gegen Niekisch (Anm. 258), S. 28.

[281] Vgl. Sauermann (Anm. 264), S. 247.

[282] Ebda., S. 106.

zur Verteidigung der kapitalistischen Ordnung bei, jede aber tut es auf ihre besondere Weise. Keine jedoch bestimmt die Rolle selbst, die sie spielt; jede wird von der katholisch-kapitalistischen Allianz, die sich im Hintergrund hält, gelenkt und eingesetzt. Beider Aufgabe ist, Wachhund der kapitalistischen Welt zu sein."[283]

Die NSDAP sei mithin nicht mehr als eine Übergangserscheinung und würde nach ihrem Sturmangriff in einer Sackgasse steckenbleiben. Interessant in diesem Zusammenhang ist ein Treffen zwischen Niekisch und dem damaligen Berliner Gauleiter und Reichspropagandaleiter der NSDAP, Goebbels, im Januar 1931, das allerdings keine „Früchte trug"; Goebbels vermerkte zu diesem Thema in seinem Tagebuch:

„Niekisch der typische proletarisierte Bonze. Der Marxismus bleibt diesen ⟨sic!⟩ Menschen ewig anhaften. Ohne den geht's gar nicht. Seine Ansichten über den Bolschewismus sind geradezu kindlich. Und die Außenpolitik blutiger Dilettantismus. Wir sind nach ihm eine Volksbewegung ⟨...⟩ Bravo, sehr gütig, na, dem habe ich den Star gestochen. Es wurde sehr erregt und manchmal direkt dramatisch. Nein, dieser Mann könnte uns nur belasten. Weg damit!"[284]

Niekischs Abneigung verstärkte sich angesichts der nationalsozialistischen Taktik, das verhaßte Weimarer System als Steigbügel zur Macht zu benützen: das lehnte er prinzipiell ab. Einige SA-Führer, allen voran Walter Stennes, dachten taktisch ähnlich: Sie verweigerten sich Hitlers Entschluß, den nationalsozialistischen „Kampf" um die Regierungsgewalt auf die legale Ebene zu verlagern und versuchten am 1. April 1931 eine kleine Palastrevolte, den sogenannten „Stennes-Putsch". Angeblich hat hierbei auch Niekisch eine Rolle gespielt – ein Gestapo-Bericht vom 16. April 1937 bezeichnete ihn jedenfalls als einen „der gefährlichsten Hetzer und Aufwiegler".[285] Niekisch stellte das in seiner spä-

283 „Politik deutschen Widerstands" (Anm. 278), zitiert nach: Urteilsschrift gegen Niekisch (Anm. 258), S. 25.

284 Tagebucheintrag von Joseph Goebbels vom 7. Januar 1931, zitiert nach: Elke Fröhlich (Hrsg.), Die Tagebücher von Joseph Goebbels. Sämtliche Fragmente, München u. a. 1988, Bd. 2, S. 6.

285 BA R 58/753, Bl. 60-71, hier: Bl. 64.

teren Vernehmung ausdrücklich in Abrede, was der Wahrheit entsprechen dürfte.[286]

Als 1932 seine Schrift *Hitler, ein deutsches Verhängnis* erschien, aus der übrigens auch später in seinem Verfahren vor dem Volksgerichtshof zitiert wurde, war das die bislang entschiedenste Kriegserklärung an die NSDAP:

„Hinreißend ist der Schwung echten nationalen Gefühls; aber er wird doch wieder ohne Scham durch kleine persönliche Eitelkeit oder berechnenden Eigennutz mißbraucht. Die Flamme eines herrlichen Idealismus wird verdunkelt durch den Qualm widerwärtiger Korruption. Entschlossenen Tatendrang übertönt ein unerträglicher Lärm hohler Worte ⟨...⟩ In Hitlers lärmendem Gestammel bekannte sich die trotzige Auflehnung des deutschen Lebenswillens ⟨...⟩ Der Nationalsozialismus ⟨...⟩ steht hilflos und ratlos vor der Versailler Ordnung ⟨...⟩ In diesen Rahmen gehört der Nationalsozialismus; er ist das verwegenste Kreditschwindelgebäude, das auf politischem Boden errichtet wurde."[287]

Wegen dieses Buches gab es eine böse Auseinandersetzung Niekischs mit dem *Montagsblatt*, das in einer Rezension behauptet hatte, das Werk sei deshalb entstanden, weil Niekisch sich einst „eifrig um ein Mandat bei der Hitler-Partei" bemüht habe und nun glaube, sich wegen seiner „Handlungsweise entschuldigen zu müssen."[288] Dieser tobte, verlangte eine Gegendarstellung und zeigte den Autor schließlich an, als nichts dergleichen geschah – allerdings ohne Erfolg.

Niekisch hatte zu diesem Zeitpunkt längst erkannt, daß eine Zusammenarbeit, natürlich unter seiner Führerschaft, nicht möglich war: ganz einfach auch deswegen, da Hitler zu einem entscheidenden Teil auf der Welle des von Niekisch erbittert be-

[286] BA Berlin, ZC 16728, Bd. 2, Bl. 74, Vernehmung vom 22. März 1937.

[287] Zitiert nach Urteilsschrift gegen Niekisch (Anm. 258), S. 34.

[288] Die Rezension des *Montagsblatts* war am 22. Februar 1932 erschienen; als Verfasser zeichnete der Redakteur Hartmut Plaas, an den Niekisch am 24. Februar 1932 sich direkt mit einer Beschwerde wandte. Die Strafanzeige stellte er am 15. März 1932; laut Bescheid vom 23. März 1932 wurde jedoch keine öffentliche Klage erhoben. BA NL Niekisch, Karton 45.

kämpften Anti-Bolschewismus zur Macht getragen worden war. Jetzt ging es um die Bekämpfung der Nationalsozialisten, da sie Niekischs Anhängerpotential an sich banden. Aber den möglichen Sympathisanten war seine Bewegung vermutlich zu ideologisiert, zu sektenhaft, zu diffus, was die praktischen Konsequenzen seiner Ideen anbelangte; zudem hatte er „in der politischen Praxis kaum Sinn für das politische Massenmanagement, für moderne Propagandamethoden und den fatalen Businesscharakter moderner Politik".[289] Also wandten sie sich an die NSDAP, die etwas „Handfestes" und „Greifbares" zu bieten schien.

Nach der Machtübernahme konnte die Zeitschrift *Widerstand*, die es bis 1933 immerhin auf rund 4.000 Exemplare Auflage gebracht hatte[290], im Gegensatz zu Niekischs erst kurz zuvor gegründeter Wochenpublikation *Entscheidung* (Verbot am 25. Juni 1933)[291] zunächst weiterhin erscheinen – selbstverständlich unter den Argusaugen der Gestapo. Gründe für diese ungewöhnliche Toleranz von Seiten der Nationalsozialisten mochten einerseits seine guten Kontakte zur Reichswehr, andererseits auch Überlegungen sein, ihn als radikalen Intellektuellen für sich nutzbar zu machen.[292] Niekisch selbst wurde, zumindest was die Zeitschrift *Widerstand* betrifft, nach dem 30. Januar 1933 etwas vorsichtiger – manchmal erkannte die Attacken gegen Hitler nur, wer zwischen den Zeilen lesen konnte. Einige Beispiele:

„Der Bürger ist existentiell ein Schädling; er hält es im eigenen Lande mit dem Feinde."[293]
„Es ist sonderbar: Das Kabinett der ‚nationalen Erhebung' zeigt keinen auswärtigen Feind mehr, gegen den die nationale Erhebung organisiert werden müßte."[294]
„Die Macht wird ergriffen, aber man weiß bis zur Stunde nicht, wozu ⟨. . .⟩ Noch weiß niemand, ob die ‚deutsche Erneuerung' oder ein

[289] Vgl. Karl Korn, „Ernst Niekisch, ein deutscher Patriot", in: Frankfurter Allgemeine Zeitung, 16. Mai 1977.
[290] Vgl. Gestapo-Bericht vom 16. April 1937, in: R 58/753, Bl.69.
[291] Ebda., Bl. 70.
[292] Vgl. Sauermann (Anm. 264), S. 168 f.
[293] Ernst Niekisch, in: *Widerstand* 2 (1933), S. 46.
[294] ders., „Der Sinn von alledem", in: *Widerstand* 3 (1933), S. 84.

deutsches Unheil am Ende der Entwicklung stehen wird, die nunmehr begonnen hat."[295]

Was die Bewegung an sich anbelangte, war sie von einst 6.000 Mitgliedern[296] bereits im Sommer 1933 auf nur noch 300 „Kameraden" geschrumpft. Diese formierten sich nun in Diskussionszirkeln, deren Materialgrundlage die Zeitschrift *Widerstand* und ab 1936 eine ca. sechswöchentlich erscheinende Informationsschrift Niekischs waren. Diese Publikation wurde per Post verschickt und enthielt im wesentlichen außenpolitische Betrachtungen. Seine Kenntnisse schöpfte Niekisch aus ausländischen Zeitungen, aber auch aus dem Erfahrungsschatz etlicher Reisen.

Trotz des Aderlasses an Mitgliedern forderte Niekisch von seinen Männern, sich für den (prognostizierten) Fall einer Niederlage Hitlers zur Machtübernahme bereitzuhalten. In einem Brief an seinen Freund und späteren Mitangeklagten Dr. Joseph E. Drexel schrieb er am 20. Januar 1934: „Irgendetwas muß noch riskiert werden; man muß zeigen, daß man noch da ist; das ist das wenigste."[297]

Mit der Zeitschrift *Widerstand* ging es indes im Laufe des Jahres 1934 in puncto Auflage und Finanzen immer weiter bergab. Nachdem im Laufe des Jahres bereits einige Schriften Niekischs dem „schädlichen und unerwünschten Schrifttum" zugeordnet und verboten worden waren, holte die Gestapo schließlich am 20. Dezember 1934 zum Schlag gegen den *Widerstand* aus – eine Entwicklung, die Niekisch schon im Juli 1933 befürchtet hatte:

„Der Nationalsozialismus zieht gegen alle Nester künftig möglichen Widerstandes zu Felde; sogar einwandfreie nationale Gruppen, wie den Tannenberg-Bund oder den Jungdeutschen Orden, verschonte er nicht."[298]

295 Ebda., S. 85.

296 Vgl. Gestapo-Bericht vom 16. April 1937, in: R 58/753, Bl. 61. Die Zahl bezieht sich auf das Jahr 1932.

297 Zitiert nach Friedrich Kabermann, Widerstand und Entscheidung eines deutschen Revolutionärs. Leben und Denken von Ernst Niekisch, Köln 1973, S. 152.

298 Ernst Niekisch, „Von Stampfer zu Dollfuß", in: *Widerstand* 7 (1933).

Die noch verbliebenen Mitglieder mußten Niekisch, der inzwischen am Rande des Existenzminimums lebte, unterstützen; auch Freunde im Ausland, die er auf Reisen kennengelernt oder deren Bekanntschaft er reaktiviert hatte, dürften ihm und seiner Familie über diese schwere Zeit hinweggeholfen haben. Niekisch bekundete nach dem Krieg in einem Brief an Ernst Jünger:

„Ich habe mir damals häufig überlegt, ob ich nicht emigrieren solle. Über mein bevorstehendes Schicksal machte ich mir keine Illusionen. Aber etwas sperrte sich in mir, diesem Schicksal auszuweichen ⟨. . .⟩ Den Emigranten gegenüber regt sich in mir ein Gefühl der Geringschätzung, sie kommen mir vor wie Deserteure oder Etappenkrieger ⟨. . .⟩“[299]

Es wäre ihm wohl manches erspart geblieben; sein Biograph Kabermann unterstellt sogar, daß die Nazis „dem unbequemen Niekisch auf diese Weise ⟨. . .⟩ die Emigration fast nahelegen woll(t)en, um sich womöglich, wenn man ihn schon nicht für sich gewinnen konnte, einen Prozeß gegen den in der Öffentlichkeit in nationaler Hinsicht schwer angreifbaren Niekisch ersparen zu können.“[300] In der Tat waren zu diesem Hochverratsverfahren gegen Niekisch und seine Mitarbeiter Joseph E. Drexel und Karl Tröger Dutzende von ausländischen Journalisten angereist – sogar die *Prawda* berichtete über den Prozeß, allerdings ohne auch nur mit einer Silbe Niekischs russophile Einstellung zu erwähnen.[301] Aufsehen hatte der mittlerweile fast 50jährige inzwischen genug erregt – auch wenn so manches, das bislang in dunklen Schubladen, geheimen Tresoren oder sogar in alten Milchkannen[302] verwahrt und bei Hausdurchsuchungen und Beschlagnahmungen der Gestapo zum Vorschein gelangt war, vielen erst in der Hauptverhandlung zu Ohren kam. Dazu gehörte beispielsweise eine Schrift *Deutsche Mobilmachung* von Ende 1933, die den

[299] Brief an Ernst Jünger vom 2. Januar 1959, BA NL Niekisch, Karton 1.

[300] Vgl. Kabermann (Anm. 297), S. 148 f.

[301] *Prawda*, Moskau, Nr. 5, 5. Januar 1939, übersetzt und zitiert in einem Gestapo-Vermerk vom 13. Januar 1939, in: BA R 58/753, Bl. 113.

[302] Urteilsschrift gegen Niekisch (Anm. 258), S. 115.

Nationalsozialismus als ideologisches Lügengebäude entlarven wollte:

„1933 bezahlte es ⟨das deutsche Volk⟩ mit einer schäbigen bürgerlichen Restauration, die schon die außenpolitische Kapitulation heimlich anbot, da sie sich noch lärmend als Aufstand gegen Versailles gehabte. Der Nationalsozialismus berauschte das Volk mit Weltanschauung, damit es nicht dahinterkam, daß er die außenpolitische Tat völlig schuldig geblieben war, innenpolitisch aber einen zynischen Betrug ins Werk gesetzt hatte."[303]

An anderer Stelle formulierte er seine Bewunderung für Lenin:

„Lenin war kein marxistischer ‚Ideologe'; er war ein politisches Genie, das sich der marxistischen Ideologie zur Gründung eines Staates bediente ⟨...⟩ Lenins natürlicher politischer Scharfblick ist außerordentlich; mit geradezu nachtwandlerischer Sicherheit trifft er in jedem Fall den entscheidenden Punkt politischer Verhältnisse, spürt er den politischen Gehalt, die politische Tendenz jeder Situation, Resolution, jeder Beweisführung und Ideologie auf."[304]

Achtzehn Monate später kamen im *Widerstands*-Verlag, in dem übrigens auch Werke von Othmar Spann und Alexander Mitscherlich verlegt wurden, Niekischs Schriften *Die dritte imperiale Figur* sowie kurz darauf *Im Dickicht der Pakte* heraus – beides Aufsätze, die bereits in seiner Zeitschrift erschienen waren. Es dauerte nicht lange, da standen sie auf dem Index[305]; doch sie sollten bei weitem nicht Niekischs kompromißloseste Kritik am Nationalsozialismus sein.

Seiner mittlerweile uneingeschränkten Verachtung des Regimes verlieh er vielmehr mit einem Manuskript Ausdruck, das im Laufe der Jahre 1936 und 1937 angefertigt und zum Teil auch in ausländischen Zeitschriften veröffentlicht wurde. Es trug den Titel *Geheimnis des Reichs* und ist identisch mit dem Werk *Die*

303 Zitiert nach: Ebda., S. 73.
304 Zitiert nach: Ebda., S. 70.
305 *Im Dickicht der Pakte* wurde am 19. Oktober 1935, *Die dritte imperiale Figur* am 2. November 1935 verboten. Am 21. Juni 1939 dehnte Propagandaminister Goebbels dieses Verbot auf sämtliche Niekisch-Schriften aus. Vgl. BA R 58/753, Bl. 133.

Macht der niederen Dämonen, das 1953 in der Bundesrepublik verlegt wurde. Es verdient, ausführlicher zitiert zu werden:

„Nationalsozialismus ist wie ein gewaltiger Verdauungsapparat: von den köstlichen Leckerbissen, von den wundersamsten Früchten der Kultur bleiben, wenn er sie geschluckt hat, nur Haufen braunen Unflats übrig ⟨...⟩"[306]

„Die vaterländische Geschichte ist eine unerschöpfliche Rumpelkammer, aus der sich das Dritte Reich für seine bösartigen Mummenschänze mit Staub, Fackeln, Fahnentüchern, Kostümen und Masken versorgt ⟨...⟩"[307]

Nicht zuletzt bedachte Niekisch die NS-Führungsriege mit beißendem Spott:

„Nur wo er haßt und Rache schnaubt, wird Goebbels glaubwürdig ⟨...⟩ Er hat einen Klumpfuß, nach dem Sterilisationsgesetz müßte er, wenn es ohne Ansehen der Person durchgeführt würde, entmannt werden ⟨...⟩ Es liegt nahe, diesen kleinen hinkenden kümmerlichen Mann für einen Angestellten aus der Reklameabteilung eines Warenhauses zu halten. Alles, was er schmäht, scheint er selber zu sein: er sieht aus wie ein Jude, er ist gebrandmarkt wie ein Erbkranker, er ist psychopathisch wie ein Untermensch, er vereinigt in sich alle körperlichen und geistigen Merkmale der Niederrasse ⟨...⟩ Breit und weit klafft sein Mund, der ganze kinnlose Mann ist nur noch ein tönendes Maul".[308]

„Wagner wäre durch den Namen seines wahren Vaters ebenso bloßgestellt worden wie Hitler durch den des seinigen: einem Richard Geyer hätte man nicht das nordisch-germanische Pathos geglaubt und ‚Heil Schicklgruber' wäre sogar dem fanatischen Nationalsozialisten im Munde stecken geblieben ⟨...⟩"[309]

„Der Stürmer war von Schweinen geschrieben und man wurde, wenn man es nicht schon vorher war, zum Schwein, indem man ihn las ⟨...⟩ Streicher, dem Hüter deutscher Blutsreinheit, grunzt das Schwein aus jedem seiner Mundwinkel ⟨...⟩"[310]

„Der oberste Herr dieser schauerlichen Heerscharen ist Hitler ⟨...⟩ Der Mann ⟨...⟩ zeigt die Physiognomie eines Zuhälters ⟨...⟩ Diese

[306] Zitiert nach: Urteilsschrift gegen Niekisch (Anm. 258), S. 90.
[307] Zitiert nach: Ebda., S. 92.
[308] Zitiert nach: Ebda., S. 95 f.
[309] Zitiert nach: Ebda., S. 97.
[310] Zitiert nach: Ebda., S. 99.

Welt geistert in Hitlers aufgequollenem Gesicht, auf seiner gewöhnlichen Stirn, entlang seiner einfältigen Nase, über seinem gemeinen Mund, in seinem hinterhältigen Blick, rund um diese dreiste Haarsträhne, in diesen Falten, die seinen Zügen wie geheimnisvolle Zeichen eines Verbrecheralphabets eingegraben sind."[311]

Kompromiß und Anpassung hatte Niekisch immer strikt abgelehnt; vermutlich liegt hierin auch ein Grund, weswegen ihm nie ein großer politischer Erfolg gelang. Doch er hatte erkannt, daß er ohnehin von den Nationalsozialisten zur Rechenschaft gezogen, zumindest aber zur *persona non grata* abgestempelt werden würde und entschied sich dafür, wofür er sich sein ganzes bisheriges Leben entschieden hatte: für Widerstand ohne Zugeständnisse. Er wußte, daß seine Verhaftung eine Frage der Zeit war; sie erfolgte am 22. März 1937 durch die Gestapo, die einen Spitzel eingeschleust hatte.[312] Am selben Tag war beim Gestapa aus dem Hause des Reichsführers SS ein Bericht eingegangen, in dem es hieß:

„Niekisch ist einer jener intellektuellen Probolschewisten, die überall im Negativen, Auflösenden und Zersetzenden steckenbleiben. Wie die Organisation der Widerstandsbewegung, so ist auch das gesamte Gedankengut Niekisch' in seiner Wirkung niemals aufbauend, sondern immer nur zerstörend ⟨...⟩ In den verschiedensten Artikeln und Schriften, die nach 1933 im Widerstands-Verlag erschienen sind, und in den meisten Fällen verboten werden mußten, verfolgt Niekisch die Absicht, die Begriffe, die durch die nationalsozialistische Revolution überall im Munde geführt werden, zu zerreden ⟨...⟩ Über die Verbotsanträge hinaus werden dadurch weitere Maßnahmen gegen den Verlag selbst erforderlich sein ⟨...⟩[313]

Mit einem Schlage wurden 70 *Widerstands*-Mitglieder ausgeschaltet. Und Niekisch wußte auch, daß er mit dem Leben gespielt hatte; tatsächlich entging er offenbar nur knapp einer „Sonderbehandlung" durch Streicher (was sein ehemaliger Untersuchungsrichter Dr. Willmar Hager im Zuge des Entnazifizierungsprozes-

[311] Zitiert nach: Ebda., S. 104 f.
[312] Vgl. Niekisch (Anm. 260), S. 283 f.
[313] BA R 58/753, Bl. 51-57, hier: Bl. 54.

ses für sich zu verbuchen versuchte)[314], darüber hinaus stand er nach eigenen Angaben mehrfach „auf der Liste der zu Liquidierenden"[315]. Doch Niekisch hatte zeit seines Lebens den – sofern notwendigen – blutigen Einsatz für das „eigene deutsche Selbst"[316] gepredigt und wollte sich nun als Kopf der Bewegung nicht aus der Verantwortung stehlen.

Ernst Niekisch hatte im Prozeß vor dem Volksgerichtshof am 10. Januar 1939 das Todesurteil erwartet, wie ein Brief an seinen Freund Karl Otto Paetel kurz nach Kriegsende belegt.[317] Daß er trotz der „dauernde⟨n⟩ und erhebliche⟨n⟩ Gefahr für die deutsche Volksgemeinschaft und das Reich", so der VGH-Präsident und Vorsitzende Richter Dr. Otto Thierack, trotz „hemmungslosem Geltungsbedürfnis und ⟨...⟩ fast krankhafter Überheblichkeit", trotz „Haß und nackter Herrschsucht"[318] zu einer („nur") lebenslänglichen Zuchthausstrafe verurteilt wurde, ist wohl auf Niekischs Bekanntheitsgrad im Ausland zurückzuführen. An seiner Verteidigung kann es kaum gelegen haben, da ihm der VGH seine Beteuerung, er habe nie zu Aufruhr anstiften wollen und auch nie Haßgefühle anzustacheln beabsichtigt, nicht glaubte.[319] Als zusätzlich belastendes Moment zählten Niekischs und seines Mitangeklagten Trögers Kontakte zum Ex-Reichswehrleutnant und Kommunisten Richard Scheringer sowie zum KPD-Reichstagsabgeordneten Hans Kippenberger[320]. Von diesem waren sie informiert worden, daß Scheringer und Beppo Römer innerhalb der KPD einen *Aufbruch-Kreis* aufbauen wollten, für den insbesondere Anhänger aus den nationalen Reihen gewonnen werden

[314] Vgl. den Brief von Dr. Hager an Ernst Niekisch vom 1. April 1948, IfZ NL Hammer, ED 106, Bd. 38.

[315] Vgl. den Brief von Ernst Niekisch an Karl Otto Paetel vom 15. März 1946, IfZ ED 119/8.

[316] Zitiert nach Schüddekopf (Anm. 274), S. 359.

[317] Vgl. Anm. 315.

[318] Vgl. Urteilsschrift gegen Niekisch (Anm. 258), S. 155 f.

[319] Ebda., S. 119.

[320] Kippenberger leitete bis 1933 den (konspirativen) Abwehr-Apparat *(Am-Apparat)* der KPD in Deutschland. Er suchte nach 1933 Exil in der Sowjetunion und wurde später ein Opfer von Stalins Terror.

sollten. Tröger und Niekisch waren aufgefordert worden, an der gleichnamigen Zeitschrift des *Aufbruch-Kreises* mitzuarbeiten, hatten jedoch abgelehnt. Trotz dieser Zurückhaltung waren die Kontakte zu Kommunisten für den VGH der schlagende Beweis dafür, daß der Widerstandskreis zumindest partiell „rein kommunistische Ideen“[321] vertrat und demgemäß gegen seine leitenden Persönlichkeiten harte Strafen ausgesprochen werden konnten. Allerdings wurde Niekischs Karikaturist A. Paul Weber nicht der Prozeß gemacht; er verbrachte einige Zeit in Gestapo-Haft und ließ sich anschließend dazu herbei, für NS-Publikationen zu zeichnen. Niekisch wollte nach 1945 lange nichts mit ihm zu tun haben.[322]

Niekisch ging mit Würde ins Zuchthaus. Thierack hatte die Verhandlung mit den Worten beendet: „Mit diesem Urteil sind Sie aus der deutschen Volksgemeinschaft ausgeschlossen“. Niekisch daraufhin: „Herr Präsident, *diesen* Ausschluß aus der deutschen Volksgemeinschaft akzeptiere ich.“[323]

Der *Neue Vorwärts* vermerkte am 15. Januar 1939 unter der Überschrift „Der Prozeß um Niekisch. Das System erwürgt seine Wegbereiter“:

> „⟨...⟩ die wahre Opposition gegen das System hat angesichts des Schicksals dieser Sekte weder Mitleid noch Solidarität. Angesichts der abstrakten Ungeheuerlichkeit der Ideologie dieser Sekte könnte man geradezu von einem Kreis von gefährlichen Irren reden – wenn nicht die charakteristischen Züge ihres Wahnsinns so nahe verwandt wären mit dem geheimeren gedanklichen Grundlagen des Dritten Reiches und des Stalinismus.“[324]

Der *Angriff* gab zwei Tage nach dem Urteil folgenden Kommentar ab:

[321] Bericht der Stapo-Stelle Nürnberg-Fürth vom 18. November 1937, in: BA R 58/708, Bl. 93-97, hier: Bl. 94.

[322] Niekisch (Anm. 260), S. 145.

[323] Zitiert nach Kabermann (Anm. 297), S. 154. Hervorhebung im Original.

[324] Zitiert nach Sauermann (Anm. 264), S. 434.

„Der politische Wunschtraum dieses Menschen war das Chaos. Nicht als Endziel, aber als notwendige Durchgangsstation, um ihm zu Macht, Größe und Ansehen zu verhelfen. Für ihn wurde nur ein Wort großgeschrieben: ich ⟨. . .⟩ Er hatte politisches Denken; daß es falsch, eng, verworren und dumm war, hat ihm das Gericht bewiesen. Er konnte schreiben, und wie . . .! Als Klarheit und Einfachheit in den Gedanken und ihrem Stil noch gering im Kurs standen, mochte er der Prototyp des politischen Intellektuellen sein ⟨. . .⟩ Er war darin ein Musterbeispiel bolschewistischer Konzeption. Einen Menschen nur anerkannte er: Lenin. Ihn empfand er als groß ⟨. . .⟩“[325]

Niekisch verließ am 27. April 1945, von den Sowjets befreit, das Zuchthaus Brandenburg als gebrochener, blinder und von Folterungen gezeichneter Mann: Er war offenbar in der Haft Opfer medizinischer Versuche geworden.[326] Es ging ihm zu dieser Zeit auch materiell sehr schlecht: Sein Haus in Berlin war ausgebombt, auf der Fahrt von Brandenburg nach Berlin wurde er noch dazu ausgeplündert, wobei unter anderem druckfertige Manuskripte verlorengingen, die er im Gefängnis angefertigt hatte.[327] Er war sowohl physisch als auch psychisch über die Maßen belastet und erwog sogar die Emigration nach USA; bedenkt man, wie rigoros Niekisch zeit seines Lebens den „Westen“ bekämpft hatte, bekommt man eine vage Vorstellung von seiner damaligen Verfassung. Mangels Möglichkeiten unterblieb dieser Plan jedoch – und so ging Niekisch wieder ans Werk. Seinen politischen Ehrgeiz hatte ihm niemand nehmen können. Am 1. Juli 1945 schloß er sich der KPD an, nach deren Fusion mit der SPD in der sowjetischen Besatzungszone wurde er Mitglied der SED, des *Volksrats* und der *Volkskammer.* Man ernannte ihn am 4. März 1948 zum Professor der Philosophischen Fakultät der Humboldt-Universität.

Auch als SEDler hob er sich mit eigenen, eigenwilligen Meinungen bald von der Masse ab, zeigte, daß er Widerstands-Den-

[325] *Der Angriff* Nr. 9, 11. Januar 1939, Artikel „Ein großer Geist? – ein Hochverräter, weiter nichts!“

[326] Vgl. Fabian von Schlabrendorff, Offiziere gegen Hitler, Berlin 1984, S. 24.

[327] Brief Niekischs an Karl Otto Paetel vom 15. März 1946, IfZ ED 119/8.

ken trotz acht Jahren Zuchthaus nicht verlernt hatte und wurde daraufhin schrittweise ausgeschaltet.[328] Der 17. Juni 1953 bedeutete den endgültigen Bruch mit der DDR, nachdem Niekisch in einem langen Brief an den Hochkommissar der DDR, Wladimir Semjonow, eine schonungslose Abrechnung mit dem DDR-Regime vorgenommen hatte:

„Ich wende mich an Sie, sehr verehrter Herr Hochkommissar, weil ich den Ausbruch der Unzufriedenheit, der am 16. und 17. Juni 1953 sich vollzogen hat, seit langem vorhergesehen habe ⟨. . .⟩ Ich betrachte es als einen Krebsschaden, daß sich in maßgebenden Stellungen der DDR Persönlichkeiten befinden, die vom politischen Standpunkt aus gesehen Utopisten, Illusionisten und Doktrinäre sind ⟨. . .⟩ Der deutsche Arbeiter will weniger eine grundsätzlich neue Ordnung, er erstrebt vielmehr, selbst ein kleiner Bürger zu werden. Er fühlt sich nicht als Proletarier, der alles, was er hat, in seinem Taschentuch unterbringen kann; ihn verführt die gute Stube, das Vertiko, das Eigenheim und das kleine Gärtchen um sein Häuschen ⟨. . .⟩ Angesichts ihres bürgerlichen Grundcharakters kann die Bevölkerung der DDR kein positives Verhältnis zu den Grundprinzipien und Gesellschaftsformen der DDR gewinnen. Verlangend blickt sie nach Westdeutschland ⟨. . .⟩ Daß Menschen plötzlich verschwinden und auf absehbare Zeit festgehalten werden, daß sie ihre Freiheit verlieren, ohne daß ein kontrolliertes Rechtsverfahren gegen sie durchgeführt wurde, daß ihr Schicksal den Angehörigen gegenüber im Dunkel gelassen wird, sind Vorgänge, an denen der europäische Bürger Anstoß nimmt. Eben solche Vorgänge hatten ihn einst gegen den fürstlichen Absolutismus empört ⟨. . .⟩ Es war bestürzend, zu sehen, daß die Obrigkeit selbst die Verfassung mißachtete: wie sollte da der Staatsbürger zur Ehrfurcht vor der Verfassung erzogen werden? ⟨. . .⟩“[329]

Letztlich konnte ihm auch die Bundesrepublik keine Heimat werden – insgesamt zwölf Jahre kämpfte er sich mit Hilfe seines Rechtsanwaltes Fabian von Schlabrendorff durch die Instanzen

[328] Vgl. den Nachruf auf Ernst Niekisch in der *Zeit* vom 2. Juni 1967 („Sein Leben lang Rebell“); daß er ahnte, im Rahmen der SED-Mitgliedschaft keine politische Karriere machen zu können, belegt ein Brief Niekischs an Karl Otto Paetel vom 8. Juni 1946: „Ich bin in der mir zustehenden Partei, werde aber von ihr ziemlich ignoriert.“ IfZ ED 119/8.

[329] Brief vom 30. Juni 1953, in: BA NL Niekisch, Karton 45.

der Wiedergutmachungsgerichte, bis er schließlich durch einen Vergleich mit dem Bundesgerichtshof eine Rente zugebilligt bekam. Der Grund für diese immense Verzögerung: Er war bis Februar 1955 Mitglied der SED gewesen und hatte nach Meinung der Behörden als Abgeordneter der *Volkskammer* einem Gewaltregime Vorschub geleistet.[330] Niekischs Frau Anna, die ebenfalls zwei Jahre in einem nationalsozialistischen Gefängnis eingekerkert war, bekam im übrigen keine Wiedergutmachung. Sie hatte seinerzeit in der Untersuchungshaft zu ihrer Verteidigung ausgesagt, aus Verbundenheit mit ihrem Mann gehandelt zu haben. Das war im nachhinein ein Fehler: Denn das Landgericht folgerte daraus, sie habe nicht aus Überzeugung gegen Hitler gekämpft.[331] Daß zur gleichen Zeit ehemalige NS-Richter und -Beamte hohe Abfindungen und Pensionen einstreichen konnten, gehört zu den unerfreulichsten Kapiteln bundesdeutscher Nachkriegsgeschichte.

Niekisch hatte nach Kriegsende ausschließlich in West-Berlin gelebt, während er beruflich im Osten tätig war; er beobachtete den sich zuspitzenden Ost-West-Konflikt also gleichsam von einem west-östlichen Diwan aus. Der ewige Widerstandskämpfer plädierte nunmehr für ein neutrales, wiedervereinigtes Deutschland, für eine „finnische Lösung"[332], die infolge Adenauers Konzeption natürlich nicht zu bekommen war; seinen Wunsch, mit Rußland gemeinsame Politik zu machen, hatte er aufgrund des Machtverfalls Deutschlands deutlich modifiziert. „Deutschland ist hoffnungslos, Deutschland hat keine Zukunft mehr"[333] – diese Sichtweise birgt schon 1946 eine tiefe Resignation, die sich angesichts der politischen Entwicklung Deutschlands und Niekischs

330 Vgl. Joseph E. Drexel, Der Fall Niekisch. Eine Dokumentation, Köln/Berlin 1964, S. 66.

331 Brief Niekischs an Karl Otto Paetel vom 20. Juni 1955, in: IfZ ED 119/8.

332 Brief Niekischs an Eugen Gerstenmaier vom 21. Juli 1954, in: BA NL Niekisch, Karton 45.

333 Brief Niekischs an Karl Otto Paetel vom 8. Juli 1946, in: IfZ ED 119/8.

persönlicher Erfahrungen mit beiden Systemen im Laufe der Jahre bestätigt haben dürfte.

„Zuletzt mußte ich erkennen, daß man in Deutschland nur noch die Wahl habe, entweder Amerikaner oder Russe zu sein. Wer mit Entschiedenheit noch eine eigentliche deutsche Position wahren will, verfällt über kurz oder lang hoffnungsloser Vereinsamung."[334]

Niekisch starb an seinem 78. Geburtstag als Rebell – wider das Prinzip der Freiheit, für das Prinzip der Ordnung. Diese persönliche Erkenntnis hatte er Anfang 1949, fast vier Jahre nach der Befreiung, in einem Brief an einen Jugendfreund formuliert.[335]

5. Gemeinsamkeiten und Unterschiede

Zehn Kurzbiographien – zehn Fälle, in denen sich idealtypisch Maß und Möglichkeiten publizistischen Widerstands aus unterschiedlichem Blickwinkel abzeichnen. Zwei Schriftsteller, fünf Journalisten und drei, die beide möglichen Berufszweige des Publizisten in sich vereinten, sind vorgestellt worden; nun bietet sich ein Vergleich an. Wie gestaltete sich ihre illegale Arbeit? Über welchen Zeitraum und von wo aus leisteten sie Widerstand? Wie wurden sie bestraft?

Zunächst einmal liegt bei allen genannten Oppositionellen die Verknüpfung politischen mit publizistischen Engagements vor. Ebenso gehörten sämtliche Persönlichkeiten in der Weimarer Republik bereits einer oder mehrerern parteipolitischern Organisationen an. Doch innerhalb dieses Rasters zeichnen sich verschiedene Facetten ab. Drei von ihnen – Ernst Niekisch, Alexander Schwab und Max Sievers – sind als Leiter bzw. Gründer einer Gruppierung, und zwar sämtlich vor der Machtübernahme, hervorgetreten: Sie trugen in dieser Funktion jeweils die redaktionelle Verantwortung für das entsprechende publizistische Organ der

334 Brief Niekischs an den Generaldirektor des Nordwestdeutschen Rundfunks in Hamburg vom 8. Juni 1954, in: BA NL Niekisch, Karton 45.
335 Zitiert nach Kabermann (Anm. 297), S. 234.

Gruppe. Genau diese drei Personen befaßten sich auch mit Plänen zur Neuordnung eines nicht mehr von Hitler beherrschten Deutschland, wobei allerdings keiner der Entwürfe die parlamentarische Demokratie vorsah. Vielmehr lassen diese Konzeptionen individuell zugeschnittene, mit sozialistischen Elementen versehene Utopien erkennen, die sich zum einen gegen das demokratische Experiment von Weimar wandten und zum anderen jeden Kompromiß mit der Hitler-Diktatur ablehnten.

Während Niekisch von einem autoritär geführten Staat träumte, der kraft Disziplin, Bescheidenheit, Drill und Fleiß seiner Bevölkerung im Bunde mit der Sowjetunion zu einer Weltmacht aufsteigen sollte, plädierte Sievers für eine Diktatur des Proletariats auf Basis eines Rätesystems, das den Kapitalismus überwunden haben und die Restaurationsbestrebungen bürgerlicher Kräfte von vornherein ausschalten sollte. Schwab wollte im Prinzip dasselbe wie Sievers: Eine Klassenorganisation aus sämtlichen proletarischen Kräften, die auf dem Wege der Enteignung den Sozialismus verwirklichen.

Dieser Grad oppositioneller Tätigkeit, wie sie Schwab, Sievers und Niekisch ausübten, kam gerade unter den Publizisten im Widerstand überdurchschnittlich häufig vor. Doch etliche fügten sich auch in einen Organisationsapparat ein, in dem die meisten von ihnen dann einen exponierten Funktionärsstatus annahmen. Dazu gehörten beispielsweise Walter Nettelbeck, Alfred Broghammer, Erich Gentsch und Hermann Meynen, wobei Letztgenannter nicht definitiv eingeordnet werden kann: Seine Tätigkeit entsprach eher den Aufgaben eines Zuträgers und „Mitmachenden" als denen eines initiativ Handelnden. Zudem entsprang seine Gegnerschaft gegenüber dem Nationalsozialismus eher persönlicher als fundamentaler politischer Opposition (was seine Leistung keineswegs schmälert). Immerhin erreichte sie mit der Arbeit für den französischen Nachrichtendienst eine für die NS-Machthaber tatsächlich gefährliche Dimension. Auf diese Art und Weise wurde ansonsten nur noch Helmut Klotz aktiv und mittelbar auch Erich Gentsch als Angehöriger der Gruppe um Wilhelm Knochel, der Informationen nach Moskau weitergab.

Hans von Zwehl ist der Prototyp des rein publizistisch tätigen Oppositionellen. Er stellte ausschließlich dieses Talent zur Verfügung und verzichtete auf jegliche Funktionärsarbeit. Auch Carl Minster trat insbesondere als Journalist auf; jedoch wies ihm seine umfangreiche Rednertätigkeit auch einen exponierten Status innerhalb der betreffenden Organisationen zu, für die er sich einsetzte. Sie waren relativ klein und überschaubar genug, um von einer Persönlichkeit wie Minster nachhaltig geprägt zu werden; schließlich beschäftigte er sich auch mit programmatischer Arbeit. Als zusätzliches Element ist bei ihm, ebenso wie bei Helmut Klotz, die Kontaktaufnahme mit einer ausländischen – der französischen – Regierung zu nennen.

Es ist kein Zufall, daß nur vier der zehn vorgestellten Publizisten auch während des Krieges Widerstand leisteten (alles Emigranten). Drei von ihnen brachen ihre Tätigkeit 1940 ab: Klotz, Sievers und Meynen. Erich Gentsch hingegen war bis 1943 aktiv; er gehörte allerdings der KPD und somit der einzigen Partei an, die zu diesem Zeitpunkt noch existierte. Gentsch konnte demnach am längsten, nämlich neun Jahre, oppositionell wirken. Sieben der zehn Persönlichkeiten hatten ihre Widerstandstätigkeit sofort nach Hitlers Machtübernahme begonnen, drei später: Gentsch ab 1934, Broghammer ab 1935 und Meynen ab 1936.

Sieben der zehn Publizisten waren Emigranten. Sechs von ihnen gehörten dem sozialistischen oder kommunistischen Lager an, wovon wiederum fünf – Minster, Zwehl, Klotz, Sievers, Gentsch – bereits ausgebürgert worden waren und die deutsche Staatsangehörigkeit verloren hatten. Untypisch ist auf Seiten der im Reich Verbliebenen der *Rote Kämpfer* Alexander Schwab, auf Seiten der Exilierten der *Jungdo-* bzw. SF- Mann Hermann Meynen: Die „rechten Rebellen" werteten im allgemeinen Emigration als „unwürdig" und verurteilten viele, die sich dazu entschlossen hatten, als „Fahnenflüchtige". Umgekehrt war es kein Geheimnis, daß nach 1933 die Hexenjagd der Nationalsozialisten auf „Linke" begann, und viele nur durch den Sprung über die Grenze Leben und Gesundheit retten konnten – vorläufig.

Die Strafen für Publizisten waren drakonisch; die Nationalsozialisten erkannten die Macht des Wortes als bedrohlichen Unsicherheitsfaktor in ihrem ausgeklügelten System. Minster, Zwehl, Klotz, Sievers und Gentsch – sämtlich Ausgebürgerte – mußten das Todesurteil entgegennehmen (bis auf Minster alle von Freisler). Auf einen Paragraphen des Strafgesetzbuches wurde nur in den Urteilen gegen Gentsch (§ 91 b) und Zwehl (§ 83) explizit Bezug genommen[336]; der Wortlaut des StGB spielte also im Vergleich zur politischen Begründung keine Rolle mehr. Hermann Meynen starb noch vor der Hauptverhandlung in der Haft. Schwab und Broghammer erhielten hohe Zuchthausstrafen, kamen aber ebenfalls in Gefangenschaft um. So bleiben nur zwei, die nach 1945 ein vom Nationalsozialismus befreites Deutschland erleben konnten: Walter Nettelbeck, der sich in den Aufbauprozeß der Bundesrepublik integrierte und als Sozialdezernent der Stadt Krefeld in ihre Dienste stellte sowie Ernst Niekisch, der sein Glück in der sowjetischen Besatzungszone bzw. DDR zu machen versuchte und scheiterte.

Organisationszugehörigkeit und publizistische Tätigkeit griffen bei der Festsetzung des Strafmaßes ineinander; waren die Angeklagten darüber hinaus noch emigriert, war für die NS-Richter das Bild des „Verräters" perfekt. Funktionäre der KPD und Separatisten, die durch ihre territoriale Orientierung nach Frankreich die *Volk ohne Raum*-Demagogie der Nationalsozialisten konterkarierten (also eine tragende Säule von der NS-Ideologie zu untergraben versuchten), hatten während des Krieges generell keine Gnade zu erwarten; die Mitwirkung an illegalen Schriften mag Öl aufs Feuer gegossen haben, konnte aber nicht mehr strafverschärfend wirken. Vertreter von kommunistischen Splittergruppen wie *Rote Kämpfer* und Trotzkisten wurden relativ milde bestraft, stellt man ihren radikalen Anspruch in Rechnung; Grund hierfür mag ihr im Vergleich zur KPD geringer Rezeptionsradius gewesen sein.

[336] § 83: Hochverratsvorbereitungen; § 91 b: Begünstigung des Feindes.

Bei SPD-Anhängern war offenbar der Grad der oppositionellen Aktivität ausschlaggebend, wie der Fall Max Sievers' sowie insbesondere Hans von Zwehls zeigt. Dessen umfangreiches publizistisches Engagement überlagerte jegliche Partei- bzw. Funktionärstätigkeit und war Grund für die Todesstrafe. Ähnlich verhält es sich bei Helmut Klotz: Bei ihm nahm allerdings das Schreiben nicht vollständig den Raum illegaler Tätigkeit ein, sondern er war aufgrund seiner Kontaktaufnahme mit ausländischen Behörden des Landesverrats bezichtigt. Es war dies ein Faktor, der in den Augen der NS-Richter letztlich alles in den Schatten stellte. Es ist anzunehmen, daß auch Hermann Meynen als Angehöriger des rechtsoppositionellen Widerstandes das Todesurteil hätte entgegennehmen müssen, wäre er nicht vor der Hauptverhandlung bereits verstorben.

Ernst Niekisch ist ebenfalls ein klassisches Beispiel für einen Publizisten, der in erster Linie als Angehöriger seines Berufsstandes verurteilt wurde; hier wirkte seine Gruppenzugehörigkeit sogar strafmildernd, da der Widerstands-Kreis aufgrund seines Splitterdaseins „nur von geringer Stoßkraft" war und daher „dem gefestigten Staatsgefüge des Reichs nicht gefährlich werden konnte".[337] Was Alfred Broghammer betraf, war er auf einem für die Nationalsozialisten höchst sensiblen Feld, nämlich der Gewinnung Jugendlicher tätig geworden. Dies rechtfertigte nach Ansicht der NS-Justiz eine hohe Zuchthaus-Strafe. Seine publizistische Aktivität war demgegenüber weniger bedeutend und wurde bei der Strafzumessung nicht mehr erwähnt.

Insgesamt ergibt sich also das Bild, daß vier Publizisten (Sievers, Zwehl, Niekisch, Schwab) vor allem wegen ihres journalistischen und schriftstellerischen Engagements verurteilt worden waren, drei wegen zusätzlicher Verbindung zu ausländischen Behörden (Klotz, Meynen, Minster) und zwei primär wegen ihrer Organisationszugehörigkeit (Gentsch, Broghammer). Der Fall Nettelbeck wirft gewisse Rätsel auf; in der Urteilsschrift wurde nur auf seine Funktionärstätigkeit eingegangen und darüber hin-

337 VGH-Urteilsschrift gegen Niekisch (Anm. 258), S. 155.

aus lobend erwähnt, er habe sich dem Druck der französischen Behörden widersetzt, ins Heer einzutreten und gegen Deutschland zu kämpfen, und sei freiwillig ins Reich zurückgekehrt. Eine klare Zuordnung seiner Aktivität in bezug auf das Strafmaß war demzufolge nicht möglich.

V. Schlußbetrachtung

Es entspricht dem Charakter totalitärer Systeme, Meinung zu kollektivieren, zu vereinheitlichen. Eine Legitimation haben ihre Exponenten nicht – also müssen sie sich gegen jeden schützen, der diese Legitimation einfordern will. Das probate Mittel ist die Gewalt. Doch letztendlich ist eine Gesellschaft nicht mundtot zu machen – sie besteht aus Menschen, die zu einer der Grundlagen ihrer Existenz das Wort haben: So formulierte es Vaclav Havel in seiner Rede am 15. Oktober 1989 anläßlich der Verleihung des Friedenspreises des deutschen Buchhandels.[1] Publizisten, die sich abseits der Hofberichterstattung geistige Schlupflöcher schaffen, die die Mauern eines totalitären Systems bröckeln lassen können, passen demnach nicht ins Korsett einer Diktatur: Sie werden verfolgt, zur Rede gestellt, abgeurteilt.

Die Richter des Dritten Reiches wußten um die Macht des Wortes, dämonisierten dessen Wirkung umso mehr, je aussichtsloser dem nationalsozialistischen Regime die Lage erschien. Todesurteile wurden in Fließbandarbeit produziert und stilisierten in ihrer Begründung den Delinquenten als jemanden, von dessen Verhalten das Wohl oder der Ruin Deutschlands abhängig gewesen sei. Zeitlich begrenzte Haftstrafen entsprachen nicht mehr der „notwendigen Sicherheit des Reiches“, war in Urteilen oft zu lesen. Da lag es auf der Hand, gerade mit denen besonders kurzen Prozeß zu machen, deren illegales Tun die nachhaltigste, weil am breitesten gestreute Öffentlichkeitswirkung hatte: eben Schriftstellern und Journalisten – wobei der Begriff „Öffentlichkeit“ im Krieg längst zur Farce geworden war. Er fand bereits auf kleinster Ebene, zum Beispiel bei der Unterhaltung mit dem Nachbarn, Anwendung.

Demnach waren Publizisten innerhalb des deutschen Widerstandes die gefährdetste (Berufs-)Gruppe. Sie lieferten das Be-

[1] Die Rede ist vollständig abgedruckt in: Frankfurter Allgemeine Zeitung vom 17. Oktober 1989, S. 8-9.

weismaterial durch ihre Tätigkeit als Multiplikatoren, das aufgrund der Weiterverbreitung keine Chance hatte, vernichtet zu werden. Briefe oder Entwürfe ließen sich, da sie meist den Charakter der Einmaligkeit besitzen, leichter wegschaffen. Der dokumentarische Charakter von Flugblättern, Zeitungen und Zeitschriften hingegen konnte ohne weiteres zum Stützpunkt einer Anklage gemacht werden, lieferte jene Illustration und Plastizität, deren sich VGH-Juristen als willkommene Dekoration einer Urteilsbegründung gerne bedienten – über die bloßen strafgesetzlichen Bestimmungen hinaus.

Gerade Freisler griff ungern auf Paragraphen zurück. Er nahm sich viele Publizisten höchstpersönlich vor: Den diabolisch veranlagten Zyniker reizte die intellektuelle Auseinandersetzung, aus der er sich jederzeit ausklinken konnte. Nicht nur hier wurde die Ambivalenz des „Wortes" als konstitutive Kraft deutlich: „Neben dem Wort, das die Gesellschaft durch seine Freiheit und Wahrhaftigkeit elektrisiert, gibt es auch das hypnotisierende, fanatisierende, rasende, betrügende, gefährliche, todbringende Wort"[2].

Trotz der Tendenz, subjektives Rechtsempfinden zum Maßstab der Strafhöhe zu machen, existierte natürlich ein Gerüst strafgesetzlicher Bestimmungen. Bei illegal tätigen Publizisten griffen die in VGH-Prozessen allgemein gängigen Paragraphen: Vorbereitung zum Hochverrat (§ 80 – § 83) und Landesverrat (§ 89 – § 91b). Die Einfuhr, Herstellung oder Verbreitung illegaler Schriften waren in § 83 zusammengefaßt – jener Bestimmung, die auch „organisatorischen Zusammenhalt" sowie Reichswehr- und Polizei-Zersetzung unter Strafe stellte. Es gab also keine besonderen Paragraphen für Schriftsteller und Journalisten; wie hoch die Urteile ausfielen, lag innerhalb eines breit gespannten Strafrahmens im Ermessen der Richter.

Ein entscheidendes Kriterium hierfür war die Berufszugehörigkeit in der Illegalität, ein anderes die Parteigebundenheit. Anhänger von Splittergruppen hatten oft den Bonus der Bedeutungslosigkeit, während Funktionäre großer Widerstandsorgani-

[2] Ebda.

sationen, namentlich der beiden Arbeiterparteien, nicht mit Nachsicht rechnen konnten. Was die *Schwarze Front* betraf, fand keine derart intensive Verfolgung statt bzw. fielen namentlich gegen die „Basis“ keine so dezidiert harten Urteile, wie das die These vom „Verrat im eigenen Lager“ vermuten läßt. Dies lag nicht zuletzt in der hierarchischen Struktur dieser Gruppe begründet. Hier baute nicht eine Funktion auf der anderen auf, hier dienten sich die Anhänger nicht wie bei der KPD schrittweise nach oben, sondern es existierten im Prinzip Führung und Fußvolk, das sich innerhalb dieses Rahmens mehr oder weniger umfassend betätigte und das Augenmerk der Gestapo-Beamten nicht in erster Linie auf sich lenkte. Vielmehr bestand fast ausschließliches Interesse an Organisationsleitern wie zum Beispiel Otto Straßer.

Eine Ausnahme innerhalb der *Schwarzen Front* ist der einem Attentat zum Opfer gefallene Rudolf Formis. Die Nationalsozialisten waren in diesem Fall durch den Bau eines Kurzwellensenders mit einer neuen und seltenen Dimension möglicher Widerstandstätigkeit konfrontiert, die auf einmal viel mehr Adressaten erreichen konnte als das gedruckte Wort. Und: Die Rezipienten waren im Empfang dieser Nachrichten, wenn sie ihre Radiogeräte vorsichtig genug bedienten, weniger gefährdet als bei der Entgegennahme illegaler Schriften.

Die Zahl der Journalisten und Schriftsteller, die gegen das NS-System opponierten, war gleich anderen Angehörigen intellektuell anspruchsvoller Berufszweige relativ gering. Eine mögliche Erklärung wäre, daß sie sich nicht gern in die „niedrige Gefolgschaft“ einer Organisation aufnehmen ließen, vielen aber sowohl der Mut als auch die notwendigen Voraussetzungen (z. B. Erfahrung in Parteiarbeit) zur Übernahme zentraler Funktionen fehlten. Allerdings entspricht der Anteil von zwei Prozent derer, die als Publizisten vor dem Volksgerichtshof standen, nicht der Gesamtzahl der Widerstand leistenden Personen in diesem Beruf, denn: Gerade den Emigranten unter ihnen bot sich dank eines gewissen Bekanntheitsgrades oft die Chance auf ein lebensrettendes Visum nach Übersee; sie entgingen somit der Verurteilung.

Im deutschen politischen Widerstand waren Journalisten und Schriftsteller oft Führungspersönlichkeiten. Der Beruf des politischen Funktionärs – also jeder, der innerhalb eines Partei oder einer beliebigen politischen Gruppierung zu einem Mindestmaß selbständig arbeitete oder Verantwortung übernahm – und der des Publizisten überlappte sich oft. Sie gaben die Leitlinien vor, anhand derer sich Oppositionelle orientierten. Im Falle des KPD-Widerstands stellte sich die Situation anders dar: Hier wurde der Kampf gegen Hitler gleichzeitig vom Absolutheitsanspruch der eigenen Ideologie im Hinblick auf den „Tag danach" überlagert. Dies zu artikulieren, brauchte man strenggenommen keine Journalisten, sondern PR-Fachleute von ZK's Gnaden. So differierte auch die inhaltliche Qualität der verschiedenen illegalen Zeitungen und Flugblätter erheblich. Während Kleingruppen wie zum Beispiel der *Internationale Sozialistische Kampfbund* höchst anspruchsvolle Publikationen verfaßten, produzierte die KPD ganz überwiegend Massenware – plakativ, prägnant, stets dieselben Formeln, was sich oft nur als „Buchstabensuppe" bezeichnen läßt: „Hitler treibt zum Krieg, Sowjetrußland kämpft für den Frieden ⟨. . .⟩ Es lebe die Sowjetunion. Nieder mit Hitler."[3] Allerdings war die Rezeption derartiger Veröffentlichungen eher gewährleistet als die komplizierter Essays, mit deren geistig-intellektuellem Ansatz man sich erst mühsam auseinandersetzen mußte.

Von den oppositionellen Journalisten hatten die wenigsten eine berufsspezifische Ausbildung. Gerade im Arbeiterwiderstand war es üblich, berufliche Doppelfunktionen wahrzunehmen: Oft genug war ein Bergmann gleichzeitig Parteizeitungsredakteur (wie zum Beispiel Erich Gentsch), ein Arbeiter ebenso Schriftsteller (wie zum Beispiel der vom VGH zum Tode verurteilte Paul Winzen). Der Rückgriff auf ungelernte Kräfte resultierte in erster Linie aus der damals geringen Zahl professioneller Journalisten. Vor 1933 konnten viele in der Phase der Massenarbeitslosigkeit

[3] Vgl. VGH-Anklageschrift gegen Artur Mannbar vom 4. Mai 1942, IfZ Fa 117/185, S. 19.

nicht die ihrem Intellekt adäquate Stellung einnehmen. Manche mußten – allein um die häufig kinderreichen Familien miterzunähren – bereits mit 14 Jahren einen Job ungeachtet ihrer eigentlichen Qualitäten annehmen. Nach 1933 verhinderte der geistige Kahlschlag von vornherein jegliche journalistische Tätigkeit von prononciert Andersdenkenden.

Die Aufgaben von Publizisten im Widerstand waren aufgrund ihrer geistigen Führungsqualitäten facettenreich: Über ihre schreibende Tätigkeit hinaus oblag den einen die Ausarbeitung neuer Konzepte, andere traten mit ausländischen Regierungen und/oder deren Nachrichtendiensten in Kontakt. Die dritte Gruppe hielt im In- oder Ausland als kleines, aber unentbehrliches Rad ihrer Partei oder Organisation die Funktionsfähigkeit des Apparates aufrecht. Die vierte beschränkte sich auf rein publizistischen Widerstand und leistete somit überwiegend informative, integrative und instruktive Arbeit. Gerade sie bot Andersdenkenden eine geistige Heimstatt, brachte Nachrichten über Politik und Zeitgeschehen und formulierte Vorschläge, was zu tun sei. Exilierte fanden hierin des öfteren praktische Hinweise in Sachen Alltagsorganisation; Zeitungen, die im Reich illegal kursierten, brachten Appelle zur gegenseitigen Hilfe und Unterstützung (z. B. bei Inhaftierung Angehöriger, Entlassungen usw.). Innerhalb ihrer Berufsgruppe gelang es den deutschen Journalisten und Schriftstellern im Widerstand – dies gilt vor allem für die Emigranten unter ihnen – jedoch nicht, sich zusammenzuschließen. Eine berufsspezifische „Einheitsfront" wäre aber um einer effektiveren und spektakulären Publizität willen notwendig gewesen. Identitätsprobleme gerade auf Seiten derer, die eigentlich anderen wieder zu Orientierung und Selbstbewußtsein verhelfen sollten, hätten auf diese Weise leichter vermieden werden können. Und: Eine aktivere Interessenvertretung im Gastland wäre dadurch möglich geworden. Ihre zusätzliche Unfähigkeit, sich die praktische Solidarität der dortigen Kollegen zu sichern, vervollständigt das Mosaik letztlich mangelnder Resonanz bei den ausländischen Entscheidungsträgern.

Quellenverzeichnis

Institut für Zeitgeschichte:
MA 430;
Fa 117/29, Fa 117/36, Fa 117/41, Fa 117/60, Fa 117/101, Fa 117/185, Fa 117/191, Fa 117/202;
Fa 300/135, Fa 300/204;
ED 119/6, ED 119/8.
NL Otto Straßer, NL Walter Hammer.

Bundesarchiv:
– Koblenz:
R 22/ 953, R 22/ 955, R 22/ 4694, R 22/ 5019;
R 58/ 243, R 58/ 264, R 58/ 268, R 58/ 308, R 58/448, R 58/ 450, R 58/ 498, R 58/ 500, R 58/ 708, R 58/ 753, R 58/ 1027, R 58/ 1028, R 58/ 1106;
R 43 I/ 153, R 43 I/ 254; R 43 II/ 600;
R 60 I/ 419; R 60 II/ 102;
NL Niekisch.

– Potsdam:
VGH-Sachakten 30.16 (entspricht für diese Arbeit den Filmen 69741-69748);
St. 12/102 (Bestand Reichskommissar zur Überwachung der öffentlichen Ordnung);
61 Sa 1 Saarbildarchiv, Bände 71-72;
VGH 6 J 51/43, VGH 8 J 5/37g.

– Berlin:
NJ 310, NJ 2936, NJ 5031, NJ 7693, NJ 9694, NJ 11435, NJ 12914, NJ 14549;
ZC 16728.

Institut zur Erforschung der Geschichte der Arbeiterbewegung (IfGA/ ZPA):
I 2/3/164;
V 279/82, V 280/37;
NL Gentsch.

Berlin Document Center:
Bestand VGH, Film Nr. 11.

Staatsanwaltschaft beim Landgericht Berlin:
Urteilsschrift gegen Paul Winzen (ohne Sign.), Anklageschrift gegen Carl Minster (ohne Sign.)

Privatbesitz:
NL Schwab.

Kommentierte Literaturauswahl

Abel, Karl Dietrich, Presselenkung im Dritten Reich, Berlin 1968 – Relativ altes, aber zur Einführung gut geeignetes Werk, das auch den Machtkampf innerhalb der NS-Hierarchie etwas aufzeigt.

Angermund, Ralph, Deutsche Richterschaft 1919-1945. Krisenerfahrung, Illusion, politische Rechtsprechung, Frankfurt a. M. 1990 – Kenntnisreiche Dissertation, die allerdings manchmal zu etwas problematischen, weil generalisierenden Schlüssen gelangt.

Duhnke, Horst, Die KPD von 1933 bis 1945, Köln 1972 – Ausgezeichnetes und differenziertes Standardwerk, das von der Forschung der letzten zwanzig Jahre nicht übertroffen wurde.

Dupeux, Louis, „Nationalbolschewismus" in Deutschland 1919-1933, München 1985 – Hervorragendes Standardwerk zum Thema Nationalbolschewismus, das neben einer Bestandsaufnahme der einzelnen Organisationen auch deren ideologische Wurzeln und Verschränkungen aufzeigt.

Focke, Harald/Monika Strocka, Alltag der Gleichgeschalteten. Wie die Nazis Kirche, Kultur, Justiz und Presse braun färbten, Reinbek bei Hamburg 1985 – Leicht verständlich geschriebenes Bändchen, das anhand regionalgeschichtlicher Beispiele ein Gsamtbild zu zeichnen versucht.

Foitzik, Jan, Zwischen den Fronten. Zur Politik, Organisation und Funktion linker politischer Kleinorganisationen im Widerstand 1933 bis 1939/40, Bonn 1986 – Wichtige Studie zum schwierigen Thema der Zersplitterung der deutschen Widerstandsbewegung. Hier findet man auch kenntnisreiche Angaben zu oft vernachlässigten Kleinstgruppen.

Frei, Norbert/Johannes Schmitz, Journalismus im Dritten Reich, München 1989 – Der Band gibt einen Einblick in den journalistischen Alltag während des Dritten Reiches, zeichnet Kurzportraits von den gleichgeschalteten Zeitungen und beschreibt schließlich anhand von Biographien die schwierige Situation der Redakteure.

Freyermuth, Gundolf F., Reise in die Verlorengegangenheit. Auf den Spuren deutscher Emigranten (1933-1940), Hamburg 1990 – Sehr lebendig geschriebene und einfühlsame Reportage eines Journalisten über die Lebenssituation deutscher Flüchtlinge anhand prägnanter Interviews.

Gruchmann, Lothar, Justiz im Dritten Reich 1933 – 1940. Anpassung und Unterwerfung in der Ära Gürtner, München 1988 – Fundierte und in allen Details zuverlässige Monographie über die ersten acht Jahre nationalsozialistischer „Recht"sprechung.

Hardt, Hanno/Elke Hilscher/Winfried B. Lerg, Presse im Exil. Beiträge zur Kommunikationsgeschichte des deutschen Exils 1933-1945, München u. a. 1979 – Nicht immer flüssig zu lesende Studie, aufgegliedert nach Ländern. Die Qualität der Beiträge differiert.

Herlemann, Beatrix, Die Emigration als Kampfposten. Die Anleitung des kommunistischen Widerstandes in Deutschland aus Frankreich, Belgien und den Niederlanden, Königstein/ Taunus 1982 – Überzeugende Darstellung zu den Wirkungsbedingungen und -möglichkeiten kommunistischer Exil-Politik.

Hornung, Klaus, Der Jungdeutsche Orden, Düsseldorf 1958. Wenig distanzierte Studie; das Thema bedarf einer gründlichen Neubearbeitung.

Kabermann, Friedrich, Widerstand und Entscheidung eines deutschen Revolutionärs. Leben und Denken von Ernst Niekisch, Köln 1973 – Eher eine Demonstration der philosophischen Belesenheit des Autors als eine Biographie; umständliche und teils ausschweifende Darstellung, die oft mehr vom Thema wegführt als Erkenntnisse bringt.

Kantorowicz, Alfred, Exil in Frankreich. Merkwürdigkeiten und Denkwürdigkeiten, Bremen 1971 – Spannende Reportage eines Schriftstellers über seine Erlebnisse in der Emigration.

Lacina, Evelyn, Emigration 1933-1945, Stuttgart 1982 – Ein nach Emigrationsländern gegliederter Beitrag zur Exilforschung, der durch etliche biographisch interessante Erwähnungen die wissenschaftliche Abstraktheit etwas auflockert.

Moreau, Patrick, Nationalsozialismus von links. Die „Kampfgemeinschaft Revolutionärer Nationalsozialisten" und die „Schwarze Front" Otto Straßers 1930-1935, Stuttgart 1985 – Diese Dissertation deckt den untersuchungsrelevanten Zeitraum in kompetenter Weise ab. Wünschenswert wäre eine weiterführende Forschungsarbeit über die Straßer-Bewegung nach 1935.

Müller, Ingo, Furchtbare Juristen, München 1987 – Engagierte, gut geschriebene Auseinandersetzung eines Juristen mit der Verstrickung seines Berufsstandes in den Nationalsozialismus.

Röder, Werner/Herbert A. Strauss (Hrsg.), Biographisches Handbuch der deutschsprachigen Emigration, Bd. I, München u. a. 1980 – Unentbehrliches und materialreiches Standardwerk – ein Meilenstein in der Exil-Forschung.

Roon, Ger van, Widerstand im Dritten Reich, München 1990[5] – Die zur Einführung gut geeignete Studie gibt einen Überblick über die wichtigsten Widerstandsgruppen und -organisationen.

Rothfels, Hans, Der deutsche Widerstand gegen Hitler. Eine Würdigung, Frankfurt a. M. 1987 – Nach wie vor ein Standardwerk zur Geschichte der deutschen Opposition mit deutlichem Akzent auf dem bürgerlich-militärischen Widerstand.

Sauermann, Uwe, Ernst Niekisch und der revolutionäre Sozialismus, München 1985 – Fundierte, jedoch nicht immer ganz ausgewogene Dissertation zu Niekischs Leben und Werk in der Weimarer Republik.

Schäfer, Hans-Dieter, Das gespaltene Bewußtsein. Deutsche Kultur und Lebenswirklichkeit 1933-1945, München/ Wien [3]1983 – Wichtiges Werk u. a. zum schwierigen Thema der Identitätssuche von Künstlern und Schriftstellern während des Dritten Reiches.

Schmädeke, Jürgen/Steinbach, Peter, Der Widerstand gegen den Nationalsozialismus. Ein Problem zwischen Theorie und Geschichte, München/ Zürich 1985 – In diesem Sammelband sind detaillierte und kenntnisreiche Beiträge aller namhaften Widerstandsforscher zusammengefaßt. Besonders nützlich: die Darstellungen zur Sozialhistorie und Soziologie des deutschen Widerstandes.

Tutas, Herbert E., Nationalsozialismus und Exil, München/ Wien 1976 – Ausgezeichnete, schlüssig gegliederte Darstellung, die trotz ihres Erscheinungsdatums nach wie vor forschungsrelevant ist.

Werner, Robert, Der Jungdeutsche Orden im Widerstand 1933-1945, München 1980 – Vergleichsweise neues Werk zum Thema Jungdo, das vom wissenschaftlichen Standpunkt gesehen einige Wünsche offen läßt und auf keinen Fall als Ergänzung Hornungs (s. o.) betrachtet werden kann.

Personenregister